JOACHIM OERTEL

D1669129

FEIND

BERÜHRUNG

Das Ministerium für Satire (MfS) schlägt zurück...

ANITA TYKVE VERLAG

Überreicht vom Minister
für Satire !

Joachim Oertel

1.12.95

Die Deutsche Bibliothek – CIP-Einheitsaufnahme

Joachim Oertel:
Feindberührung – das Ministerium für Satire schlägt zurück –
Berlin: Tykve, 1995
ISBN: 3-925434-85-2

Titelbild: Mario Häcker
Lektorat: Sigrid Kunker

"Brauchst Du einen Freund
kauf Dir einen Hund!"

© 1995 by Tykve Verlag,
Albrechtstr. 114,
12103 Berlin
Tel./Fax: 0 30/7 52 37 92

Vorwort

Der Autor zeichnet in diesem Buch das Wirken einiger Stasi-Spitzel aus seinem Bekannten- und Freundeskreis nach. Natürlich sind nicht alle Einzelheiten authentisch bzw. lassen sich nur einer bestimmten Person zuordnen. Durch das einheitliche sozialistische Bildungssystem ergaben sich für fast alle Versuchsteilnehmer am gesellschaftlichen Experiment gleichartige Bedingungen, die zu weitgehend ähnlichen Ergebnissen führten. So hat der Autor zum Beispiel aus zwei real existierenden politisierenden Scheckfälschern im Buch eine Person gemacht, da ihre Lebensläufe fast deckungsgleich sind. Mit dem Greifswalder Stasiagenten, Uwe Kellermann, verband den Autor eine gemeinsame dreijährige Studienzeit und eine 20 -jährige Freundschaft. Auch als Arzt genoß IM Uwe Kellermann fast bis zuletzt das Vertrauen des Autors. Auch der Spitzel Gottlieb ist ein langjähriger Freund des Autors gewesen. Durch das enge Zusammenleben der Greifswalder Heimbewohner ergab sich eine Art Goldfischglas-Effekt. Deshalb lassen sich Lebenslauf, Motive und Wertvorstellungen der agierenden Spitzel durch den Autor relativ leicht nachvollziehen. Bestimmte Details wurden aus ermittlungstaktischen Gründen leicht verändert, da zum Beispiel gegen den Agenten Kellermann noch ein Verfahren wegen versuchter Verschleppung, politischer Verdächtigung und versuchter Freiheitsberaubung bei der Staatsanwaltschaft läuft.

Die DDR-Vergangenheit verdient diese Bezeichnung leider nicht, da sie noch längst nicht vergangen ist. So wurde erst kürzlich ein Journalistenkollege des Autors entlarvt, der die Rückverbindungen des politischen Exils zu DDR-Oppositionellen ausforschen sollte.

In DDR-Oppositionskreisen war es üblich, Spitz- Tarn und Kampfnamen zu verwenden, um überregional tätige Stasi-Spitzel zu verwirren. So nennt sich der Autor in diesem Buch

Mao, Wroblewsky und Ostojewski. Tatsächlich hatte die Zentrale Koordinierungsgruppe der Stasi beträchtliche Schwierigkeiten, zum Beispiel illegal beschaffte Fotos den richtigen Oppositionellen zuzuordnen, da sie unter verschiedenen Tarnnamen in mehreren Städten bekannt waren. Einige Stasi-Agenten, wie der ehemalige Ost-SPD-Chef Ibrahim Böhme verhielten sich zur allgemeinen Verwirrung analog und erschwerten so ihre Enttarnung.

In der BRD lernte der Autor durch seine journalistische Tätigkeit auch verschiedenste Kreise des politischen Extremismus kennen. Wie sich herausstellte, war auch der politische Links- und Rechtsextremismus in der BRD ein Tummelplatz östlicher Geheimdienste. Spektakuläre Terroranschläge wie auf das Maison de France in Berlin wurden in direkter Zusammenarbeit von Stasi und der Terrorgruppe um "Carlos" inszeniert. Zynischerweise nannte sich diese Stasi-Abteilung XXII, die solche und ähnliche Anschläge inszenierte, "Terrorabwehr". Diese "behandelte" auch den Autor, der die DDR mit seinem ersten Buch "Liebesgrüße an Erich M" "terrorisierte". Die Stasi "log sich ihre Feind schön". So galten beispielsweise Anhänger der kapitalistischen Wirtschaftsordnung als "faschistoid", weil nach der marxistischen Theorie der Faschismus/Imperialismus das letzte Stadium des Kapitalismus ist. So wurde der Kampf gegen die Anhänger von demokratischen Gesellschaftsformen zum antifaschistischen Kampf umgefälscht. Natürlich wurden dazu einige "echte" Faschisten gebraucht, die oftmals auch noch Operativ-Spitzel der Stasi waren. Diese Taktik ist von der zaristischen, russischen Geheimpolizei "Ochrana" bekannt, die die demokratische Opposition durch terroristische Provokateure diskreditieren wollte.

Der SED galten alle Bestrebungen, die die Beseitigung ihrer stalinistischen Diktatur zum Ziel hatten, als "extremistisch" bzw "terroristisch". Die Stasi hatte unter anderem die Aufgabe, echte extremistische Bestrebungen in der BRD zu fördern, um diese These glaubhaft machen zu können. Der Autor versuchte, durch seine Kontakte zum politischen Extremismus dem Wirken der Stasi-Einflußagenten auf die Spur zu kommen. Dadurch wurde er für die "Terrorabwehr" zu einem Risikofaktor, wie aus den Akten hervorgeht. Natürlich gehörte der Autor nicht zum "terroristischen Kern der IGFM", weil die IGFM im Sinne von Gandhi und Amnesty international ausschließlich mit friedlichen Mitteln wie Appellen, Briefen, Aufrufen u.ä. für die Menschenrechte eintritt.

Berlin im Januar 1995   Joachim Oertel

Feindberührung

Teil1
1 Klassenkampf

Ein milder Sommertag brach an. Ich hatte gerade gefrühstückt und wollte baden gehen. Da polterte plötzlich mein Vater zur Tür herein, stellte eine Eule auf den Küchentisch und nahm erst mal einen "Russenschluck", d.h. Sto-Gramm (100g Wodka). Mutter war bleich geworden und fragte ängstlich: "Wat is'n los, hamse dir gefeuert?" "Habs gerade noch so geschafft, die Konterrevolution is los. Die wolln unsern Arbeiter- und Bauernstaat kaputt machen. Überall streiken se - die Faschisten, die Schweine. Hier kiek mal, mein Parteiabzeichen haben se mir mit ner Zange abgerissen." Er deutete auf ein kleines Loch am Revers der Jacke. Oma meinte nur: "Jungchen ick habs dir gleich gesagt, wart erst mal ab, ob die sich halten. Wenns wieder anders rum kommt, hamse dir am Arsch. Hast ja noch mal Glück gehabt, bist nur die Schreckellypse los. Zähne weg wär schlimmer. Aber wolltste ja nich uff ne olle Frau hören. Bis jetzt isset immer anders rum gekommen, und dann gab et immer Ärger für die, die sich zu dolle ringehängt hatten. Wohl nischt gelernt 33?" Vater bemerkte das Gewitter, das sich durch fernes Grollen ankündigte als erster, sprang wie elektrisiert auf und begann, das Fernglas zu suchen. Als er es fand, stieg er sofort auf den Dachboden, ich hinterher. Durch das Fernglas konnte man sie ganz deutlich sehen, die Panzer unserer sowjetischen Befreier, wie wir in der Schule zu den Russen sagen mußten. Vater rief nach unten: "Das sind unsere, der Klassenkampf geht los! Die Nazisäue machen wir alle fertig. Das sollen se mir büßen, alle verhaften, die Schweine, oder gleich umlegen! Mir anspucken und mein Parteiabzeichen klaun, die werden mir det büßen, glaubs mir Junge. Alle werden sie büßen dafür."

Am Abend kam dann die Nachricht von der Niederlage der Konterrevolution und des faschistischen Putschversuches in Berlin. Mein Vater genehmigte sich auf diese freudige Nachricht hin noch einige Russenschlucke. Dann bemerkte er, daß im Wohnzimmer das Stalinbild verschwunden war. Sofort hatte er meine Oma, seine Mutter, im Verdacht. Und richtig, sie trabte zum Hühnerstall und holte den Stalin unter dem Heu hervor. Sie stellte ihn achtlos hinter die Stubentür. Vater meckerte: "Sofort aufhängen!" Oma stimmte ihm zu: "Hätten se schon lange tun solln. Hätten mir die Russen vielleicht nicht verjewaltigt." Vater lief rot an, begann was von konterrevolutionärer Verschwörung in der eigenen Familie zu brüllen, stieg auf einen Stuhl und wollte Stalin aufhängen. Der Stuhl brach zusammen. Mein Vater fiel auf den Mund und blieb auf dem Teppich liegen. Er holte aus der Backe einen Schneidezahn, den er voll Verachtung Richtung Oma warf. Sie fing den Zahn geschickt auf und steckte ihn in die Kitteltasche. Kurz danach schlief Vater ein. Oma wollte am nächsten Morgen keinen neuen Wutanfall ihres Söhnchens riskieren, stellte die Geschichte der KPdSU von Stalin wieder in den Bücherschrank und plättete die Arbeiterfahne, die zusammengeknüllt in der Wäschekammer die Konterrevolution überstanden hatte. Am nächsten Morgen brachte unsere Goebbelsschnauze die Nachricht vom endgültigen Zusammenbruch der Konterrevolution in unserer geliebten Heimat, der DDR. Wie von Oma befürchtet, wollte Vater die rote Fahne auf unserem Haus hissen. Auch Mutter wollte ihn zurückhalten und machte geltend, daß wir in der Nachbarschaft sowieso schon schief angeguckt wurden, weil wirs mit den Russen halten und es auch im Konsum für uns kaum Bückware gab. Vater fuhr sie grob an: "Dumme Gans, alle sollen sehen, daß wir die Vertreter der Arbeitermacht sind und unsere Macht siegreich verteidigt haben. Sieg heil, äh quatsch - Rotfront!" Ich hatte gesehen, daß er vor dem Frühstück schon einige Russenschlucke aus der Eule genommen hatte. Deshalb brachte er wohl die Zeiten etwas durcheinander. Vater war erst vor zwei Jahren aus der sowjetischen Kriegsgefangenschaft zurückgekehrt. Dort hatte er eine Antifa-Schule besucht und war zum Entsetzen seiner und meiner Mutter Kommunist geworden, ohne daß ihm klar war, was das eigentlich bedeutete. Freundschaft mit den Russen, gut und schön, die hatten mich manchmal auf den Arm genommen und mir ein Stück Brot oder Bonbons zugesteckt. Sehr beliebt in unserer Klasse waren auch Panzerabzeichen der Russen, die sich gut tauschen ließen. Mein Vater hatte mir ein sowjetisches Gedicht beigebracht, das die Russen regelmäßig in Begeisterung verfallen ließ. Wenn ich es als Steppke vortrug, wurde ich mit kleinen Geschenken belohnt. Ich habe es bis heute nicht vergessen. Manchmal trug ich es vor unseren sowjetischen Kampfgenossen vor, die sich regelmäßig vor Lachen bogen, wenn wir bei einem Wässerchen beisammensaßen:

Nascha kniga djetzkaja,

djetzkaja sowjetzkaja,

werchnoi drug rebjat

malschiki i dewotschki,

wcje tschitatsch kotjatsch - Platsch -

Selbstverständlich mußte ich Mitglied der Jungen Pioniere, der Kampfreserve der Partei der Arbeiterklasse, werden. Eigentlich fand ich es albern, ständig in Pionier-Uniform herumzulaufen. Manche Leute schauten mich auf der Straße böse an, und öfter hörte ich sie etwas murmeln wie: "Fängt schon wieder an...." In unserer Klasse waren fast alle bei den Pionieren, aber nur wenige mußten die Pionierkleidung auch auf dem Schulweg tragen, wenn Montag Fahnenappell war. Vater achtete streng darauf, daß ich bei jeder Gelegenheit die proletarische Familienehre zur Schau trug.

Einmal geriet ich auf dem Nachhauseweg mit einer Gruppe größerer Jungen aneinander, die mich als "Russen-Bastard" beschimpften, mich anrempelten und meinen Ranzen über einen Gartenzaun warfen. Ich kletterte über den Zaun, um ihn zurückzuholen. Als der Gartenbesitzer schimpfend erschien, war dies das Signal für die Klassenfeinde, mir noch eins auf den Mund zu hauen. Beim nächsten Pioniernachmittag erzählte ich von diesem Erlebnis. Mein Pionierleiter lobte mich für meine Tapferkeit vor dem Feind und nannte mich "Geroi sowjetzki sojusa" (Held der Sowjetunion). Die Mädchen bestaunten meinen wackligen Milchzahn, den ich zum Beweis meines heldischen Auftritts hin und her bog. Daß dieser schon vor dem Klassenkampf wackelte, verschwieg ich selbstverständlich.

In den Wochen nach der gescheiterten Konterrevolution wurde die politisch-ideologische Arbeit in der Schule intensiviert. Vor jedem Unterrichtsbeginn wurde 10 Minuten Zeitungsschau abgehalten. Dazu wurden jeweils ein oder zwei Schüler beauftragt, Zeitungsausschnitte mitzubringen und dazu ihre Meinung darzubieten, die vom Lehrer ergänzt, korrigiert oder erklärt wurde.

Der politisch negative Kern der Klasse war leicht anhand der Zivilkleidung zu identifizieren. Wir Pioniere, die junge Garde des Proletariats, mußten selbstverständlich in der ersten Stunde Pionieruniform tragen. Die "Bremsheinis" versuchten, den Lehrer mit destruktiven Fragen zu immer neuen Erklärungen zu reizen, und schafften es manchmal, die erste Stunde mit Gelaber auszufüllen. Dadurch stieg unter den

Pionieren die Beliebtheit dieser Gruppe, weil auch sie zur ersten Stunde ohne Vorbereitung oder Hausaufgaben erscheinen konnten. Bald beteiligten auch sie sich an diesem Spiel. Der jeweilige Lehrer wurde solange vollgequatscht, bis das Klingelzeichen ertönte.

Falls uns doch einmal der Gesprächsstoff vor dem Stundenende ausging und der Lehrer versuchte zum Fachunterricht überzugehen, merkten wir, daß meist auch er sich nicht auf die erste Stunde vorbereitet hatte und einfach den Stoff der letzten wiederholte.

Eine schöne Zeit brach an, als mein Vater zu einem halbjährigen Lehrgang an die Parteischule delegiert wurde. Ich mußte nur noch montags mit Pionierkleidung zur Schule gehen, zog aber auf dem Schulweg einen Pullover über. Mein Vater hatte den Ehrgeiz, aus mir einen kleinen Russen zu machen. Deshalb wurden meine Haare immer ultrakurz geschoren. Er hatte mir eingeredet, daß dies besonders gut für den späteren Haarwuchs wäre und außerdem vor Kopfläusen schütze, wie er aus der Kriegsgefangenschaft wußte. Ich sah zwar nicht die Gefahr, in russische Kriegsgefangenschaft zu geraten, hatte aber festgestellt, daß mir meine Bombe bei etlichen Raufereien den Vorteil verschaffte, daß ich nicht an den Haaren gezogen werden konnte.

Dann brach an unserer Schule die "Ami-Mode" aus. Viele Schüler erschienen mit bunten "Hawaii-Hemden" und "Igel" zur Schule, was als Ausdruck politisch-ideologischer Diversion verstanden wurde. Direktor, Staatsbürgerkunde- und Geschichtslehrer sowie unser Pionierleiter (Pilei) wetterten gegen die kleinen Amis und ihren Aufzug.

Vorher beschimpfte mich der negative Kern der Klasse immer als "Russenlümmel", jetzt gehörte ich fast zu Ihnen, da auch ich unter den Repressalien des Lehrkörpers zu leiden hatte. Unser Direktor durchstreifte in der Zeit der Rotlichtbestrahlung von 8.00 - 8.15 Uhr die Klassen und maß die Haarlängen der Schüler. Wer deutlich unter einer halben

Streichholzlänge trug, bekam für die Woche eine schlechte Betragenszensur und die Auflage, sich zur Förderung des Haarwuchses Taubendreck in die Kopfhaut zu reiben, was die Langhaardackel aus der Pionierfraktion jedesmal mit pflichtschuldigem Gelächter quittierten. Wir nannten den Direx wegen seiner Taubendreckmarotte bald nur noch "Kacke".

Besonders allergisch reagierte Kacke auf Niethosen, mit denen einige der "Ami-Fans" zur Schule kamen. Die Hosen der Amibesatzer, der Kau-Boys, wurden vor Unterrichtsbeginn von Kacke genau unter die Lupe genommen. Erschienen ihm einige Nieten überflüssig, ließ er sie durch den Hausmeister mit einer Zange abkneifen, was meistens große Löcher in den Hosen hinterließ, über die er sich dann lustig machte. Er hielt "Kau-Boys" für Leute, die Kaugummi kauten, was einige Mitschüler mit wachsender Begeisterung taten. Auch das wurde verboten, weil etliche dieser Gummis unter den Schulbänken klebten, was als mutwillige Beschädigung von Volkseigentum ausgelegt wurde.

Etwas ältere Mitschüler versuchten Kacke zu erklären, daß Cowboys amerikanische Landarbeiter sind und damit zur unterdrückten Klasse der Arbeiter und Bauern gehörten. Dieser Argumentation standen aber die Indianer- und Cowboy-Filme in den westlichen Frontstadtkinos entgegen, in denen die Cowboys sich mitnichten der Arbeit widmeten, sondern in Saloons rumhingen, sich betranken und anschließend auf Rothautjagd gingen. Und so schlußfolgerte er: Cowboys töten Rote, Nazis töten Rote, - also sind Cowboys US-Nazis. Die Zerstörung der teuren West-Niethosen durch den Hausmeister schreckte die meisten Schüler ab, mit solcher Kleidung die Schule zu besuchen. Also konzentrierte sich Kacke auf die kauenden Boys.

Einige Schüler hatten tatsächlich einen Chewing Gum zwischen den Zähnen, wurden aber bei Auftritten von Kacke durch mampfende Schüler, die lediglich den Unterkiefer hin und her schoben, gedeckt. Also wurden die damals üblichen Taschenkontrollen durch Mundkontrollen ergänzt. Auch dafür hatte Kacke ein Mittel: Fand er bei einem seiner mampfenden Schüler keinen Kaugummi im Mund, drohte er an, durch den Schularzt den Magen auspumpen zu lassen. Die Drohung wurde aber nie verwirklicht und so mampften wir weiter. Er verfiel auf einen neuen Trick, interpretierte das Gemampfe als Einüben eines Gedichts oder Liedes und verlangte öffentlichen Vortrag, den er benoten wollte. Einige Schüler hatten auf Bestellung kein Gedicht parat und fingen sich eine schlechte Deutsch- oder Musikzensur ein.

Da ich selbst zu Fahnenappellen nur noch selten in Pionierkleidung erschien, und zu den Solidaritätsmampfern zählte, näherte ich mich "politisch-ideologisch" immer mehr dem negativem Kern der Klasse, was zu mehreren Aussprachen mit dem Pionierleiter und dem Klassenlehrer führte. Als Abtrünniger der Partei der Arbeiterklasse und Pseudo-Kau-Boy geriet ich ins Blickfeld von Kacke, der mich hinter einer Hecke stehend beim Mampfen beobachtete. Da wir wußten, daß einige Lehrer in der großen Pause das Verhalten der Schüler auf dem Schulhof mit Ferngläsern beobachteten, mampften wir auch dort ständig, was zur Freude der Lehrer den Geräuschpegel auf dem Schulhof deutlich senkte. Da Mampfen aber als Widerstandshaltung gegen den Lehrkörper galt, mußten wir ständig mit Sanktionen rechnen. Einer von meinen neuen Freunden, meist recht ruppige Bauernlümmel, hatte als Gegenmittel gegen die häufigen Mundkontrollen an alle Mampfer Knoblauchzehen ausgegeben. Mich erwischte Kacke prompt als ersten mit der Knoblauch-Fahne. Als ich meinen Rachen aufriß und ihn anhauchte, würgte es ihn und er griff zum Taschentuch, was alle umherstehenden Mampfer zu schallendem Gelächter reizte. Kacke, der auf den neuen Schachzug der Kau-Boys nicht vorbereitet war, stellte in einer Schnelldiagnose fest: "Du bist innerlich verfault oder hast schlechte Zähne. Damit du die anderen Schüler nicht ansteckst, ordne ich eine sofortige Abklärung der Erkrankung durch den Schularzt an. Ich trabte zum Schularzt und erzählte ihm meine "Krankengeschichte". Nur mühsam konnte er sich das Lachen verkneifen. Als "unterrichtsfähig" wurde ich in meine Klasse entlassen, in der Kacke schon lauerte. Als ich einige Minuten nach dem Klingelzeichen erschien, bat mich mein Deutschlehrer zur Einstimmung auf den Unterricht, das Gedicht vorzutragen, welches ich in der Pause geübt hatte. Ich begann also mein russisches Standardgedicht "Nascha kniga..." vorzutragen. Mein Direktor fiel aus allen Wolken, da er wie mein Vater als ehemaliger russischer Kriegsgefangener leidlich russisch sprach und den Text verstand. Da wir noch keinen Russisch-Unterricht hatten, konnte er sich meine Kenntnisse nicht erklären. Zur Überraschung aller stand er plötzlich auf, ging auf mich zu, klopfte mir auf die Schulter und sagte: "Dieser junge Pionier hier hat verstanden, worauf es heute ankommt. Es gibt keine bessere Zukunftsinvestition als das Erlernen der russischen Sprache, die zur Weltsprache geworden ist. Dem Sozialismus und unseren sowjetischen Genossen gehört die Zukunft. Ich freue mich, daß deine Magenverstimmung nicht so ernst war und du trotzdem wieder am Unterricht teilnehmen kannst. Genosse Lehrer, tragen Sie dem Jungpionier eine rote Eins ins Klassenbuch ein."

Die roten Einsen galten als klassenkämpferische Noten, die für besonders parteiliche Beiträge in den jeweiligen Unterrichtsfächern vergeben wurden. Da war ich platt! Eben noch als stinkender Anführer der Mampfer erwischt, nun vor der Klasse von Kacke belobigt. Außerdem hatte ich noch eine rote Eins kassiert. Der zurückgekehrte, verloren geglaubte Sohn ist dem Vater der liebste. Der Direktor empfahl mich meinen Mitschülern noch rasch als Vorbild für den weiteren Ausbau der Freundschaft zur Sowjetunion und verließ dann den Klassenraum.

Ich durfte mich setzen. Doris Reimer, die Klassenbeste und Tochter des ABV, machte mir ein Zeichen, mich neben sie zu setzen. Da sie die hübscheste unter den Mädels war, hatten sich schon viele Mitschüler um sie bemüht. Eine Freundschaft mit Doris, die ihren Favoriten das Abschreiben erlaubte, versprach nicht nur emotionale, sondern auch schulische Vorteile.

An diesem Tag und auch an den folgenden war mein Unterkiefer wie fest geleimt, was die Mampfer-Fraktion mit grimmigen Blicken quittierte. Als Doris auf dem Nachhauseweg nach meinem Händchen haschte, traute ich mich kaum noch, den Unterkiefer zum Sprechen zu bewegen, um mir diese neue attraktive Verbindung nicht zu verscherzen.

Vorsichtshalber begann ich zu nuscheln und bewegte beim Sprechen kaum noch den Mund, um mich nicht dem Verdacht einer erneuten Kau-Boy-Betätigung auszusetzen. Die Nuschelphase hielt an, bis in der Frontstadt ein Film mit Hans Moser, genannt Nuschelmoser, großen Beifall fand. Ein neuer Lehrer, der den ideologischen Hintergrund meines Nuschelns nicht kannte, nannte mich im Unterricht "Nuschelhans" (abgeleitet von meinem Vornamen Hans-Jürgen).

Der Kampf zwischen Kacke und den Mampfern war inzwischen aus beiderseitigem Desinteresse eingeschlafen. Da ich mit der Kau-Boy- Fraktion nur noch lose Beziehungen unterhielt, war ich durch den unerwarteten Nuschel-Angriff wieder einer der Ihren und alle Mampfer begannen wie auf Kommando zu nuscheln. In der Schule begann die Anti-Nuschel-Kampagne. Das Stichwort gab wieder einmal Kakke, indem er verkündete: "Ein DDR-Bürger sagt stets klar und deutlich seine Meinung, weil er hinter der Partei der Arbeiterklasse, der SED, steht. Leisetreterei und Duckmäusertum sind Kennzeichen des Klassenfeindes." Also ging die ganze Schau von vorn los. Inzwischen war ich mit der ABV-Tochter (ABV-Abschnittsbevollmächtigter der Volkspolizei) schon so intim, daß ich ihren Schulranzen, zusätzlich zu meinem vorn auf die Brust geschnallt, nach Hause tragen durfte, was mich übrigens optimal vor unerwarteten Magenschlägen meiner Gegner schützte. Die ABV-Doris wollte ihre Prüfung für das Abzeichen für gutes Wissen, das von der Pionierorganisation verliehen wurde, nicht gefährden und bat mich, mich im Unterricht nicht mehr neben sie zu setzen. Also rutschte ich einen Platz nach hinten und kam neben Petra Biederstedt zu sitzen, die als Groupie der Opposition bekannt war. Dieser Platz galt als Strafplatz, seit Petra während des Unterrichts einmal einpißte und eine Pfütze bis in den Gang lief. Die etwas schüchterne Petra hatte sich eine Viertelstunde lang gemeldet, um ihr Bedürfnis anzukündigen, aber da man erst die guten Zensuren an die Pioniere vergeben wollte, wurde ihre Meldung nicht berücksichtigt, bis es dann zu spät war. Da Petra mitbekommen hatte, was zwischen mir und Doris lief, und ich den Platz neben ihr nicht aus reiner Sympathie gebucht hatte, verhielt sie sich immer recht abweisend, was sich allerdings schlagartig besserte, als ich sie von mir abschreiben ließ. Doris, die schräg vor mir saß, wußte nicht so recht, ob sie es sich ganz mit mir verderben sollte. Sie ließ bei Klassenarbeiten immer ihre Ergebnisse für mich einsichtlich auf der Bank liegen.

In meiner Mampfer- und Nuschel-Phase hatte mir der Jungpionierführer Peter Wollnick einmal mit einem aus Westberlin eingeführten Schlagring das Auge schwer verletzt, was bis vor den ABV ging. Ich hatte Peter, der sich gleich nach der Attacke bei mir entschuldigte, nicht verpetzt. Er hatte mich gebeten, ihn nicht zu verraten. Peter, mit dem ich mich dann etwas anfreundete, verriet mir, daß seine Mutter etwas mit einem Besatzer-Russen hatte, der dann abberufen wurde und nie wieder auftauchte. Seine Mutter hatte ihm gesagt, daß er sein Leben der ruhmreichen Sowjetarmee verdanke und sie von ihm unzerbrechliche Freundschaft zu dieser erwarte, damit er endlich seinen Vater kennenlernen könne, der ruhmbedeckt aus dem sowjetischen Paradies erscheinen würde. Der Schlagring-Besitz und meine Verletzung hätten seine Chance, seinen Vater zu sehen, auf Null gesenkt. Also schwieg ich. Da ich bereits über einige Erfahrungen im Klassenkampf verfügte, verlangte ich von ihm die Zusage, daß er mich über alle gegen mich gerichteten Aktivitäten in der Schule, unterrichten müßte. Gegen Handschlag versprach er das. Ich hatte meinen ersten V-Mann rekrutiert.

Da ich mir der Freundschaft von Peter sicher sein konnte, unterhielt ich engere Verbindungen zu den Kuhjungen, bei denen es viel lustiger zuging als bei den Pionieren, die ständig nur über den antifaschistischen Widerstand in der Hitlerzeit und die ruhmreiche Rolle der Sowjets laberten. Zu unserer Gruppe gesellten sich ab und zu einige sogenannte Halbstarke aus Westberlin, mit denen wir einige lukrative Tausch- und Schmuggelgeschäfte abzogen.

Das Hin- und Herpendeln zwischen progressiven und negativen Klassengruppierungen wurde mir damals zur zweiten Natur. Die Notwendigkeit der Konspiration war mir etwa ab der 5.Klasse völlig klar, wenn ich mich im realsozialistischen Vaterland mit Erfolg durchschlagen wollte.

Da ich wußte, daß Petra mit fast allen Leuten der Opposition in der Klasse enge Kontakte unterhielt, machte ich ihr, - natürlich so diplomatisch wie möglich -, klar, daß meine Liebe nur gegen Informationen zu haben war. Ich sagte ihr, daß es selbstverständlich ist, den Jungen, den sie mag zu informieren, wenn etwas gegen ihn im Gange ist. Was bei meiner undurchsichtigen Rolle zwischen den Fronten ständig der Fall war. Irgendwer in irgendeiner Gruppe arbeitete immer gegen mich.

Mittlerweile war ich 13 Jahre alt. Die Jugendweihe stand bevor, die durch etliche Jugendstunden vorbereitet werden mußte. Vater war wieder mal zu irgendeiner Parteischulung aushäusig, und ich besprach mit meiner Mutter das Problem. Da Vater während des Krieges noch nicht Kommunist war, hatte mich meine Mutter taufen lassen, und ich hätte ebensogut an der Konfirmation teilnehmen können. In der Klasse wurde diese Frage auch unter den Mitgliedern der Pionierorganisation heiß diskutiert. Dabei ging es nicht so sehr um ideologische Differenzen mit der Arbeiter- und Bauernmacht, sondern um rein praktische Aspekte. Die meisten Westverwandten, von denen fast jeder Grenzlandbewohner reichlich hatte, würden selbstverständlich eine heidnische Kommunistenfete boykottieren, und damit wären die attraktivsten Geschenke weggefallen, was selbst überzeugte Genossen und deren Kinder nur ungern in Kauf nehmen wollten. Einige Westverwandte hatten versprochen, den Kindern zur Konfirmation Geld zu schenken. Damals, nach dem Umrechnungskurs von 1 zu 5, eine große Verlockung. Zusehends bröckelte die Jugendweihe-Fan-Gemeinde, was unserem Direktor und seinen SED-Genossen zur Durchführung von verschärften Klassenkampfmaßnahmen anstachelte.

Einige Schüler, die sich bereits gegen die Jugendweihe und für die Konfirmation ausgesprochen hatten, wurden im Unterricht benachteiligt und erhielten regelmäßig schlechtere Zensuren, die der Klassenlehrer zum Anlaß für überraschende Hausbesuche nahm. Besonders beliebt war die Zeit samstags von 19.20 bis 19.30, weil in dieser Zeit die beliebte RIAS-Satiresendung "Pinsel und Schnorchel" lief. Manchmal gelang es dem Lehrer, die gesamte Familie vor der Goebbelsschnauze zu überraschen.

Viele Eltern gaben bereits ihre Einwilligung zur Jugendweihe, wenn der Lehrer andeutete, daß man an der Erweiterten Oberschule, die mit dem Abitur abschloß, davon ausging, daß sich der akademische Nachwuchs auch vorbehaltlos zu unserem Staat bekenne. Bekanntlich ist Religion nach Marx "Opium fürs Volk", und man könne selbstverständlich keinem Opiumsüchtigen eine berufliche Karriere ermöglichen. Von den umgekippten Eltern wollten einige zwei Vögel mit einem Stein treffen und ließen ihr Kind sowohl jugendweihen als auch konfirmieren. Dies hatten der Direktor und seine

Agenten herausbekommen. Sie legten die jeweiligen Jugendweihe- Jugendstunden exakt zu den Zeiten der kirchlichen Konfirmationsvorbereitungen, so daß eine gleichzeitige Teilnahme an beiden Veranstaltungen nicht möglich war. Der Pope hatte auch diesen Schachzug vorausgesehen und gab für die Rückversicherer-Fraktion an einem anderen Tag Nachhilfeunterricht in Christenlehre. An der Kirchentür hatte er für die Wankelmütigen ein Plakat geklebt: Ein halber Christ ist ganzer Unfug! Obwohl in meiner Familie noch keine endgültige Entscheidung über Jugendweihe, Konfirmation oder beides gefallen war, gesellte ich mich vorsichtshalber zur Fraktion der Sowohlalsauch-Teilnehmer. Als doch einer der Nachhilfe-Termine bis zur Schulleitung durchgesickert war, sahen sich nach Ende des Nachhilfeunterrichts plötzlich die Halbchristenkinder mit dem Pionierchor vor der Kirche konfrontiert, der sie mit Arbeiterliedern empfing. Seit diesem Erlebnis wurde der Termin für die Halbchristen sehr kurzfristig durch einen Vertrauensschüler nach dem Schulunterricht mitgeteilt, wenn feststand, daß nachmittags keine gesellschaftlichen Aktivitäten angeordnet waren.

Da der kirchliche Vertrauensschüler bekannt war, konnte schon ein Gespräch mit ihm als konterrevolutionäre Konspiration ausgelegt werden, und wir führten das Prinzip des toten Briefkastens ein (im MFS-Jargon TBK). Der Vertrauensschüler, der in einem Sportverein aktiv war, deponierte den Zettel mit dem Termin für alle, die er nicht unauffällig ansprechen konnte, in einem Baumloch in einer alten Kastanie. Ich informierte dann Petra, die den Termin an alle Interessenten weitergab.

Keiner von uns hatte Lust, die Folgen der Aufdeckung unserer christlichen Konspiration durch die Schulleitung zu tragen, deshalb funktionierte das System des Buschfunks reibungslos. Außerdem trug der Reiz des Verbotenen und Abenteuerlichen dazu bei, daß wir bald eine verschworene Gemeinschaft wurden.

2 Ernteeinsatz

Wie in jedem Jahr kamen auch 1965 die Genossen Bäuerchen mit ihrem Job nicht zurecht. Folgerichtig eilte die Arbeiterklasse, zu der ich als Lehrling und FDJ-Mitglied zählte, zu Hilfe. Wir wurden vom Unterricht freigestellt und von der Schulleitung in Mecklenburg ausgesetzt, um dort die Kartoffelernte einzubringen. Die Genossenschaftsbauern fühlten sich durch unsere Anwesenheit offensichtlich gestört und trachteten danach, uns so schnell wie möglich wieder los zu werden. Als Unterkunft wies man uns eine Ruine zu, an der offensichtlich die Landwehr den Häuserkampf erprobt hatte. Wir betrachteten den Job als Klassenkampf und bekämpften unsere Hauptfeinde, Kälte und etliche Divisionen Flöhe, mit dem ortsüblichen Bretterknaller.

Unser FDJ-Vorsitzender, der die Leitung dieses Unternehmens hatte, wohnte im LPG-Büro und beschäftigte sich, außer mit der Auswertung des sozialistischen Wettbewerbs, intensiv mit der Tochter des LPG- Vorsitzenden.

Nach den ersten Erntetagen erlahmte unsere Kartoffelsammelleidenschaft fast völlig, was bei einem Tagesverdienst von etwa vier Mark auch niemanden besonders verwunderte.

Einer der Lehrlinge, der durch seine langen Haare offensichtlich der westlichen Unkultur huldigte, beschloß auf den Hungerlohn ganz zu verzichten und sich statt dessen ein paar gemütliche Tage zu machen. Er fuhr zwar mit aufs Feld, sammelte auch einige Kartoffeln, die er allerdings nicht in die dafür vorgesehenen Kiepen warf, sondern in die Taschen seiner Wattejacke steckte und damit gemächlich zum LKW-Anhänger schlenderte, der die gesammelten Kartoffeln abtransportieren sollte. So machte Lupo den Sammeltag zum Wandertag. Als ihn unser FDJ-nik zur Rede stellte, klagte er über seine schwächliche Konstitution und behauptete, daß seine Gelenke durch die nächtliche Kälte steif geworden seien. Alles Zureden half nichts. Lupo schlenderte weiter durch die Tage. Der Feldbrigadier aus dem Dorf, der auf dem LKW die Wertmarken für die gesammelten Kartoffelkiepen ausgab, beschloß, diesen Job an Lupo abzugeben und sich derweil in der Schänke etwas auf den Feierabend vorzubereiten.

Da Lupo auch für halb- oder viertelgefüllte Körbe Marken vergab, erfüllten wir an diesem Tag die Norm mit 200 Prozent. Als der Feldbrigadier kurz vor Feierabend wieder auftauchte und sah, daß der Wagen nur zur Hälfte gefüllt war, dafür aber alle Wertmarken verbraucht waren, erging er sich in allerlei Drohungen und Beschimpfungen. An diesem Abend erschien unser FDJ-nik wutschnaubend. Er faselte was von Sabotage, Streik und bezichtigte uns antisozialistischer Machenschaften. Er berief eine Versammlung der FDJ-Leitung im LPG-Büro ein. Daran mußten Propagandist, Kassierer, Gruppensekretär und Stellvertreter teilnehmen.

Ich war zu Beginn des Lehrjahres zum Propagandisten ernannt worden und gehörte damit zur Leitung. Der Sekretär analysierte den Verlauf des Einsatzes unter dem Gesichtspunkt des "sich verschärfenden Klassenkampfes" und der Offensive negativer Elemente.

Beatmusik war bereits vom Zentralrat der FDJ als Ausdruck "ideologischer Diversion" entlarvt und verurteilt worden. Lehrling Lupo spielte in Berlin in einer kleinen Band Gitarre und galt dem Sekretär als Träger der Gammler-Ideologie, die das Ziel hatte, unseren sozialistischen Aufbau zu stören. Besonders wütend war er über die langen Haare des "Gammlers", da er meinte, daß diese beim Arbeiten hinderlich seien. Der Träger wollte zum Ausdruck bringen, daß er nicht beabsichtige, sich dem sozialistischen Tempo anzupassen und damit demonstrativ eine Außenseiterrolle in unserer sozialistischen Menschengemeinschaft anstrebe. Langhaarige stören objektiv die Weiterentwicklung des Sozialismus und fordern somit klassenkämpferische Gegenmaßnahmen heraus. "Unser Arbeiter- und Bauernstaat läßt sich vom Klassenfeind nicht auf der Nase herumtanzen!" Dabei spielte er mit einer großen Papierschere, die vor ihm auf dem Schreibtisch lag. Wenn heut noch jemand die Schere für ne Wandzeitung oder so braucht, kann er sie ja nachher mitnehmen. Anschließend ging er mit dem Leitungskollektiv noch zum gemütlichen Beisammensein zwecks "frohem Jugendleben" in den Dorfkrug und gab einige Runden Bretterknaller aus. Zum Abschied wies er für Begriffsstutzige noch vorsichtshalber darauf hin, daß der Dorffrisör gerade Urlaub macht. Also viel Spaß, Jungs, enttäuscht mich nicht. früher nannte man das "Selbsterziehung!"

Auftragsgemäß wurde die Selbsterziehungsmaßnahme durchgezogen. Am nächsten Abend saßen wir im Dorfkrug und plemperten uns mit Bier und Bretterknaller voll. Wenn Lupo mal zur Toilette ging, kippten wir ihm unseren Bretterknaller ins Bier, was bald entsprechende Wirkung zeigte. Wir schleppten ihn zur Ruine und begannen Frisör zu spielen. Am nächsten Morgen erwachten wir durch ein tierisches Gebrüll, das begleitet war von Geräuschen, die klangen als ob gerade die Russen das Haus stürmten. Lupo begann, die Zimmereinrichtung zu zerlegen, und bedrohte jeden, der ihm zu nahe kam, mit einem abgebrochenem Stuhlbein. An diesem Tag trat Lupo in den Streik und rückte nicht mit ins Feld aus. Am Abend fanden wir Lupo wimmernd und volltrunken in der Ecke sitzend. Neben ihm lag eine Schlinge und ein Balken hing von der Decke. Lupo hatte versucht, sich aufzuhängen und dabei fast das ganze Haus zum Einsturz gebracht, wie wir aus der Unmenge heruntergefallener Deckenfüllung erkannten. Beim Sprung vom Stuhl hatte sich Lupo den Fuß verstaucht, der jetzt dick geschwollen war. Den Schmerz hatte er dann mit Bretterknaller betäubt. Irgendwie tat er uns jetzt leid, und wir bedauerten ihn alle.

Wir hatten Lupos Traum von einer Karriere als Gitarrist der Band "Airport" zerstört, weil er mit einer Bombe unmöglich auf der Bühne erscheinen konnte, da seine Mitspieler fast alle das Haar schulterlang trugen.

Unser Einsatz für die Verbündeten der Arbeiterklasse ging dem Ende entgegen. Wir hatten unsere Löhnung für 14 Tage Kartoffelterror in der Tasche. Bei mir klimperten satte 27 Aluchips (Ostmark) in der Wattejacke. Wir hatten alle mit einer Prämie gerechnet, die das äußerst magere Sammelentgelt aufbessern würde. Der LPG-Vorsitzende saß in der Wirtschaft, trank Bretterknaller, spielte Chicago und dachte nicht daran, uns zum Abschied noch eine Prämie zu zahlen. Der Abgang war am nächsten Morgen um 4 Uhr, und wir wußten, daß wir uns um unseren Lohnausgleich selbst kümmern mußten. Alles Tragbare, was in diesem Dorf zu stehlen war, war bereits gestohlen. Also beschlossen wir, in die Hühnerfarm einzufallen, um einige Flattermänner zu überreden, ihren Job im Hühner-KZ gegen einen schönen warmen Platz im Kochtopf zu tauschen. Lupo, der nicht laufen konnte, blieb mit einigen Angsthasen in der Ruine.

Unser Hühner-Stoßtrupp schlich sich GST-mäßig an das Objekt (GST - Gesellschaft für Sport und Technik der DDR), und tatsächlich konnten wir unbemerkt in das Broiler-KZ eindringen. Als wir aber begannen, einigen Insassen die Hälse durchzuschneiden, setzte ein solches Höllenspektakel ein, daß der Wachmann erschien. Gleich nach ihm betrat der ABV mit gezogener Pistole den Raum. Ich war nicht mit im Haus, da es mir schon vorher gelungen war, mit meiner Wattejacke einen Flattermann auf dem Hof zu erhaschen und mich bereits auf dem planmäßigen Rückzug befand. Als ich spitzkriegte, was lief, nahm ich volle Deckung. Der ABV zog mit der Gefangenengruppe Richtung LPG-Büro und trommelte unseren Chef aus den Federn, der ihm die Personalien der Hühnerdiebe nannte. Ich war inzwischen mit meinem Broiler unbehelligt zur Ruine gelangt. Um 4.00 Uhr gings dann Richtung Berlin. Der LPG-Vorsitzende hatte den Schaden bereits registriert. 10 Hühnern hatten wir den

Garaus machen können. Der Gesamtschaden wurde mit 200 Mark festgelegt, die von den 10 erwischten Hühnerdieben aufgebracht werden mußten. Selbstverständlich durften die Hühnerleichen nicht mitgenommen werden, sondern blieben in der LPG.

3 Die Sprengung

Damit war der Hühnerauftritt noch nicht vorbei. Die Berufsschulleitung würgte jedem der Hühnerdiebe noch einen Verweis in die Akten. Aber auch für mich hatte die Aktion noch ein Nachspiel. Mein FDJ-Sekretär, der uns zum Einsatz begleitet hatte, bestellte mich einige Tage später zu sich ins Büro. "Also, Jugendfreund, mir liegen hier Aussagen vor, daß auch du am Diebstahl von Volkseigentum beteiligt warst. Da man dich nicht erwischt hat, erwarte ich, daß du dich freiwillig stellst und Selbstkritik übst, sonst geht die Sache an die Kripo." Ich versuchte anfänglich zu leugnen, um wenigstens den Namen des Denunzianten rauszukriegen. Aber der FDJ-nik ließ sich nicht in die Karten gucken (FDJ - staatliche Jugendorganisation in der DDR). Also war ich geständig.
Abends traf ich mich mit Lupo, dem ich die Sache berichtete. Lupo erzählte mir, daß er Wolfgang beobachtet hatte, wie er sich am ersten Arbeitstag nach dem Ernteeinsatz in das Büro des Sekretärs schlich. "Der Wolf hat irgendwas gegen dich, haste dem ne Ische ausgespannt? Paß mal ein bißchen auf."
Daß Wolf der Scharfmacher in unserer Gruppe war, wußte ich von der Lupo-Selbsterziehungsaktion. Im Gegenzug berichtete ich Lupo, wer die Beschneidungsaktion gegen ihn geleitet hatte. Von der sogenannten gesellschaftlichen Arbeit hatte ich nun soviel begriffen, daß es darauf ankam, die Klassengegensätze zu polarisieren und den Gegner damit aus der Reserve zu locken.
Wir tranken noch einige Doubletten und beschlossen, - bei passender Gelegenheit -, Wolfgang eins reinzuwürgen. Diese Gelegenheit bot sich sehr bald. Lupo war ein sogenannter Katastrophenchemiker. Sein Labor stand öfter in Flammen, weil er seine Arbeitsvorschriften nur oberflächlich gelesen oder irgend etwas nicht beachtet hatte. Außerdem zweigte er heimlich roten Phosphor und Kaliumchlorat ab, um sich Sylvesterknaller zu bauen. Er experimentierte mit Bomben, die

er in einer abgelegenen Kiesgrube zündete. Ab und zu nahm er mich zu solchen Sprengversuchen mit. Ich war technisch einigermaßen gut drauf und versorgte Lupo mit selbstgebastelten elektrischen Zündern für seine Experimente.

Um Wolfgang richtig eins unter die Gürtellinie verpassen zu können, falls mal unsere Sprengaktivitäten auffliegen sollten, bat ich ihn öfter mal, für meine Experimente benötigte Chemikalien auf seinen Ausgabeschein mitzubringen. Da Wolfi ein schlechtes Gewissen hatte, tat er immer besonders kollegial und hilfsbereit. So besorgte er mir, ohne daß mein Name auftauchte, mehrere Kilo roten Phosphor, die ich angeblich für meine Präparate brauchte.

Da die Chemikalienausgabe der Berufsschule dem Trägerbetrieb unterstand, fiel die Anforderung solcher Mengen überhaupt nicht auf. Kaliumchlorat (Unkraut-ex) besorgten wir uns problemlos beim Subbotnik aus der entsprechenden Abteilung, wenn dort nicht gearbeitet wurde.

Katastrophenchemiker Lupo sorgte dann für den Abschluß unserer Bastelaktivitäten. Er mischte das hochexplosive Zeug in seiner Küche und löste durch eine unachtsame Bewegung eine Explosion von mehreren Kilo des Sprengstoffs aus, was einen Teil der Fassade seines Hauses beschädigte. Ihm versengte brennender roter Phosphor einen Teil des Gesichts und der Kopfhaut. Er mußte sofort in die Notfallklinik.

Dieser Vorfall wirbelte natürlich entsprechenden Staub auf. Kripo, Stasi und Werkschutz gaben sich bei uns die Klinke in die Hand. Da ich wußte, daß unser Denunziantenschwein Wolfgang bestimmt schon meine Phosphorbestellung angegeben hatte, blieb mir nur die Flucht nach vorn. Ich vertraute mich unserem FDJ-nik an, der die betriebsinternen Ermittlungen leitete. Ich erzählte, daß mir auffiel, daß Wolf immer größere Mengen Phosphor bei der Chemikalienausgabe bestellte, als er für seine Präparate benötigte. Der FDJ-nik registrierte meine Aussage mit Wohlgefallen. "Es freut mich, daß du zu einem festen Klassenstandpunkt zurückgefunden hast, aber deine Aussage muß ich der Stasi melden."

Einige Tage später meldete sich ein gewisser Bernd bei mir und wollte sich nach Feierabend mal mit mir unterhalten. Er wollte in seinem Trabbi auf mich warten. Bernd machte äußerlich einen vertrauenswürdigen Eindruck. Halblange Haare, Lewis und eine abgeschabte Lederjacke flößten mir Vertrauen ein. Ich ahnte zwar, daß er von der Firma war, hatte aber auf Grund seines lässigen Auftretens keine Berührungsängste. Wir fuhren dann in eine abgelegene Kneipe. Er nahm an dem Tisch Platz, der am weitesten von allen anderen entfernt war, und setzte sich mit dem Rücken zur Wand. Als alter Kneipenhocker hätte ich mich genau an diesen Tisch gesetzt, um was Wichtiges unbehelligt von Gummiohren zu besprechen.

So war mir Bernd gleich sympathisch, da er anscheinend Wert auf Diskretion legte. Bernd duzte mich von Anfang an - wir sind doch alle in der Gewerkschaft, wa? "Also paß ma uff, Alter, du hast dir da ja'n sagenhaftes Ding eingeleiert. Beteiligung und Mitwisserschaft an einem Sprengstoffverbrechen. Is ja keine Kleinigkeit. Also, ick bin von die FDJ. Du hast ja deinem Komsomolzen ne Lampe gesteckt. Wir warn dem Wolf schon lange auf der Spur, dem Lupo auch. Wolfgang hat übrigens ausgesagt, daß er den Phosphor für dich bestellt hat. Ick glaube, Jugendfreund, irgendeiner spinnt hier." Er bestellte noch ein paar Doubletten. "Paß mal uff, als hauptamtlicher Jugendlicher hab ick dienstlich ein paar Drähte zur Stasi und kann dir sagen, deine Karten sind ganz schön schlecht. Aber wär doch echt schade, wenn die Pfeifen dir das Studium vermasseln. Die wissen doch von nischt und wolln nur Erfolge, die sie nach oben melden. Dein Komsomolze is'n Fan von dir und hat dir solche scharfen Sachen wie mit der Knallerei nicht zugetraut. Deshalb bat er mich, das mit dir persönlich zu klären. Das is'n Kumpel, auf den kannste dir verlassen. Jetzt reden wir mal Tacheles! Bei der

Vernehmung durch die Stasi bleibste dabei, daß du den Phosphor von Wolfgang bekommen und an Lupo weitergegeben hast. Lupo fliegt mit dem Ding sowieso von der Schule, dem kannste nich mehr helfen, aber dir. Du hast ja dein Klassenbewußtsein in der Krisensituation unter Beweis gestellt, indem du dich den gesellschaftlichen Kräften offenbart hast. So geh ich mal von einer positiven gesamtgesellschaftlichen Grundeinstellung aus." Ich nickte. Dann erklärte er mir das Verhältnis der FDJ-Leitung zur Stasi: "Wir sind zwar zur Zusammenarbeit verpflichtet, aber unsere Leute lassen wir deshalb noch lange nicht anscheißen. Wir Berufsjugendlichen wissen ja selbst, was die übereifrigen PG`s für Scheiße bauen. Aber die FDJ ist die Kaderreserve der Partei und einmal werden wir diesen Staat leiten und den real existierenden Saustall ausmisten. Dabei will ich deine Mitarbeit. Honecker wird mal Staatschef, das ist abzusehen. Einer von uns - aus der FDJ! Wenn Erich erst mal den Spitzbart (Walter Ulbricht, Honeckers Vorgänger) abgelöst hat, sind wir, die Jugendlichen, dran. Weißt du, die alten verkalkten Antifaschisten wittern hinter jeder Ecke den Klassenfeind. Kann man ihnen ja nicht mal übel nehmen nach ihren Erfahrungen. Wir vertrauen den werktätigen Massen und wissen, daß unser Weg richtig ist. Nur offener gesellschaftlicher Dialog bringt uns voran. Du bist genau der Richtige für uns. Kritisch zwar, wie ich aus deiner Kaderakte weiß, aber durchaus bereit, an unserer Gesellschaft mitzubauen."

Je länger mir Bernd meine gesellschaftliche Funktion erklärte, desto einleuchtender erschien mir mein bisheriges Wirken. Das ist es! war mein abschließendes Urteil über den Abend. Sich richtig engagieren für den Staat, und die Mißstände an die große Glocke hängen. Mit den Verbündeten von der FDJ könnte dieses Projekt gelingen.

Einige Tage später wurde ich zur Kaderabteilung unseres Betriebes bestellt. Neben dem Kaderleiter war noch ein Präsent-20-Typ (Präsent 20 - Funktionärsmode) anwesend.

Gleich nach meinem Eintritt erhielt der Kaderleiter einen "dringenden Anruf" und entfernte sich aus dem Zimmer. Der Präsent-20-Mann stellte sich als Genosse Otto vor. Er sei mit der Untersuchung des Sprengstoffverbrechens in diesem Betrieb beauftragt. Nach allen vorliegenden Aussagen sei ich als Mittäter einzustufen. Insbesondere die Aussage des Wolfgang C. würde mich schwer belasten. Ich gab meine Darstellung der Ereignisse ab, die ich mit Bernd abgesprochen hatte. Wie erwartet drohte er mir, meine Studienbewerbung in den Papierkorb zu werfen, wenn ich nicht die Karten auf den Tisch legen würde. Ich versuchte rumzueiern, aber der Genosse Otto kannte soviel Details aus meinen Machenschaften, daß ich schließlich zugab, von den Experimenten des Lupo gewußt zu haben.

Kurz vor Feierabend erschien Bernd an meinem Arbeitsplatz. Wieder fuhren wir in seine Stammkneipe. Bernd zeigte sich sehr besorgt über die Entwicklung der Dinge. Er wußte, daß ich mich am Morgen mit "Otto" unterhalten hatte. Er versprach, die Sache in Ordnung zu bringen. Da er durchblicken ließ, daß er einen gewissen Einfluß auf die "Firma" hatte, wurde mir klar, daß natürlich auch Bernd dabei war. Wir unterhielten uns locker über allerlei Probleme im Betrieb, und Bernd versprach mit Hinweis auf seine Beziehungen Abhilfe. Ich traf mich dann regelmäßig mit Bernd am Stammtisch, wie er das nannte, um ihm meine Probleme zu berichten, die er lösen zu können behauptete.

Bernd war durchaus kritisch zur real existierenden DDR eingestellt. Er ermunterte mich ebenfalls zur Kritik. Ich war froh, meine Ansichten einmal mit einem kompetenten, einflußreichen Freund diskutieren zu können. Es dauerte nicht lange und ich freute mich auf unsere regelmäßigen Treffs in der Kneipe, wo wir gesellschaftliche und politische Probleme besprechen konnten. Irgendwie verlief die Sprengstoffangelegenheit im Sande. Mit Wolfgang sprach ich kein Wort mehr, und auch er ging mir aus dem Weg. Am Donnerstag erschien Bernd zu unserem Stammtisch mit besorgter Miene. "Jetzt sind die von der Stasi endgültig durchgeknallt. Du hast'n Ermittlungsverfahren am Hals! - Laß uns überlegen, was wir da noch retten können. Der Studienplatz ist unabhängig vom Ausgang natürlich futsch. Was willste nu machen?"

Ich war geplättet und erst mal völlig ratlos. Bernd tröstete mich und riet mir, nicht in Panik zu verfallen. Er versprach, mit Otto noch mal über alles zu reden. Wir wollten uns am nächsten Abend erneut treffen. Bernd sollte mich mit dem Auto vom Betrieb abholen. Wir fuhren dann zu einem Kumpel von Bernd, der aber nicht Zuhause war. Im Kühlschrank fanden wir Bier und Nordhäuser Doppelkorn. Bernd hatte einen abenteuerlichen Plan bereit. "Ich habe Otto noch mal alles erklärt und mich für dich stark gemacht. Er hat mir vorgeschlagen, dich an den Ermittlungen zu beteiligen. Da natürlich alles streng geheim ist, müßtest du dich schriftlich verpflichten, mit den Organen des MfS bei der Aufklärung von strafbaren Handlungen zusammenzuarbeiten. Damit bist du erst mal formal an der Untersuchung beteiligt, und gegen dich wird nicht mehr ermittelt, da wir nicht gegen uns selbst arbeiten." Er sagte "wir" und hatte damit wohl absichtlich zu erkennen gegeben, daß er von der Firma war. Er gab mir einige Hinweise, was in der Erklärung stehen sollte. Eigentlich wollte ich erst mal einige Tage Bedenkzeit herausholen, aber Bernd wollte gleich Nägel mit Köpfen machen, da die Unterlagen über die Untersuchung schon in den nächsten Tagen zur Staatsanwaltschaft gehen sollten und deshalb mein Beitrag zur vollen Aufklärung des Anschlags schnellstens "auf den Markt" müsse. So fertigte ich eine Erklärung an, in der ich mich freiwillig zur ehrlichen Zusammenarbeit mit dem MfS bei der Aufklärung von Vergehen und Verbrechen gegen unseren sozialistischen Staat und die sozialistische Gesellschaftsordnung verpflichtete. Vorher hatte mir Bernd versichert, daß diese Verpflichtung nur für den speziellen Fall des Sprengstoffvergehens gelten würde. Allerdings würde er sich freuen, wenn wir unsere Bekanntschaft weiter pflegen würden, damit er als FDJ- Berufsjugendlicher nicht ganz den Kontakt zu der werktätigen Masse verlieren würde. Auf diese Weise könnte ich ihm auch über Ärgernisse und Querelen, die unseren sozialistischen Alltag noch immer vergiften würden, informieren, damit er über die "FDJ-Schiene" was drehen könnte.

In unserer Abteilung lief so einiges schief, zum Beispiel die Prämienvergabe. Die besten Arbeitsplätze wurden stets an die Hätschelkinder des Abteilungsleiters vergeben und damit auch die besten Zensuren. Auch der Schichtplan war ein ewiger Streitpunkt unter uns. Bernd und ich kamen überein, "die gesellschaftlichen Kräfte" im Betrieb zu stärken und endlich korrekte Beziehungen, wie sie den sozialistischen Menschen auszeichnen, zu gewährleisten. Dazu reichen, wie man sieht, staatlich administrative Maßnahmen nicht aus. Wir müssen als gesellschaftliche Kontrolleure die Verhältnisse aktiv mitgestalten, sonst gestalten die Verhältnisse uns. Besonders müssen wir darauf achten, daß sich die alten Bonzen nicht so breit machen und nur noch auf ihren Pöstchen hocken ohne produktive Arbeit zu leisten.

Das ging mir ja runter wie warmes Bier. Die Firma setzt sich für uns Jugendliche ein! So hatte ich die "Normannen" (MfS-Hauptquartier befand sich in der Normannenstraße) nicht eingeschätzt. Offensichtlich war ich hier in einen Club reingeraten, der die verknöcherten Verhältnisse ändern wollte. Bernd erklärte mir, daß Klassenfragen auch Generationsfragen sind und wir unserem Erich das Kreuz stärken müßten, damit er gegen die Klassengreise nicht so einen schweren Stand hätte. "Wir wollen hier nichts administrieren, wir wollen die Massen begeistern!" Bernd kritisierte die befohlenen Aufmärsche und Paraden und das dafür rausgeschmissene Geld.

"Der Sozialismus kann nur funktionieren, wenn er nicht angeordnet wird, sondern dem gesamtgesellschaftlichem Willen entspringt. Wir sind die junge Garde des Proletariats! Wir lassen uns die Gesellschaft der Arbeiter und Bauern nicht kaputtregieren. Deshalb wollen wir an der Macht beteiligt werden, was ja auch Verfassungsgrundsatz ist. Immerhin sitzt die FDJ in der Volkskammer. Deshalb müssen wir zusammenhalten und z.B. das Informationsmonopol der Politgreise, die sich gegenseitig mit schönfärberischen Berichten in die Tasche lügen, brechen. Wenn wir es schaffen, immer einen Informationsvorlauf zu haben, können wir an entscheidender Stelle ganz anders argumentieren.

Wir wollen wissen, was wirklich läuft, nicht etwa, um auf einige Wirrköpfe mit dem großen Knüppel einzuschlagen, sondern damit wir ein reales Bild der tatsächlichen Lage haben, zum Beispiel bei den Versorgungsschwierigkeiten. Wir können dann einen Kombinatsdirektor, der mit schöngefärbten Zahlen vorm Politbüro brillieren will, ganz knallhart was vor die Hörner hauen.!"

Je länger Bernd argumentierte, desto sicherer war ich mir. Zu diesen mutigen Jungs willst auch du gehören. Die nehmen kein Blatt vor den Mund sondern knallen dir die Fakten vor den Rüssel. Irgendwie paßte alles zusammen. "Weißte übrigens, daß sie im Politbüro DDR mit Drunter und Drüber übersetzen? Den Speckjägern werden wir mal Dampf machen, wenn sie Verdienste im Antifaschistischen Widerstandskampf haben, kriegen sie ne ordentliche Rente, aber letztlich ist das hier in einigen Jahren unser Staat, der Staat der Jugend. Was glaubste denn, was der Erich auf den Spitzbart einreden muß, damit der`n paar Mark für die FDJ-Arbeit locker macht. Wir wollen doch nicht nur`n Jubelperserclub für Staatsempfänge sein, sondern wollen eine eigene Infrastruktur mit Discos, Jugendlagern und vor allem Reisebüros, die internationale Beziehungen ausbauen. Wir denken auch an Studentenaustausch, selbst mit neutralen kapitalistischen

Staaten wie z.B. Österreich. Was glaubste, wie die Millionärssöhne und Töchter glotzen, wenn eine Gruppe unserer FDJ-Studenten im Blauhemd durch die Alpen wandern!"

Das waren ja ungeahnte Perspektiven, die sich da auftaten! Ich unterschrieb in Hochstimmung meine Bereitschaftserklärung zur ehrlichen Zusammenarbeit mit dem MfS und war überzeugt, damit einen wirklich revolutionären Schritt in Richtung des gesellschaftlichen Fortschritts getan zu haben. Zum Abschluß verriet mir Bernd die Bedeutung des Kürzels MfS: Miteinander-Füreinander-Sozialismus. Ich war froh, meinem halbwegs bedeutungslosem Dasein durch Mitarbeit in einer Organisation, die dem gesellschaftlichen Fortschritt verschrieben war, einen neuen Sinn zu verleihen. Wir haben noch die halbe Nacht gequatscht. Fast zum Schluß ermahnte er mich, über unsere Gespräche mit niemandem zu reden, damit unsere nationale Aufbauarbeit nicht vorzeitig bekannt werde. Er bat mich, für den internen Dienstgebrauch einen Decknamen zu wählen, mit dem ich auch meine zukünftigen Honorar- und Spesenabrechnungen unterzeichnen sollte. Ich entschloß mich. Für "Kellermann".

Reichlich aufgewühlt ging ich nach Hause. Jetzt war ich also Teil einer Verschwörung, die aus dem Saustall DDR einen echten Arbeiter- und Bauernstaat machen wollte. Mir fielen die Worte Erichs ein, die ich vorher einfach als Partei-Bla-Bla abgetan hatte: "Die Hauptrichtung der gesellschaftlichen Entwicklung in der DDR ist der weitere Ausbau der sozialistischen Demokratie." Diese Worte erschienen mir nach der Aussprache mit Bernd in einem völlig neuen Licht. Ich wähnte mich im Dunstkreis der Mächtigen und beschloß, aktiv an der Absetzung der Gerontokratie mitzuarbeiten und die "wirklich relevanten gesellschaftlichen Kräfte" zu stärken. Daß dies offensichtlich gefährlich war, wie die Arbeit mit Decknamen zeigte, erhöhte den Reiz nur.

Ich traf mich weiterhin mit Bernd. Mal bei seinem ständig abwesenden Kumpel, mal in irgendwelchen Kaschemmen. Da ich dem Alkohol nicht abhold war, freute ich mich natürlich, daß Bernd immer zahlte. Ab und zu ließ er einen Fuffi rüberwachsen, für meine "Auslagen", und natürlich, weil wir ja Kumpels waren.

Mit Feuer und Flamme widmete ich mich meiner tschekistischen Aufgabe. Die erste Bewährungsprobe war die Diskussion um das 11. Plenum. Einige Schriftsteller wie Wolf Biermann hatten Mißstände in der DDR aufgezeigt und in satirischer Form an die Öffentlichkeit gebracht. Bernd war auf Biermanns Seite. Endlich macht mal einer das Maul auf und kritisiert die Greise ("Sindermann, du blinder Mann"). Den müssen wir fördern, das ist unser Mann, der vertuscht nix und haut die Fakten raus.

Unter uns Lehrlingen wurden die Ereignisse und die offizielle Kritik an Biermann kontrovers diskutiert. Bernd beauftragte mich, die Leute, die den Thesen Biermanns zustimmten, mit einer Kurzcharakteristik zu benennen, damit wir wissen, wer wirklich an einer gesellschaftlichen Erneuerung interessiert ist und wer nicht.

Die Leute, die für Biermann und einen neuen Sozialismus sind, werden wir unauffällig fördern und sie zu einem geeigneten Zeitpunkt ansprechen, damit sie wichtigere gesellschaftliche Funktionen übernehmen können. Die werden wir an Hoch-und Fachschulen bzw. Universitäten in unserem Sinne weiter betreuen, und dann haben wir einen Kaderstamm, der mit uns endlich zur Führung durchmarschiert.

Das leuchtete mir ein, und ich brachte die Liste zum nächsten Treffen mit. Bernd freute sich riesig, daß alles so gut lief. Er ließ einen Hunni rüberwachsen und empfahl gelegentlich mal ne Party mit den aufgeführten Leuten zu veranstalten. Dafür sollte das Geld verwendet werden. In der FDJ nennen wir das "frohes Jugendleben", dafür haben wir offiziell einen "Fonds".

Ich freute mich, daß ich insgeheim meinen Kumpels bei ihrer Karriere helfen und gleichzeitig an einer wichtigen staatlichen Umgestaltung teilhaben konnte. Mit Feuereifer pinselte ich Berichte über meine Biermann-Freunde. Bernd hatte mir eine Gitarre spendiert und aus Westberlin das Buch "Die Drahtharfe" besorgt. So spielte ich im vertrauten Kreis Gleichgesinnter Biermann-Songs und hatte bald eine sogenannte "Treffwohnung". Bernd warnte mich vor der "reaktionären" Volkspolizei und riet mir, den Umgang mit meinen Freunden konspirativ abzusichern. Das heißt, nur Einzelbesucher, keine Störung der Nachtruhe, kurzum unauffällig agieren. Meine Freunde glaubten, daß sie irgendwas Verbotenes machten, und ich rannte mit Geboten zur Konspiration offene Türen ein. Natürlich konnte ich ihnen nicht sagen, welche mächtige Organisation auf unserer Seite der Barrikade stand! Biermann betonte immer, daß er und sein Freund Havemann für den Sozialismus und die DDR seien, aber gegen die verknöcherte Politbürokratie, die Saurier aus dem ZK. Irgendwie gefiel mir seine Art und die Lieder die er sang, richteten sich ja nicht gegen die DDR. Wenn selbst ein gestandener Antifaschist und Widerstandskämpfer, noch dazu Professor für Chemie, zu ihm hielt, konnte ich Bernd nur Recht geben. Der Aufbruch zu einer Gesellschaft des demokratischen Sozialismus mußte vorangetrieben werden. Ab und zu ließ ja auch Erich Honecker durchblicken, wie er als Nachfolger des Spitzbarts regieren würde. "Die Hauptrichtung der Entwicklung unserer Gesellschaft ist der weitere Ausbau der sozialistischen Demokratie." Bernd hatte mich ermahnt, zwischen den Zeilen zu lesen und auf versteckte Hinweise unserer antibürokratischen Gruppe zu achten. Er erzählte mir, daß es im MfS schon einmal den Versuch gegeben habe, die Saurier zu stürzen. Verwickelt waren u.a. der Minister für Staatssicherheit Zaisser und der ND-Chefredakteur Herrnstadt. Diesmal würde alles gründlicher vorbereitet. "Wir wenden uns direkt an die werktätigen Massen. Du und deine Biermannfreunde werden uns im Falle eines Falles helfen, die Gesellschaft zu erneuern. Wir bauen konsequent ein Informationsnetz auf, damit wir im geeigneten Augenblick den alten Säcken die Fakten vor den Latz knallen können. Vielleicht sehen sie dann ein, was hier alles schief läuft." Bernd ermahnte mich jedesmal bei unseren Treffen, nur ja niemandem etwas über unsere Kontakte zu erzählen. "Selbst in unserer eigenen Firma können wir uns nicht auf jeden verlassen. So ein Umbau ist eine ernste Angelegenheit und jeder Fehler kann tödlich für die Sache (und für uns) sein." Bernd versorgte mich regelmäßig mit Büchern aus dem Westen, in denen ich unsere Ideen vom veränderten, demokratischen Sozialismus wiederfand.

Dutschke- und Havemann-Werke stapelten sich in meinem Bücherschrank. Ich las "Dialektik ohne Dogma" von Havemann und lieh es auch an Freunde und Bekannte aus. Besonders beliebt waren in meinem Freundeskreis die Bücher von Georg Orwell: "1984" und "Farm der Tiere". Da ich dank Bernd an diese Literatur rankam und sie auch auslieh, stieg meine Beliebtheit ständig. In linken Oppositionsgruppen war ich dank meiner Beziehungen gern gesehener Gast. Was mich etwas störte, war die ständige Angst vor der Stasi. Ich konnte ja schlecht damit rausplatzen, daß gerade Teile dieser Organisation mit uns sympathisierten und der antistalinistische Untergrund durch mich mit Stasi-Literatur versorgt wurde. Etwas hellere Köpfe meinten sogar, daß eventuelle Stasi-Mitarbeiter unter uns, von den diskutierten Argumenten der wirklich sozialistischen Opposition beeinflußt wurden und diese Ideen ins MfS tragen würden. In einigen Gesprächen wurde auch diskutiert, daß es vielleicht von Vorteil wäre, wenn einige von uns ins MfS eintreten würden, um dort die Genossen vor Ort von der Notwendigkeit zu überzeugen, die stalinistische Vergangenheit durch eine zweite Revolution (siehe Leo Trotzki: "Die permanente Revolution") zu überwinden. In der Zeit der Studentenrevolte 1968 wurde der lange Marsch durch die Organisationen vertreten. Deshalb überlegten wir, wie wir konkret an die Macht herankommen könnten. Natürlich zuerst durch Eintritt in die SED zur Bearbeitung und ideologischen Beeinflussung der Basis. Die Organisation Narodnaja i Wolnja, die vor der russischen Revolution in die Bauernschaft ging und revolutionären Geist verbreitete, war uns Vorbild. Ich war stolz, von mir aus diese Notwendigkeit begriffen zu haben und berichtete Bernd voller Stolz von den Fortschritten in unserer Sache. Er ermahnte mich, von allen Stasi-Fans Charakteristiken auszuarbeiten, damit wir keine Kuckuckseier ins Nest bekämen. Vor allem sollte ich keinesfalls selbst solche Ansichten propagieren, damit die "natürliche" Entwicklung der gesellschaftlichen Widersprüche nicht beeinflußt würde. "Der Sturz des Stalinismus muß zur Herzensangelegenheit der sozialistischen Bewegung außerhalb der Partei werden, damit es hinterher nicht heißt, in der DDR hat die Stasi geputscht. Aber natürlich können wir auch nichts dem Selbstlauf überlassen. Jede Revolution wird von Berufsrevolutionären vorbereitet." Als solcher Berufsrevolutionär verstand ich mich mittlerweile und arbeitete wie besessen an der Vorbereitung. Vollends überzeugte mich das Werk von Boris Sawinkow, in dem er schilderte, daß selbst die russische, zaristische Geheimpolizei Oppositionsgruppen betrieb, um den Zaren zu stürzen.

Auch in unseren Oppositionsgruppen wurde die Rolle des Popen Gapon diskutiert. Bernd freute sich, daß ich von mir aus Parallelen in der Geschichte zu unserer jetzigen Situation fand, und versorgte mich mit weiterführender Literatur, die ich stracks an unsere Verbündeten weitergab.

Inzwischen hatte ich in meiner Wohnung eine Art oppositionelle Freihandbibliothek, die eifrig frequentiert wurde. In unregelmäßigen Abständen wurde jedes Mitglied unserer Gruppe verdächtigt, Stasispitzel zu sein, und man suchte alle möglichen Argumente, die diesen Verdacht erhärtet hätten.

Ich berichtete Bernd von diesen Querelen, und er empfahl mir dringend, den Besitz von Westliteratur zu "legendieren", d.h. es mußten real existierende Westkontakte her. Da ich aus Oppositionskreisen etliche Leute kannte, die den Ausbruch der DDR-Revolution nicht abwarten, sondern sich lieber am Sturz des Monopolkapitals in der BRD beteiligen wollten, konnte ich jederzeit zu diesem Personenkreis Kontakt aufnehmen. Bernd war natürlich über jeden sauer, der aus unserer Gruppe stiften ging, und meckerte mit mir, warum er davon nichts erfahren würde. Ich erklärte ihm, daß man solche Absichten nicht in der Gruppe diskutieren würde, weil wir ja die Revolution in der DDR vorantreiben wollten und jeden als Fahnenflüchtigen betrachten würden, der sich in den goldenen Westen absetzen wollte. Bernd sah das genauso. Er empfahl mir, mehr die internationalistische Seite der Revolution hervorzuheben und bei passender Gelegenheit selber mal als Versuchsballon Fluchtabsichten zu äußern. Dadurch würde ich als Verbündeter der Fahnenflüchtigen aufgebaut.

Meistens waren für solche Fluchtabsichten persönliche Schwierigkeiten auszumachen. Bernd erklärte mir, daß von unseren Gegnern bewußt progressive Kräfte benachteiligt würden, damit sie außer Landes gingen. Um diese Machenschaften zu bremsen, sollte ich mich verstärkt um die sozialen Schwierigkeiten meiner Freunde kümmern, damit das MfS gezielt an der Lösung der Probleme arbeiten könnte, zum Beispiel bei der Beschaffung von Wohnraum. Im Betrieb könnte man z.B. besonders reaktionäre Abteilungsleiter abschießen und die Ausreiser bei Eignung sogar befördern. "Dazu brauchen wir Informationen. Informationen und nochmals Informationen."

Bernd besorgte mir etliche Gesetzblätter und Bücher, die als Argumentationshilfe bei arbeitsrechtlichen oder sozialen Problemen bei meinen Freunden heiß begehrt waren. Mich beeindruckte, mit welcher Sorgfalt das MfS den Umsturz betrieb und den Zusammenhalt der Opposition förderte.

Natürlich hatte ich auch persönliche Vorteile aus meiner Verbindung. Ich bekam ohne Probleme eine schöne Zwei-Zimmer-Wohnung mit Bad im Bezirk Berlin Prenzlauer Berg. Bernd zahlte die Miete. "Das lassen wir als Dienstwohnung laufen." Ich quittierte die Übergabe von etwa 200,-Mark im Monat mit meinem Tarnnamen und war froh, einen kleinen Zuschuß zu haben.

Mittlerweile hatte ich meine Facharbeiterprüfung mit Gut bestanden und arbeitete im VEB Lacke & Farben als Chemiefacharbeiter.

Regelmäßig im Frühjahr, wenn die Musterungsbescheide ins Haus flatterten, wurden in Oppositionellen-Kreisen Fluchtpläne diskutiert. Mehrheitlich war man aber häufiger der Auffassung, daß auch die Opposition militärisch ausgebildete Kader braucht und man die ideologische Auseinandersetzung mit dem Stalinismus auch in die Streitkräfte tragen müsse. Schließlich konnte die Oktoberrevolution nur siegen, weil der Genosse Trotzki mit der Roten Armee die Konterrevolution besiegte. Vom militärischen Drill und Kadavergehorsam wollten die Anarchisten natürlich nichts wissen und setzten auf einen allgemeinen Volksaufstand, dem sich die Armee dann schon anschließen würde.

Ich erfuhr natürlich von einigen Fluchtplänen und erzählte Bernd davon. Er versprach mir, daß man die Leute nicht gleich einsperren würde, sondern man wollte versuchen, sie durch einige soziale Maßnahmen zum Bleiben zu bewegen. Deshalb sollte ich versuchen, die wirklichen Motive herauszufinden, warum die Betreffenden in den Westen gehen wollten. Meist stellte sich heraus, daß es Probleme mit der Arbeit, der Wohnung oder der Freundin gab, von denen ich Bernd unterrichtete. Wenn sich die Leute nur vor den anderthalb Gammeljahren bei der Fahne drücken wollten, hatte Bernd einige Tricks parat. Über irgendwelche Beziehungen kam Bernd an rezeptpflichtige Medikamente ran, mit denen man Krankheiten, die zur Ausmusterung führen würden, simulieren konnte. Daß wir die ruhmreiche NVA schwächten, durfte selbst in der Dienststelle von Bernd niemand erfahren. "Wenn das jemand mitkriegt, flieg ich raus oder komme sogar selber in den Kahn", sagte er mir. Ich freute mich, daß wir so gut zusammenarbeiteten, und konnte mit diesen Aktivitäten einigen meiner Freunde die Armeezeit ersparen bzw. sie zum Verbleib in der DDR bewegen.

Dann brach der Prager Frühling aus. Alle Welt diskutierte die Programme der tschechischen Reformer. Bernd hatte mir erklärt, daß die tschechischen Genossen als erste das Joch des Stalinismus abgeworfen hatten und wir in der DDR demnächst nachziehen würden. Zur Vorbereitung der gesellschaftlichen Umwandlung sollte ich ihm eine Liste der eifrigsten Reformer machen, auf die wir im Ernstfall zurückgreifen könnten.

Daß genau diese Leute kurz nach dem Einmarsch der Sowjettruppen in die CSSR verhaftet wurden, erklärte mir Bernd mit dem Einfluß der Stalinisten in seiner Dienststelle. Irgendwie kamen mir Bedenken, daß offensichtlich jeder im MfS Zugang zu den Namen und Dossiers über oppositionelle Antistalinisten hatte.

4 Greifswald

Chemiefacharbeiter-Prüfung und Abitur verliefen problemlos. Ich hatte mich auf Anraten von Bernd um einen Studienplatz an der Ernst-Moritz-Arndt-Universität Greifswald beworben. Dort begann ich im September 1968 das Chemiestudium mit dem Ausbildungsziel Diplom-Chemiker.
Fast alle Studenten waren in Studentenheimen untergebracht. Ich wohnte im Heim 6 der sogenannten Fleischerwiese. Es waren zweistöckige Baracken, die schon einen leicht heruntergekommenen Eindruck machten. Die meisten Studenten lebten in Vierbettzimmern mit etwa 24 Quadratmetern Wohnfläche. Ich fragte mich, wie man bei solchem Gedränge überhaupt studieren könne und versuchte, über Bernd ein Privatzimmer in der Stadt aufzureißen.
Zum nächsten Treffen brachte Bernd einen "Freund" mit, der sich als Gerd vorstellte und mit mir in Greifswald zusammenarbeiten wollte. Ihm erklärte ich meinen Wunsch nach Einsamkeit. Die politisch ideologische Situation in der Fleischerwiese ließ allerdings keinen Umzug zu, da die Studenten dieses Lagers zu Aufmüpfigkeit neigten und jeden, der außerhalb des Lagers wohnte, als Außenseiter und Privilegierten betrachteten. Gerade als Mitglied der verschworenen Lagergemeinschaft könnte ich besonders effektive Operativarbeit leisten. Man versprach mir einen "Härtezuschlag", und ich fügte mich.
Die Wände der Baracke waren bereits etwas dissoziiert, so daß im Winter öfter ein Häufchen Schnee im Zimmer lag. Kohlen waren im Lager begehrte Mangelware, da sie meistens während der Vorlesungszeit geliefert und von einigen Kohlengeiern gehortet wurden. So bürgerte es sich ein, unwesentliche Teile des hölzernen Mobiliars zu verheizen, meist das von abwesenden Studenten. Auch aus Platzgründen war diese Methode sehr beliebt. In der ersten Zeit sah ich das noch als Scherz an. Da ich häufig außerhalb des

Lagers in den Institutslaboren zu tun hatte oder mich mit Gerd zur Berichterstattung traf, hatte ich bald nur noch eine Art Notbett und einen wackeligen Stuhl. Teile meiner Schrankwände waren ebenfalls schon ein Raub der Flammen geworden. Man pflegte eine Art Nagelkultur und versuchte alle Gegenstände an Nägeln aufzuhängen, da man so mehr Brennmaterial und Platz hatte. Alternative Heizungsversuche scheiterten meist. Wir versuchten, im Ofen eine elektrische Kochplatte zu installieren. Das Kabel verbrannte häufig, oder es flogen die Sicherungen raus, da fast alle Studenten irgendwelche elektrischen Wärmespender betrieben, und wenn es nur Glühbirnen waren.

Da alle Versuche, in wohliger Wärme zu studieren, fehlschlugen, entwickelten kluge Kommilitonen die Methode des inneren Heizens. Feldversuche mit Kaffee und Tee schlugen fehl. So setzte sich als Mittel der Wahl hochprozentiger Alkohol durch, der vom Institut bezogen werden konnte.

Bei der Institutsleitung war diese Heizmethode verpönt, und man schenkte trinkbaren Alkohol für Versuchszwecke nur in kleinen Mengen aus, so daß sich das winterliche frohe Studentenleben fast vollständig in den umliegenden Wirtshäusern abspielte. Dort ging es recht ungezwungen zu.

Unser Lieblingskellner, der stadtbekannte Schwule "Mitropa-Billy", verabreichte prinzipiell an Studenten keine Speisekarten, sondern ließ sie nach den Flecken auf dem Tischtuch raten, welche preiswerten Speisen empfehlenswert waren. Einmal orderte ich nach dem Tischtuch Goulaschsuppe und einen Salzstreuer. Mitropa-Billy traten die Augen aus dem Kopf! Er antwortete: "Du als Stammgast müßtest doch wissen, daß die G.Suppe hier sowieso versalzen ist!" Ich erklärte ihm, daß ich vorhätte, mit dem Salzstreuer nach den an der Wand umherkriechenden Küchenschaben zu werfen. Das leuchtete ihm ein, und ich hatte einen neuen Freund gewonnen.

Als ich einmal an einem Wett-Trinken Uni gegen Lubminer Atomkraftwerk-Erbauer teilnahm, mußte ich mir anschließend das Abendbrot eines dieser Kampftrinker aus den Haaren kämmen. Nur meine Liebe zur Arbeiterklasse und ihrer ruhmreichen Vorhaut ließen mich alle diese Strapazen erdulden.

Gerd, der auch ein großer Schluckspecht vor dem Herren war, brachte mir einige Tricks bei, wie ich eventuellen Ausfallerscheinungen im Suff entgegenwirken könnte. Keinesfalls dürfte ich mich unter hohen Dosen irgendwie verplappern. Allerdings konnte ich mir auch nicht alles merken, was am Tisch gesprochen wurde.

Besonders bei studentischen Kegelabenden wurde meine Trinkfestigkeit auf eine harte Probe gestellt. Meine Kommilitonen waren zwar keine ausgesprochenen Feinde der DDR, erzeugten aber durch ständiges Räsonnieren und Herumkritteln an unseren Errungenschaften eine "feindlich negative" Atmosphäre in den Studentenheimen, die meine Dienststelle nicht hinnehmen wollte.

Da für mich die Lebensbedingungen im Lager auch keinen Deut besser wie für "offizielle" Studenten waren, konnte ich eigentlich aus vollster Überzeugung mitmeckern und wurde bald als lustiger, zuverlässiger und trinkfester Kumpel anerkannt.

Anfangs versuchte ich, die Kritik an den Lebensumständen mit Hinweis auf die Groß- und Einmaligkeit des sozialistischen Aufbaus abzuwürgen, bemerkte aber sofort, wie bei einigen der Stammtisch-Wortführer das Kinn herunterklappte und sie dann versuchten, auf Thema 1 (wer mit wem) umzuschalten. Gerd, mein neuer Führungsoffizier, fiel aus allen Wolken, als er meinen diesbezüglichen Bericht aufnahm und rügte mein un-Dziershinskymäßiges Verhalten. Ich sollte gefälligst konspirieren, provozieren und nicht agitieren. Ich gelobte, dies zu beherzigen, obwohl es mir bei einigen Beiträgen meiner Kommilitonen in der Lippe juckte.

Ich ging davon aus, daß meine Studienkollegen nicht bösartig gegen unseren Staat eingestellt waren, merkte aber doch, daß sich eine Gruppe feindlich-negativer Studentenpersönlichkeiten herausgebildet hatte, die den Ton angaben und ihre Kommilitonen beeinflußten.

Besonders mein Zimmernachbar, ein gewisser "Kuno", versuchte, sich als Superintellektueller zu profilieren und organisierte sogar offizielle Lichtbildervorträge über die Kunstrichtung des Surrealismus/Manierismus, die unserem sozialistischen Realismus diametral entgegengesetzt war. Diese Vorträge, mit anschließender Diskussion, wurden vor der evangelischen Studentengemeinde abgehalten, und man konnte sie nicht administrativ verhindern.

Da die Kirche naturgemäß nicht dem dialektischem und historischem Materialismus huldigen konnte, wurde sie von meiner Dienststelle in der Domstaße als "Feindzentrale" angesehen. Meine Aufgabe bestand darin, alle feindlichen Aktivitäten, die von dieser Zentrale ausgingen oder in sie hineingetragen wurden, aufzuklären.

Da ich mich nicht als mieser Kumpelanscheißer profilieren wollte, hatte ich mich mit Gerd verständigt, daß meine Situationsberichte keinesfalls Nachteile für die Kommilitonen haben dürften, es sei denn, sie verübten massive Straftaten gegen die sozialistische Gesellschaftsordnung. Das wurde so akzeptiert und mir ist kein Fall bekannt, daß durch meine Berichte jemand geschädigt wurde.

Ein anderer Schwerpunkt meiner Aufklärungstätigkeit war die beliebte Studentenkneipe "Orlando". Der Wirt war meiner Diensteinheit suspekt, da er als einziger Greifswalder Gastwirt eine "Gesichtskontrolle" durchführte und nur vertrauenswürdige Arbeiter- und Studentenpersönlichkeiten einließ. Er behauptete, daß bei ihm nur Leute Zutritt hätten, die sich auch unter Alkoholeinfluß anständig benehmen würden. Einmal hatte ein Chemiestudent seinen prächtigen Schäferhund mit selbsthergestelltem Tränengas beträufelt, der daraufhin sofort zum Tierarzt mußte. Solche Witzbolde wurden bereits an der Tür vorsortiert und des Lokals verwiesen. Außerdem verkehrten bei ihm auch Mitarbeiter der Universität, die sich gelegentlich von den wüsten Trinksitten der Studenten belästigt fühlten. Wir sahen das als Schutzbehauptung an und gingen davon aus, daß er seinen Laden als kommunistenfreie Zone betrachtete und seine Gäste vor Parteimitgliedern und unseren Mitarbeitern abschirmen wollte. Deshalb erfreute sich diese Kneipe besonders in Theologenkreisen großer Beliebtheit.

Ich hatte mich als Schluckspecht bewährt und hockte auf Operativgeldbasis fast jeden Abend dort. Orlando, der auch ab und zu mal einen mitschluckte, ließ sich weder von mir noch von meinen Kommilitonen aus der Reserve locken. Bis auf einige Standardbemerkungen über schlechte Versorgungslage und Schlamperei in der Stadtverwaltung schien er keine verfestigte negative Einstellung zu unserem Staat zu haben.

Einige offen oppositionelle Studenten versuchten, ihn in politische Diskussionen zu verwickeln, die er stets abblockte und darauf verwies, daß es traditionell dem Gewerbe abträglich ist, wenn Kneiper politisieren. Er halte es mit den drei Affen - nichts sehen, nichts hören, nichts sagen - und reagiere nur auf die Reizwörter Bier, Schnaps und Imbiß.

So bildete sich scheinbar unbeobachtet ganz in der Nähe meiner Dienststelle ein oppositionelles Hauptquartier heraus. Besonders sauer war mein Führungsoffizier auf den Trotzkisten-/Maoistenklüngel um Würstchen, Ulli, Achim und Mao. Letzterer hatte Verbindungen zur chinesischen Botschaft, die ihn mit der "Peking-Rundschau" und "China im Bild" versorgte. Diese ließ er völlig ungeniert unter den Studenten kursieren.

Offiziell konnten wir dagegen nichts sagen, da China nach wie vor als befreundetes Land galt und "Mao" als FDJ-Propagandist halboffiziell über die Universitätsbibliothek auch an westliche neo-kommunistische Literatur herankam. Mao, mit dem ich mich angefreundet hatte, fühlte sich als revolutionärer Arbeiterstudent, der zwar die real existierende DDR nicht aggressiv kritisierte, aber alle möglichen Neuerungen eingeführt wissen wollte. Er vertrat den Standpunkt, daß unser System soweit gefestigt wäre, daß man wie in Jugoslawien die Pressefreiheit einführen könnte. Er meinte, das würde das Ansehen der DDR in der Welt heben. Aus Kuba wollte er die Einrichtung billiger proletarischer Stundenhotels übernehmen, die dort aufgrund der Wohnungsknappheit aus bevölkerungspolitischen Gründen existierten.

Mao galt als Linksradikaler. Vor dem Studium hatte er sich in Berlin bei seiner FDJ-Leitung als Freiwilliger für den Vietnamkrieg gemeldet, um gegen den "Weltimperialismus" zu kämpfen. Natürlich hatte man ihm nicht gesagt, daß nur Freiwillige aus unseren Kreisen für Spezialaufgaben nach Nordvietnam delegiert wurden. Unter vier Augen vertraute er mir aber an, daß diese Meldung nur ein taktisches Manöver war, um eine genauere Untersuchung seines Gesundheitszustandes durch das Wehrkreiskommando zu vermeiden. Er glaubte, daß ein Kriegsfreiwilliger bessere Chancen hatte, mit einer vorgetäuschten Krankheit ausgemustert zu werden. Wie sich herausstellte, hatte er damit recht. Keiner der Genossen kam auf den Gedanken, Mao als Simulanten zu verdächtigen. Nach und nach stellte sich heraus, daß er dem chinesischen Geheimdienst zugearbeitet hatte, indem er der chinesischen Botschaft Adressenlisten von SED-Mitgliedern zuspielte, denen man Propagandamaterial der Chinesen zusandte und die man zu Veranstaltungen in die Botschaft einlud. Damals wurde die Botschaft der VR China und Albaniens genutzt, um konspirative Treffen der DDR-Oppositionellen untereinander und/oder mit Vertretern der westlichen Studentenbewegung zu ermöglichen. Dafür stellte die Botschaft ihren abhörsicheren Raum zur Verfügung.

Mitarbeiter unseres Dienstes, die als Zivilangestellte in der Botschaft arbeiteten, wurden während der "Kulturrevolution" in China und der Kampagne gegen den "faschistischen Sowjetrevisionismus" entlassen und durch Chinesen ersetzt. Zum Beispiel engagierte man den chinesischen Journalisten Xing Hu Kuo als Übersetzer. Kuo war chinesischer Staatsbürger aus Indonesien. Sein Vater, ein einflußreicher Verleger, war ein Freund des indonesischen Staatspräsidenten Sukarno, der die Friedenspolitik der Sowjetunion unterstützte. Er und sein Sohn galten als Einflußagenten des chinesischen und amerikanischen Geheimdienstes. Diese Zusammenhänge wurden mir erst später klar, als Mao sein gegen die DDR gerichtetes Machwerk "Die DDR-Mafia" im Tykve-Verlag veröffentlichte, der von diesem Chinesen betrieben wurde.

Damals hielt ich Andeutungen über die angebliche China-Connection meines Kommilitonen für Aufschneiderei. Mao hatte seinerzeit angeblich einen Tip vom chinesischen Kulturattaché bekommen, daß europäische Freiwilligenkontingente für Vietnam trotz aller ideologischer Querelen in Peking zwischenlanden. Dort wollte er bei den chinesischen Behörden um Asyl bitten, um in China oder Westeuropa für die Weltrevolution zu kämpfen.

Diese haarsträubende Story berichtete ich meinem Führungsoffizier, der sofort Berlin benachrichtigte. Man war der Meinung, daß die Chinesen, falls die Geschichte stimmen sollte, versuchten, Mao für ihren Dienst anzuwerben. Da mein Freund sich offensichtlich von Konspiration und Abenteurertum angezogen fühlte, beschloß meine Diensteinheit nun ihrerseits in die Offensive zu gehen.

Meine Aufgabe bestand darin, Mao vorsichtig aus seinem Freundeskreis zu lösen bzw. zu isolieren. Da er laufend wirre Vorstellungen vom demokratischen Sozialismus äußerte und die Ideen der westlichen Studentenbewegung propagierte, bot es sich an, das Gerücht zu streuen, daß er dies im Auftrag unseres Dienstes tat und als Agent Provocateur eingesetzt war. Mao war als FDJ-Propagandist sehr rührig und veranstaltete öfter aus eigenem Antrieb FDJ-Schulungsabende, auf denen er sich mit Erscheinungen des westlichen Neo-Marxismus auseinandersetzte. Leider hatten wir nicht die Möglichkeit, im einzelnen zu überprüfen, welche Ideologie er bei dieser Gelegenheit verbreitete, aber wir ahnten, daß dieser Kommilitone unsere Gesellschaftsordnung von der linken Seite kritisieren wollte und nach Fehlern in der "reinen Lehre" suchte. Offiziell konnten wir diese Aktivitäten natürlich weder kritisieren noch stoppen. Wir beschlossen, diesem Treiben anders beizukommen.

Mao studierte im 3. Studienjahr Chemie, war verheiratet und wohnte mit Frau und einem Säugling noch immer in einem kleinen Zimmer in der Fleischerwiese. Jede Woche erkundigte er sich im Prorektorat für Studienangelegenheiten nach der Möglichkeit, in ein Privatzimmer in der Stadt umzuziehen. Auf Empfehlung unserer Diensteinheit wurde diesem Antrag stattgegeben. Wir hofften, daß sich mit diesem Privileg der Kontakt zum kritisch negativen Kern der "Wiesen-Opposition" lockern würde. Da Mao zu dieser Zeit bereits zu den stadtbekannten Oppositionellen zählte, beschlossen wir, im Rahmen der Studententage eine Podiumsdiskussion durchzuführen, bei der er seine Thesen vortragen konnte. Jeder Nichteingeweihte mußte annehmen, daß Mao bei dieser Veranstaltung den advocatus diabolus für das Institut für Gesellschaftswissenschaften spielte und natürlich voll hinter unserer Ideologie stand. Daß die Veranstaltung eine ernsthafte akademische Diskussion mit echten oppositionellen Anschauungen sein könnte, vermutete selbstverständlich keiner der Teilnehmer, da jeder den guten alten SED-Brauch kannte, Diskussionsbeiträge vorher mit der Partei abzusprechen bzw. genehmigen zu lassen. Ich ging einige Tage vorher öfter mal mit Mao einen schlucken und wußte so, was auf uns zukommen würde. Die Veranstaltung lief auch problemlos in unserem Sinne ab. Alle hatten das Gefühl, an einer liberalen akademischen Diskussion teilzunehmen. Der ideologische Gegner von Mao war Professor Albrecht vom Institut für Gesellschaftwissenschaften und mit Rotkreuzliteratur aus dem Operationsgebiet gedopt. Er ging klar als Sieger aus der Diskussion hervor. Mao hielt sich recht gut. Der Professor erkannte diese Diskussion als Hauptprüfung im Fach Gesellschaftswissenschaften mit der Note "sehr gut" an und befreite den Kommilitonen von weiteren Prüfungen in diesem Fach. Das bestärkte die zur Veranstaltung fast komplett angetretene studentische Opposition in der Auffassung, daß das ganze Podiumsgelaber von vorn bis hinten getürkt war und die Gewileute nur ihre besten Selbstdarstellungsprofis vorgeführt hatten. Der Gedanke, daß die Partei mit einem echten Oppositionellen diskutieren würde, erschien allen Beteiligten als völlig abwegig. Nach diesem Auftritt als "offizieller Oppositioneller" gingen wie vorausberechnet viele der Mitstreiter auf Distanz, was von uns auch beabsichtigt wurde.

Da Mao in dieser relativ isolierten Situation nach neuen Verbündeten suchte, beschloß mein Führungsoffizier mir einen Mitarbeiter vorzustellen, der genau wie ich an der Zerschlagung der Opposition arbeitete. Wir trafen uns in einer konspirativen Wohnung im Hafenviertel. Gerd war schon da und hatte bereits einige Flaschen Rostocker Hafenbräu und eine Flasche Korn nebst einem kleinen Kaviar-Ersatz-Imbiß vorbereitet. Mir fiel fast das Glas aus der Hand, als ich Gottlieb Lilienstein erkannte. Dieser Biologiestudent war mir als Harttrinker vom "Orlando" bestens bekannt. Ich hielt ihn für einen gestandenen Oppositionellen und hatte bereits mehrere Berichte über ihn verfaßt. Auch er schluckte, als er mich erkannte, wahrscheinlich fielen ihm seine Berichte über mich ein. Ich erinnerte mich, daß ich einmal von Gerd gefragt wurde, wem ich von meinen Bekannten eine Geheimdiensttätigkeit zutrauen würde. Da hatte ich den Namen Gottlieb erwähnt, ohne mir jedoch weitere Gedanken zu machen.

Gerd grinste still vor sich hin, als er unsere Überraschung bemerkte. Irgendwie war ich von Gottlieb enttäuscht und fühlte
mich hintergangen. Ich hatte das Gefühl, einen schizophrenen
Anfall zu erleiden. Wenn ich mir vorstellte, daß Gottlieb,
dem ich subjektiv vertraute und der meine durchaus ernstgemeinte Kritik an der DDR ebenfalls meiner Dienststelle hin-
terbracht hatte, wurde mir etwas flau im Magen. Irgendwie
fand ich es trotz meiner eigenen Tätigkeit traurig, daß man
keinem über den Weg trauen konnte. Ihm ging es wohl genauso. Immer, wenn wir uns "offiziell" beim Orlando trafen,
kamen wir nach kurzer Zeit auf das Thema Stasi zu sprechen
und bedauerten beide aufrichtig, daß man niemandem mehr
trauen konnte. Das uns verloren gegangene Vertrauen brachte uns gerade wegen dieser Diskussionen unseren Kommilitonen näher, und zumindest ich fühlte mich wohl bei dem
Gedanken, daß mir keiner zutraute, ein Kameradenschwein
zu sein.
Selbstverständlich fühlte ich mich auch nicht so, da ich nie
feststellen konnte, daß irgendwer Nachteile durch meine Berichte gehabt hatte.
Einige Studenten standen jetzt provokativ auf, wenn sich
Mao an ihren Tisch setzte. So konnte ich, als sein treuester
Freund, immer mehr Vertrauen gewinnen, und es gelang mir
wesentliche Zusammenhänge in der oppositionellen Studen-
tenscene zu recherchieren.
Gerd freute sich über diese Entwicklung und beschloß, mit
Mao ein sogenanntes Kadergespräch zu führen. Ich hatte
rausbekommen, daß in seiner Seminargruppe ein Student tätig war, der ebenfalls oppositionell zur DDR eingestellt war,
aber als "Reaktionär" galt. Mao und der Pommer konnten
sich irgendwie nicht ab, was auch an den Mentalitätsunter-
schieden zwischen den etwas sturen Eingeborenen und den
aufgeschlossenen aktivistischen Berlinern liegen mochte. So
richtig verfeindet waren die beiden nicht, aber jeder versuchte, der oppositionelle "Platzhirsch" zu werden. So lag es

nahe, daß Gerd versuchte, Mao zu überreden, seinen Kommilitonen durch gezielte Indiskretionen in eine Falle zu locken, die es der Universitätsleitung ermöglichte, ihn vom Studium zu exmatrikulieren.

Gerd war Seminarleiter und konnte so unauffällig Kontakt aufnehmen. Es kam auch zu einem Anwerbungsgespräch. Als Kriterium für eine eventuelle Bereitschaft zur Mitarbeit galt die Vereinbarung des Stillschweigens über den Inhalt des Gesprächs. Gerd gegenüber verpflichtete sich Mao, nichts über diese "vertrauensvolle Unterredung" verlauten zu lassen.

Ich erhielt den Auftrag, an diesem Tag mit ihm "einen schlucken zu gehen", um zu testen, ob er dichthielt. Da Mao als durchtrainierter Kampftrinker galt, erhielt ich 50,-Mark Sonderoperativgeld. Und richtig, nach der dritten Doublette (Pils/Korn) erzählte er mir haarklein alle Details über Gerds Werbungsversuch. Damit war der Fall für uns erledigt. Da wir wußten, daß auch die chinesischen Kollegen nicht mit Schwätzern zusammenarbeiteten, verbuchten wir die Sache als Ulk, und ich bekam die Weisung, weiter "abzuschöpfen". Das gelang mir auch, da ich mich inzwischen recht intensiv mit ihm angefreundet hatte, was auch auf meinen Kollegen Gottlieb zutraf.

Auf diese Weise erfuhr ich so mancherlei Details aus dem oppositionellen Treiben und konnte manchmal einige Sachen richtigstellen, die Gerd zu den Aktivitäten der Linken rechnete. So tauchte einige Tage vor dem Volksentscheid über die neue DDR-Verfassung am Heim eine Parole gegen die Abstimmung auf. Ich hatte mit der Revisionistenclique bis Kneipenschluß bei Orlando gehockt.

Anschließend übernahm ich mit Mao die erste Schicht beim "Pferdefleischansitzen". Etwa einmal im Monat gab es Pferdefleisch zum studentenfreundlichen Preis von 1 MDN das Kilo. Morgens um sechs öffnete der Laden, und es fanden sich fast alle Pferdenarren der Stadt ein. Man hatte um diese

Zeit kaum noch Chancen, etwas abzubekommen. Also teilten sich die Studenten die Nachtwache. Die erste Fraktion stellte sich bereits um ein Uhr morgens an und wurde dann gegen vier Uhr von der Frühschicht abgelöst. Die dritte Schicht kochte dann das erbeutete Fleisch und holte frisches Bier, während die erste und zweite Schicht schlief. Ab 12 Uhr gab es dann eine Pferdegoulaschparty und ein Fäßchen Bier wurde angezapft.

Am Tag vor der Schmiererei in der Fleischerwiese hatten die leicht versoffenen "Kommissare der Arbeiterklasse", wie sich die Anhänger der trotzkistischen Theorie gern nannten, für die Nachtschicht gemeldet. Sie saßen als Delegierte ihrer Seminargruppen nach Pferdefleisch an und nuckelten einige Fläschchen Alkohol aus. Da fast alle Beteiligten nach der Ablösung Mühe hatten, überhaupt ihr Heim aufzufinden, konnte ich Gerd berichten, daß diesmal wohl die "Reaktionäre" zugeschlagen haben mußten. Diese lehnten die realsozialistische Gesellschaftsordnung generell ab und versteckten ihre feindlich negative Grundhaltung genau wie die linken Systemverbesserer hinter sogenannter "konstruktiver Kritik" an den Maßnahmen der staatlichen Organe.

Beide Gruppen mochten sich nicht sonderlich, da die Reaktionäre die linke Fraktion verdächtigte, im E.-Fall in den Schoß der alleinselig machenden Partei zurückzukehren.

Schon Lenin bezeichnete Linksradikalismus als die Kinderkrankheit des Kommunismus. Die Reaktionäre vermuteten (manchmal zutreffend), daß "Kinderkrankheiten" relativ schnell überwunden werden.

Zum Ärger der Universitätsleitung und der politischen Führung bildeten beide Fraktionen, wenn es um studentische Interessen ging, eine Koalition, die gegen die Leitung opponierte. Der Rest der Studenten huldigte der proletarischen Disziplin und folgte meist murrend den Anweisungen des Lehrkörpers.

Mit dem hatte meine Dienststelle auch so manchen Ärger. Gleich in der Antrittsvorlesung für Chemiker ließ Herzog Albrecht - (eigentlich Prof. Dr. Albrecht Herzog), - einen "Korken gucken". Zur Demonstration, daß Wasserstoff leichter als Luft ist, füllte er einen roten Luftballon mit dem Gas und ließ ihn an die Decke steigen. Am nächsten Tag deutete er zu Beginn der Vorlesung an die Decke, unter der der Ballon hing, und sagte: "Erstaunlich, wie lange sich die rote Blase dort oben hält." Der Hörsaal bebte vor Beifall und mein Führungsoffizier wurde rot vor Wut, als er von dieser staatsfeindlichen Provokation hörte.

Am nächsten Tag legte der Professor noch eins drauf. Am Ende der Vorlesung sagte er, daß wir sein Bla Bla in 10 Jahren vergessen könnten, da dann dieses Wissen völlig veraltet sei. "Es gibt nur eine Wissenschaft, die unverändert seit 1848 gültig ist! Viel Spaß bei der anschließenden Vorlesung vom Institut für Gesellschaftswissenschaften!" Wieder tosender Applaus im Saal! Ich wunderte mich, daß diese Äußerungen ohne Folgen für den Profoß blieben.

Berufsbedingt beschäftigten sich viele Chemiker auch mit medizinischen Problemen. So konnte ich meine Chemie-Diplomarbeit im Institut für Pharmakologie/Toxikologie anfertigen und erhielt durch meine Arbeit wichtige Einblicke in medizinische Zusammenhänge. Einige Studenten, mit denen ich befreundet war, befürchteten, daß sie nach dem Studium sofort zur Nationalen Volksarmee eingezogen würden, weil sie noch keine, ihrer Ausbildung entsprechende Arbeitsstelle gefunden hatten. Also versuchten sie, irgendwelche Methoden herauszufinden, sich vor der "Fahne" zu drücken.

Zur Universität gehörte auch eine Militärmedizinische Sektion. Die Militärmediziner waren Spezialisten im Aufspüren und Entlarven von Simulanten. Nach Absprache mit meinem Kontaktmann Gerd sollte ich versuchen, anhand der mir und meinen Kollegen freizugänglichen Fachliteratur neue Methoden herauszufinden, wie man sich vor dem Wehrdienst drücken kann. Man wollte die Schwachstellen der Literaturüberwachung herausfinden, um Wehrkraftzersetzung bereits im Vorfeld zu verhindern.

Durch Einnahme bestimmter rezeptpflichtiger Medikamente konnte man tatsächlich fast narrensicher die militärmedizinischen Untersuchungen bei der Musterung unterlaufen. So konnte man durch Einnahme von Digitalispräparaten eine Angina pectoris vasomotorica, die eigentlich völlig harmlos ist, in eine Angina pectoris vera umwandeln. Der Digitalisspiegel im Blut bewirkte im EKG eine Senkung der St-Strecke und eine T-Negativierung, die charakteristisch für diese schwere Herzkrankheit ist. Zeigte sich solch ein Befund, wurde der Patient ausgemustert.

Wir beschlossen, so eine Art doppelten Blindversuch zu starten, bei dem weder Versuchsleiter noch Probanden wissen, was eigentlich gespielt wird. Ich erhielt die Zusicherung von meinem Führungsoffizier, daß die auf diese Art ausgemusterten Kommilitonen keine Nachteile durch ihre Versuchsteilnahme haben würden und sie unter realistischen Bedingungen ihre vorgetäuschte Krankheit weiter pflegen konnten. Ich dachte, daß diese Verfahrensweise beiden Seiten recht wäre.

Unter den Chemikern gab es einige recht skurrile Gestalten, die unter "normalen" Bedingungen bestimmt Karriere als Stadtschamanen gemacht hätten. "Bruder Johannes" und "Ostojewsky" blickten bereits auf eine beachtliche Simulantenkarriere zurück. Sie besuchten begierig jede sich bietende Medizinvorlesung und wälzten in der Bibliothek häufig medizinische Fachjournale des westlichen Auslandes.

Mitte der 70 er Jahre entstand aus der Studentenrevolte in der BRD und in anderen kapitalistischen Staaten eine terroristische Bewegung, die u.a. die RAF und die Revolutionären Zellen hervorbrachte. Ich nahm an, daß diese Organisationen durch unsere Leute infiltriert waren. Mein Führungsoffizier befürchtete aber trotz allem eine Art Rückkoppelungseffekt für die DDR. Ich erhielt die Aufgabe, mich privat unauffällig auch mit Problemen der Sprengtechnik und dem Einsatz von Ultragiften zu befassen. So wurde ich bald zum anerkannten Untergrundspezialisten für Ausmusterungsfragen und bekam dadurch auch Kontakte zu Extremistenkreisen.

dem IM-Vorlauf erreichten Ergebnisse. Die Akten-
führung erfolgt gemäß dienstlicher Bestimmungen und
Weisungen.

Inoffizieller Mitarbeiter; Werbung

Herbeiführung der Entscheidung des — IM-Kandidaten zur inoffiziellen Zusammenarbeit mit dem MfS.
Die Erlangung der Bereitschaft und die darauf
fußende positive Entscheidung ist das Ergebnis
einer zielgerichteten Beeinflussung zur Schaffung der hierfür notwendigen Motive bei dem Kandidaten.
Bei der allmählichen Heranführung des Kandidaten
an die Werbung erstreckt sich diese Beeinflussung
über mehrere Kontaktgespräche, einschließlich der
Einbeziehung in erste politisch-operative Forderungen und Aufgaben, während sie sich bei der Sofortwerbung vor allem auf das Werbungsgespräch
selbst konzentriert.
In Vorbereitung auf die Werbung ist die gegebene
bzw. geschaffene — Werbungsgrundlage zu bestim-
men und die auf ihr beruhende Argumentation und
Taktik im — Werbungsgespräch festzulegen. Es ist
die Gestaltung der — Verpflichtung und der Inhalt der ersten politisch-operativen Aufträge
festzulegen. Im Werbungsvorschlag sind diese Festlegungen zu dokumentieren.
Die Ergebnisse der Werbung und die sich daraus
ergebenden Konsequenzen für die Zusammenarbeit mit
dem neuen IM sind im Bericht über die durchgeführte Werbung darzulegen.

Inoffizieller Mitarbeiter; Werbungsart

Art und Weise der Erlangung der Bereitschaft des
— IM-Kandidaten zur inoffiziellen Zusammenarbeit. Im Prinzip sind zwei W. üblich: das allmähliche Heranführen des Kandidaten an die Werbung und die Sofortwerbung.
Das allmähliche Heranführen ist dann zu wählen,
wenn
- es auf Grund vorliegender Informationen unwahr-
  scheinlich ist, daß beim Kandidaten kurzfristig
  die Bereitschaft zur konspirativen Zusammenarbeit entwickelt bzw. geschaffen werden kann,
- die Aufklärungs- und Überprüfungsergebnisse ein
  gründliches persönliches Kennenlernen des Kandidaten erfordern, um weitere, anders nicht zu
  beschaffende Informationen über seine Eignung,
  Zuverlässigkeit und Gewinnungsmöglichkeit zu er-
  langen.
Die Sofortwerbung ist dann zu wählen, wenn
- die vorhandenen Aufklärungs- und Überprüfungsergebnisse so sicher und ausreichend sind, daß

Inoffizieller Mitarbeiter; Überprüfung

in der → Zusammenarbeit mit und bei der → Gewinnung von IM ist die Ü. eine ständige, planmäßige Aufgabe zur Klärung der Frage "Wer ist wer?" im IM-Bestand und richtet sich auf das Feststellen und Prüfen
- der Ehrlichkeit und Zuverlässigkeit der IM sowie ihrer Konspiration und Sicherheit, insbesondere zum Verhindern des Eindringens des Feindes in den IM-Bestand sowie zum Vermeiden von Desinformationen,
- ihrer inneren Bindungen an das MfS und ihrer Standhaftigkeit gegenüber feindlich-negativen Einflüssen sowie von Möglichkeiten zur Stabilisierung wichtiger Eigenschaften der IM,
- ihrer politisch-operativen Kenntnisse und Fähigkeiten für die Lösung aktueller und perspektivischer Aufgaben und sich daraus ergebender neuer Perspektiven,
- neuer Möglichkeiten und Verbindungen der IM sowohl aus der Sicht ihrer politisch-operativen Nutzung als auch der Gewährleistung des Schutzes, der Konspiration und der Sicherheit der IM.

In der Zusammenarbeit mit IM hat die Ü. in erster Linie während der Treffs, bei der Auftragserteilung, Instruierung und Berichterstattung, durch Vergleich politisch-operativer Arbeitsergebnisse mit den realen Möglichkeiten der IM zu erfolgen. Bei Anzeichen von Unehrlichkeit und Unzuverlässigkeit sind unter strikter Beachtung der Anforderungen an Wachsamkeit, Geheimhaltung und Konspiration erforderlichenfalls bewährte IM zur Klärung einzusetzen und entsprechend der Bedeutung der zu überprüfenden IM auch operative Legenden und Kombinationen - insbesondere zur Schaffung von Bewährungssituationen -, operative Ermittlungen und Beobachtungen, Speicherüberprüfungen sowie operativ-technische und kriminal-taktische Mittel und Methoden differenziert anzuwenden.

Bei der Gewinnung von IM richtet sich die Ü. als Bestandteil und Methode der konspirativen Aufklärung der Kandidaten auf die Einschätzung
- ihrer Eignung für die Lösung vorgesehener gegenwärtiger und perspektivischer politisch-operativer Aufgaben entsprechend dem Anforderungsbild,
- ihrer Zuverlässigkeit und anderer charakterlich-moralischer Eigenschaften, die für die vertrauensvolle konspirative Zusammenarbeit nötig sind sowie
- ihrer zu erwartenden Bereitschaft zur konspirativen Zusammenarbeit, der möglichen Werbungsgrundlagen und der sich daraus ergebenden zweckmäßigen Gewinnungsmöglichkeiten.

Die Erarbeitung entsprechender Informationen erfolgt durch einzusetzende IM, durch weitere ope-

→ IM zur Führung anderer IM und GMS (FIM),
→ IM für einen besonderen Einsatz (IME),
→ IM zur Sicherung der Konspiration und des
Verbindungswesens (IMK).
Die Gewinnung von IM und die Zusammenarbeit mit
ihnen erfolgt entsprechend den dienstlichen Be-
stimmungen und Weisungen im MfS.

Inoffizielle Mitarbeiter der Abwehr mit Feindverbindung bzw. zur unmittelbaren Bearbeitung im Verdacht der Feindtätigkeit stehenden Personen (IMB)

IM, der unmittelbar und direkt an feindlich tätigen Personen oder im Verdacht der Feindtätigkeit
stehenden Personen arbeitet, deren Vertrauen besitzt, in ihre Konspiration eingedrungen ist und
auf dieser Grundlage Kenntnis von deren Plänen,
Absichten, Maßnahmen, Mitteln und Methoden erhält,
operativ bedeutsame Informationen und Beweise erarbeitet sowie andere Aufgaben zur Bekämpfung
subversiver Tätigkeit sowie zum Zurückdrängen der
sie begünstigenden Bedingungen und Umstände löst.
Der Einsatz des IMB erfolgt vorrangig zum Eindringen in die Konspiration feindlicher Stellen und
Kräfte und zur unmittelbaren Bearbeitung im Verdacht der Feindtätigkeit stehenden Personen gemäß
der Richtlinie 1/76.

Inoffizieller Mitarbeiter der Kriminalpolizei

inoffizielle Kräfte des Arbeitsgebietes I der
Kriminalpolizei, die zur Vorbeugung, Aufdeckung
und Bekämpfung sowie zur Lösung anderer volks-
polizeilicher Aufgaben eingesetzt werden.
Durch das MfS werden in kameradschaftlichem Zusammenwirken mit dem Arbeitsgebiet I die Potenzen
dieser IM zur Realisierung politisch-operativer
Aufgaben differenziert genutzt.

Inoffizieller Mitarbeiter für einen besonderen Einsatz (IME)

IM, der zur Lösung spezieller politisch-operativer
Aufgaben eingesetzt wird.
IME sind vor allem:
- IM in verantwortlichen Positionen in staatlichen
und wirtschaftsleitenden Organen, Betrieben,
Kombinaten und Einrichtungen sowie gesellschaftlichen Organisationen, die zur Herausarbeitung und Durchsetzung bedeutsamer Sicher-
heitserfordernisse, zum Erarbeiten operativ bedeutsamer Informationen über die Lage im Verantwortungsbereich sowie zur Legendierung ope-

5 Herrentag

Meine Diensteinheit hatte herausgefunden, daß zum Seme-
sterbeginn, wenn die Fleischerwiese von Studienanfängern,
den sogenannten "Finken" wimmelte, eine besonders kritische Phase für unsere sozialistische Ideologie anbrach. Die
neuen Kommilitonen kamen aus allen Gegenden der Republik in unsere romantische Stadt und brachten allerlei aufrührerisches Gedankengut und Schriften mit.

Besonders ein Chemikerstudienjahr fiel unangenehm auf, da
die neuen Kommilitonen, fast durchweg Söhne und Töchter
der Arbeiterklasse, von dieser offensichtlich einen unstillba-
ren Durst geerbt hatten. Eigenartigerweise waren fast alle
männlichen Kommilitonen im Besitz eines alten Kommersbu-
ches und ließen aufrührerisches und/oder freiheitliches Lied-
gut zu nachtschlafender Zeit über die Wiese erschallen. Offenbar verleugneten sie ihre proletarische Herkunft, huldigten
dem reaktionären Burschenschaftertum und dem fröhlichen
Studentenleben. Bemerkenswerterweise nahmen gelegentlich
auch Assistenten, die erst kürzlich ihr Studium beendet hatten, an solchen Exzessen teil und bestärkten die Kommilitonen noch in ihrem Treiben. Einmal beobachtete ich sogar den
stellvertretenden Sektionschef, Dr. Haberland, wie er - sichtlich angesoffen - morgens um 4 Uhr mit den Finken
Schlammfußball spielte. Ideologisch war diesem Treiben offiziell kaum beizukommen, da man schwerlich an einer Universität, die den Namen Ernst-Moritz-Arndt führt, die
demokratisch-freiheitlichen Traditionen in Frage stellen
konnte.

Daß uns dieses Studienjahr noch massig Ärger bereiten würde, war abzusehen. Zur feierlichen Immatrikulation der neu-
en Studenten wurde angeordnet, daß alle Studenten im FDJ-
Blauhemd zu erscheinen hätten. Zum Entsetzen der Universitätsleitung sah sich der Rektor, der die Festansprache hielt,
einem schwarzen Block gegenüber. Bis auf die

Gesellschaftswissenschaftler erschienen fast alle in festlichen schwarzen Anzügen oder Kostümen.

Unpassenderweise trat der Rektor in einem jahrhundertealten Talar auf, wie es der Universitätstradition entsprach. Einige ultralinke Genossen kritisierten, daß an diesem mittelalterlichen Kostüm das Abzeichen unserer ruhmreichen Partei der Arbeiterklasse nicht zur Geltung kommen würde. Einige Studenten rechtfertigten ihren Aufzug als Solidarität mit den gleichgeschalteten Kommilitonen, die 1933 Ärger mit dem NS-Studentenbund bekamen, als sie sich weigerten, in der braunen SA-Müllkutscheruniform zur Immatrikulation zu erscheinen. Sie waren der Meinung, daß der Campus ideologiefrei bleiben müsse, da sonst die akademische Freiheit, eine Errungenschaft der März-Revolution 1848, deren Tradition ja auch in der DDR gepflegt wurde, auf dem Spiel stehen würde.

Die Gleichsetzung von SA- und FDJ-Studenten setzte dem Faß die Krone auf! Den Gewis (Gesellschaftswissenschaftlern) sträubten sich die Haare.

Nach der Einführung der 5-Tage-Woche in der DDR war der Himmelfahrtstag/Herrentag als Feiertag abgeschafft worden. Wie nicht anders zu erwarten, hatten sich einige der Chemie- und Physikstudenten mit mehreren Kästen Bier versorgt und begannen, diese, fröhlich singend vor den Heimbaracken sitzend, auszulöffeln, statt die vorgeschriebenen Vorlesungen zu besuchen. Man begann, ein beliebtes Spottlied auf die ruhmreiche Sowjetunion zu singen. Der Refrain lautete: - Gestern noch Uhr geklaut, heute schon Kosmonaut. Ja das verdankt der Proletensohn nur Mutter Sowjetunion! - Zu allem Überfluß kamen einige Kommilitonen auch noch auf die glorreiche Idee, ein Plakat zu malen: - Herrentag - Feiertag - und dieses mit der ganzen Mannschaft durch die Stadt zum Hörsaalgebäude zu tragen. Sie hatten dazu alle ihre weißen Laborkittel übergezogen und diese mit Maiengrün und Bierflaschen in den Taschen geschmückt.

Mehrere Funkwagenbesatzungen hatten umgehend unsere Diensteinheit alarmiert als sie dieses Aufzugs ansichtig wurden. Man diagnostizierte sofort eine "bewußte Provokation der arbeitenden Klasse", die den Studenten ein sorgenfreies Studium durch harte Arbeit finanzieren mußte. Also eine schwere staatsfeindliche Untat!

Das Plakat wurde sofort eingezogen und alle beteiligten Studenten dem Prorektorat für Studienangelegenheiten zwecks Feststellung der Personalien zugeführt. Auf mir lastete die schwere Aufgabe, die Rädelsführer namhaft zu machen. Da ich mich auch an der Provokation beteiligt hatte und durch einige Schlucke des mitgeführten Institutsalkohols bereits Doppelbilder sah, mußte ich meinem Führungsoffizier klarmachen, daß ich leider der Lebensweise des "Klassenfeindes" unterlegen war und meine tschekistische Arbeit nicht mehr fachgerecht durchführen konnte.

Die Rädelsführer solcher Aktivitäten waren bereits aktenkundig, da ein gewisser "Charly" und seine Freunde schon als besonders eifrige Traditionalisten auf der Abschußliste standen. So konzentrierten sich die einberufenen Ermittlungen sofort auf diese Truppe, die dann auch vor Abschluß des zweiten Semesters nach einem Disziplinarverfahren exmatrikuliert und zur Bewährung in der sozialistischen Produktion verdonnert wurden.

Eigentlich tat es mir leid um Charly, der ein recht fröhlicher Bursche war. Mein Führungsoffizier wollte unbedingt ein Exempel statuieren und die anderen Studenten so von weiteren Exzessen dieser Art abhalten.

Die Institutsleitung hatte sich zusätzlich eine Repressalie gegen das Chemikerstudienjahr einfallen lassen. Viele der Chemiestudenten und -Innen kamen aus Berlin. Sie fuhren am Wochenende immer in ihre Berliner Hauptwohnungen, da es bei der Enge in den Vierbettzimmern kaum möglich war, in Ruhe seinen Studien nachzugehen. Also legte man die letzten Freitagsvorlesungen und Seminare so, daß alle den letzten

Abendzug nach Berlin versäumen mußten und gezwungen waren, das Wochenende in der Wiese zu verbringen, da sich eine Heimfahrt am Samstag nicht mehr lohnte.

Ich versuchte, den Stasi-Tucken klarzumachen, daß solche Mätzchen kontraproduktiv wären, da sie die Aufsässigkeit der Studenten nur noch fördern würde. Das Wochenende benutzten die verhinderten Heimkehrer regelmäßig zu bunten Festen und pflegten den Kommersgesang, der bei meiner Einheit verpönt war. Oft nutzten die Kommilitonen das Wochenende zu ausufernden Kegelabenden in Eldena, an denen ich selbstverständlich auch teilnehmen mußte.

Da ich ja im "Dienst" war, ersetzte man mir die Kosten einschließlich Taxiheimfahrt ohne Aufhebens, und ich fand die Arbeit zunehmend lustiger.

Operativ erbrachte diese Aktivität so gut wie nichts für meine Dienststelle, da das Kegeln ein rein sportlich (kampftrinkerisches) Ereignis war, bei dem man kaum geneigt war, über politisch-philosophische Probleme zu diskutieren.

Bei diesen Kegelabenden, die meist von den Chemikern organisiert wurden, fiel mir ein Student auf, der von seinen Kommilitonen recht oft gehänselt wurde. Er hatte eine schlaksige Gestalt und litt nach den Reden seiner Kommilitonen an einer Wasser- und Seifenphobie, was ihm den Spitznamen "Der Graue" einbrachte. Er war mit der "roten Lore" befreundet, einer Pädagogikstudentin, die unserer Ideologie huldigte und in ihrem Studienjahr FDJ-Seminargruppensekretärin war. Offensichtlich infizierte diese ihren Freund "Waldi" mit ihrer Weltanschauung, was ihn in seinem Studienjahr noch unbeliebter machte. Ich gab meinem Führungsoffizier den Tip, diesen jungen Menschen für unsere Sache zu werben.

Die Chemiker trieben mit Waldi oft recht drastische Späße. Zusammen mit den Biologen gingen sie Pilze suchen. Sie hatten sich in den Kopf gesetzt, Waldi mit "Tintlingen" anzufärben. Tintlinge sind Pilze, die bei gleichzeitigem Genuß von Alkohol dem Probanden Nasenspitze und Ohrläppchen intensiv blau färben.

Waldi hatte massive Kontaktschwierigkeiten in der Gruppe, und einige Kommilitonen verbreiteten sogar das Gerücht, er wäre Mitarbeiter unserer Einheit. Mein Führungsoffizier besprach mit mir und dem Dienststellenleiter die Einsatzkonzeption des "Waldi". Wir beschlossen, daß ich die Waldi-Gegner identifizieren sollte. Dann wollte Gerd ihn gelegentlich auf eine Mitarbeit ansprechen, wo er als erstes Gelegenheit erhalten würde, seinen Hauptfeinden eins "reinzuwürgen".

Da Waldi psychisch labil war und darüber hinaus auch dem gelegentlichen Alkoholabusus huldigte, erschien es recht erfolgversprechend, wenn wir ihm die Gelegenheit schmackhaft machen könnten, seine Gegner anzuschwärzen und gleichzeitig eine Finanzquelle für Rostocker Hafenbräu aufzutun. Gerd verfuhr dann so und "keilte" anläßlich eines FDJ-Wochenendseminars unseren neuen Mitarbeiter, der sich fortan unter uns "Seifert" nannte.

Die konspirativen Regeln verlangten natürlich, daß Seifert nicht über meine Tätigkeit Bescheid wissen durfte. Gelegentlich zeigte mir Gerd Berichte von Seifert über mich, die ich dann kommentierte. Auf diese Weise ging mein Privatleben völlig verloren, und ich mußte mich an ein Leben im "Goldfischglas" gewöhnen. Daß ich Einblick in das Privatleben vieler Kommilitonen erhielt, war natürlich nur eine geringe Entschädigung!

Manchmal ging mir die Kleinkariertheit meiner Genossen, die offensichtlich dem realen Leben in der "real existierenden DDR" abhold waren, auf den Geist. Bei der sogenannten Falsch-Klatscheraffäre hatte ich erstmals eine ernsthafte ideologische Differenz mit Gerd. Ich war/bin von Hause aus eine unsportliche Natur (manche meiner Kommilitonen nannten mich wegen meiner 126 Kilo Kampfgewicht gern

"Fettsack"). Deshalb verstehe ich auch fast nichts vom Sport und interessiere mich auch nicht sonderlich für den Proletensport Fußball. Um nicht als Außenseiter unter den Studenten zu gelten, wie "Ostojewski", ging ich zu einem Fußballspiel, das vom Universitätsfernseher in der Bahnhofsmensa übertragen wurde. Etwa 200 Studenten hatten sich vor dem Fernseher der Universität in der Mensa eingefunden. Fußballfreundüblich natürlich leicht angeschickert. Es spielte eine BRD-Auswahl gegen eine Mannschaft der ruhmreichen Sowjetunion (Traktor Moskau oder so). Aus mir nicht verständlichen Gründen war diese Veranstaltung für meine Einheit von Bedeutung. Ich sah unter den Zuschauern IM Lilienstein und Seifert, die sich auch beide nicht die Bohne für Fußball interessierten. Wie erwartet, kam es zu den "nationalistischen Ausschreitungen". Bei Toren der deutschen Elf brandete frenetischer Beifall auf, selbstverständlich auch von mir.

Gerd wollte nach der Veranstaltung sofort einen Tatbericht. Diesen schlimmen Anfall von Nationalismus wollte man auf keinen Fall durchgehen lassen. Mir kam die Aufgabe zu, die Erstklatscher zu benennen. Ich fragte Gerd in aller Höflichkeit, ob unser Dienststellenleiter vielleicht mit Klarnamen "Rainer Schwachsinn" heißt. Er fand das gar nicht lustig, obwohl ich wußte, daß er privat natürlich auch für die deutsche Mannschaft eingestellt war. Die "Rädelsführer" konnte ich in diesem Fall nicht namhaft machen. Wir einigten uns aber dahingehend, daß ich alle mir bekannten Teilnehmer dieses Fernsehabends auflistete. Mir schmeckte diese Aufgabe zwar nicht, aber man wollte wissen, wer in der Öffentlichkeit patriotischen Anwandlungen huldigte. Da ich das als ideologischen Unfug ansah, fühlte sich Gerd herausgefordert, mir einen Zweistundenvortrag über den Zusammenhang zwischen Patriotismus-Nationalismus und Nationalsozialismus zu halten. Dazu tranken wir etliche Wernesgrüner Bier und ich hatte den Eindruck, daß er die Sache auch nicht so tierisch ernst nahm. Angeblich wollte er nur wissen, wer sich in der Öffentlichkeit für unsere Sache engagiert oder wer psychologisch noch keinen festen Klassenstandpunkt bezogen hat.

Als ich hörte, daß bei einem Disziplinarverfahren vor der Universitätsleitung gegen verschiedene Studenten ein Anklagepunkt auch "Falschklatschen" bei einem Fußballspiel war, kamen mir doch Bedenken, was ich mit meiner Tätigkeit angerichtet hatte, da sämtliche "Falschklatscher" exmatrikuliert wurden und ein Jahr in der sozialistischen Produktion abreißen mußten, ehe sie ihr Studium fortsetzen konnten. Clevererweise war der Hauptanklagepunkt nicht der "nationalistische Exzeß", sondern die Zerstörung eines kaputten Klaviers, das Musikstudenten aus terroristischen Gründen im Chemikerheim abstellten. Das kaputte Klavier blockierte den Eingang zum Wohnheim der Chemiker. Jeweils die letzten Trunkenbolde des Wohnheimes kündigten mitternächtlicherweile den Abschluß ihres Gelages durch Betätigen des Klaviers mittels der überall herumliegenden Trümmer des Wohnheimes an, was einen höllischen Lärm verursachte.

Nach einer fast schlaflosen Woche fiel das Klavier der Zerstörungswut der Nichttrinkerfraktion des Studienjahres zum Opfer. Aus dem Westen waren die sogenannten Happenings der Studentenrevolte bekannt. Zufälligerweise versuchte ein solcher westlicher Happeningkünstler, ein Klavier durch eine 10 x 10 cm Öffnung zu werfen. Dieses Happening nahmen sich die Anti-Krach-Fans zum Vorbild und zerlegten das Klavier in ofengerechte Teile. Diese Aktion wurde als frontaler Angriff auf die Kulturpolitik der DDR interpretiert.

Da ich in einem anderen Heim wohnte, konnte ich zu dieser staats- und kulturfeindlichen Provokation nichts melden. Dafür nutzte Waldi die Gelegenheit, seine Lieblingsfeinde anzuzählen. Diese waren selbstverständlich auch an der Aktion beteiligt, aber Gerd hatte das Gefühl, daß Seifert das MfS als eine Art Organisation zur Befriedigung persönlicher Querelen begriff und seine privaten Rachegelüste von unseren

Genossen vollziehen lassen wollte. Nach Absprache mit unserem Dienststellenleiter unterzogen wir Waldi einer politisch-psychologischen Schulung, die persönliche Querelen in Zukunft ausschließen sollten.

Mittlerweile waren einige meiner Kommilitonen mit Zustimmung der zuständigen Organe der DDR nach Westberlin/BRD ausgereist. Manchmal fragte mich Gerd, ob nach Ausreise meiner vormaligen Freunde Gefahren für die Politik der DDR entstehen würden. Das heißt, ob sie angekündigt hätten, in der BRD über die Verhältnisse in der DDR Vorträge zu halten oder Bücher zu schreiben wie "Ostojewski".

6 Auslandseinsatz

Die ausgereisten Kommilitonen hielten oftmals noch lange Kontakt mit mir. Da ich ihnen während des Studiums die Armee vom Leibe gehalten hatte, vertrauten sie mir, und ich konnte auch gute Beziehungen zu ihrem Freundeskreis herstellen. Gerd wollte wissen, ob die Greifswalder Exilscene versuchen würde, weitere Wissenschaftler unserer Universität abzuwerben, oder ob sie über freundschaftliche Kontakte unsere wissenschaftlichen Forschungsergebnisse "abschöpfen" wollte.

Aus meiner wissenschaftlichen Arbeit wußte ich, daß wir der BRD-Wissenschaft um Jahre "hinterherforschten", und hielt eine Spionagetätigkeit meiner Kommilitonen aus dem Westen für reine Zeitverschwendung.

Da die meisten Ausreiser sofort eine Besuchssperre für die DDR erhielten, trafen wir uns in der Tschechoslowakei. Oft waren wir in Prag oder Karlsbad. Für diese Reisen bekam ich Sonderoperativgeld, da die DDR-Gruppe der Teilnehmer selbstverständlich zusammen mit den Wessis in den schönen Luxushotels übernachten wollte. Für die Wessis waren die Kosten durch den überaus günstigen Umtauschkurs lächerlich gering. Wir sollten nicht als die armen Ostverwandten dastehen. Die Westgruppe der Greifswalder Uni betrachtete diese Ausflüge in die CSSR als Billigurlaub und wollte wohl nur den Kontakt zur Uni halten und über alte Zeiten plaudern. Gleichzeitig waren diese Zusammenkünfte auch ein Härtetest für meine Leber, da regelmäßig Rekordversuche im Trinken des herrlichen böhmischen Bieres, das es für die Wessis fast zum Nulltarif gab, veranstaltet wurden. Dazu sangen wir schöne alte Kommerslieder, die oft weitere Studenten aus dem Westen an unseren Tisch lockten. Auf diese Weise konnte ich einige Verbindungen knüpfen, die mir vielleicht später einmal nützlich sein konnten. Da auch mein Kommilitone Gottlieb Kontakt zur Westgruppe hielt, gingen wir meist gemeinsam auf Reisen. Eigentlich war mir das gar nicht so recht, weil Gottlieb ein tödlicher Trinker war und die Wessis sich regelmäßig einen Spaß daraus machten, ihn abzufüllen, was gelegentlich zu peinlichen Auftritten mit dem kopfschüttelnden Personal führte. Außerdem fühlte ich mich bei meiner "Arbeit" beobachtet. Gelegentlich hatte ich selbst im Suff Ausfälle und wollte nicht, daß diese später in den Akten der Bezirksverwaltung Rostock auftauchten.

Zu Gottlieb hielt ich, seit ich ihn für eine MfS-Tätigkeit vorgeschlagen hatte, kaum Kontakt. Wir sprachen selten unter vier Augen miteinander, wie es mir auch Gerd empfohlen hatte. Rein fachlich-tschekistisch war das nur von Vorteil, da sich wie auf jeder Party größeren Ausmaßes immer kleine Cliquen bildeten, die sich privat unterhielten und versuchten, sich etwas von der Masse fernzuhalten. Ich wußte, wenn es irgend etwas geheimdienstlich Relevantes zu erfahren gab, dann in einer dieser Kleingruppen. Fast alle Ex-Ossis litten unter einer ausgeprägten Stasi-Phobie und nahmen an, daß unter den angereisten Noch-DDR-Bürgern Mitarbeiter des MfS wären. Besonders mein alter Freund Ostojeweski pflegte seine Stasi-Paranoia, die selbst vor mir nicht halt machte. Mehrmals versuchte er, mich unter vier Augen zum Seitenwechsel zu überreden, da er mich für einen Stasioffizier hielt, was allerdings unserer persönlichen Freundschaft nicht schaden konnte. Ostojewski hatte durch seine Tätigkeit als Referent für das Ministerium für Innerdeutsche Beziehungen gute Kontakte zur Westberliner CDU-Spitze und war sogar einmal vom Bundeskanzler eingeladen worden. Er war Mitglied der Ostsektor-Kreisverbände der CDU, die von einem ehemaligem DDR-Häftling geleitet wurden. In diesen Ostsektor-Kreisverbänden sammelte sich ein beachtliches Feindpotential aus ehemaligen Osthäftlingen, Landsmannschaftsaktivisten und Fluchthelfern. Letztere wollten über die Ex-Ostler auf Kundenfang gehen. Dieser Kontakt war schon recht interessant, aber die Konspirationsmacke des O. war recht nervig. Da ich O. seit Jahren kannte, wußte ich, daß er der Chaos- und Verwirrungsstrategie huldigte. Als Havemann-Schüler entwertete er zum Beispiel jedes Telefongespräch oder jeden Brief mit "Grüße an die Mithörer/leser des MfS". Damit waren die darin enthaltenen Informationen als offizielles "Spielmaterial" gekennzeichnet und für uns wertlos. Tükkischerweise war der O. sehr belesen und arbeitete oft mit Anspielungen aus der Literatur oder Bibelzitaten, die mehrdeutig waren, und man wußte nicht, ob die jeweilige Information nicht doch einen dienstrelevanten Hinweis verbarg. Da ich O.'s Hauptkontakt in Greifswald war, hätte ich diese Anspielungen verstehen müssen, wie mein Führungsoffizier meinte. Verstand ich leider auch nicht, konnte aber Gerd beruhigen, da ich wußte, daß Ostojewski unter einer Art Profilneurose litt, und froh war, wenn wenigstens unser Geheimdienst ihn ernst nahm. Um es mal klar zu sagen, dem O. mußte schon in der Kindheit seine Mutter eine Wurst um den Hals hängen, damit wenigstens der Hund mit ihm spielte. Ich traute ihm aber allemal zu, da er eine Reihe dubioser Gestalten kannte, auch nachrichtendienstliche Kontakte zu haben.

Ostojewski war mit einem gewissen Puhlmann befreundet. Puhlmann, alias Wroblewsky, hatte nach einem vergeblichen Promotionsversuch an der Akademie der Wissenschaften in Berlin-Adlershof einen Ausreiseantrag gestellt. Auch dieser Kommilitone unterhielt eine Reihe merkwürdiger Kontakte. Da er aus einem Professorenhaushalt kam, wollte er ebenfalls die akademische Laufbahn einschlagen. Seine zahlreichen Verbindungen zu Kreisen der evangelischen Studentengemeinde waren meiner Einheit aufgefallen. Allerdings lehnte er als leicht verschnöseltes Professorensöhnchen die führende Rolle der Arbeiterklasse ab und befürwortete den Führungsanspruch der Intelligenz bei der Leitung gesellschaftlicher Prozesse. Unsere Dienststelle kam aber doch zu der Auffassung, daß der Puhlmann durch Überzeugungsarbeit den Weg an unsere Seite finden könnte. Puhlmann war mit

Gottlieb eng befreundet. Zusammen hätten wir das akademische Zersetzerteam abgegeben! Leider war auch dieser Kommilitone von einem massiven Durst besessen und redete dann sehr gern und viel über seine Freunde und Bekannten. Seine Freunde nannten ihn "Frau Elster", und ich hatte den Eindruck, daß er von ihnen gelegentlich benutzt wurde, um gezielte Desinformationen in Umlauf zu setzen, die sich rasant in Ost und West verbreiteten und unsere Einheit verwirren sollten.

Unter den Weststudenten waren auch zwei Söhne von Großkapitalisten aus Nordrhein-Westfalen. Diese sollte ich besonders im Auge behalten, da Ostojewski einmal angedeutet hatte, daß er und Gleichgesinnte in der Hauptstadt aus der Bundesrepublik Spendengelder für den politischen Untergrundkampf beziehen würden. Unser Dienst lebte von wilden Verschwörungstheorien. Das wußte auch Ostojewski. Ich nahm an, daß er "seinen Affen Zucker geben wollte". Sollte aber doch etwas an dieser Sache dran sein, und wir verbockten die Aktion, stand uns Ärger bevor. So mußten wir dranbleiben und sehen, wie sich die Dinge entwickelten. Die Dinge entwickelten sich in eine für mich völlig unerwartete Richtung. Als ich von einem der Feindflüge heimkehrte, überraschte mich meine Gattin Irmchen mit der Nachricht, daß sie in Liebe zu unserem Haushandwerker entbrannt sei und sich von mir scheiden lassen wollte. Als Begründung führte sie meinen hohen Alkoholverbrauch an, der sich ab und an leider auch auf meine Potenz auswirkte. Außerdem hätte der Suff negative Auswirkungen auf die sozialistische Erziehung unserer Tochter. Irmchen forderte das Alleinerziehungsrecht, die Wohnung und mein Auto. Ich lachte sie einfach aus, da ich annahm, daß Gerd die Sache schon richten würde. Aber Irmchen hatte noch ein As im Ärmel. Sie eröffnete mir, daß sie Mitarbeiterin des MfS wäre und meine negative Einstellung zu unserem Staat nicht tolerieren würde. Angeblich hatte sie in Vorbereitung der Scheidung ein Dossier über mich erarbeitet, daß sie ihrem Führungsoffizier im Falle meiner Weigerung übergeben wollte.

Ich war versucht, mit gleicher Münze zurückzuzahlen, erinnerte mich aber, daß ich von Gerd mehrmals gewarnt wurde, gegenüber meiner Gattin zu dekonspirieren. Also wollte ich diese Sache erst mal mit dem MfS auskungeln, ehe ich vorschnell Porzellan zerdepperte. Außerdem konnte ich mir mein biederes Hausmütterchen nicht als Geheimagentin vorstellen, die ebenfalls für meine Einheit arbeitete. Als ich mich wieder mit Gerd traf und ihm von der Aktion meiner Frau berichtete, fiel der aus allen Wolken und versicherte mir, daß er von dieser fiesen Intrige seiner Dienststelle nichts gewußt habe. Er nahm an, daß es sich um eine Art Hauptprüfung für tschekistische Treue und Zuverlässigkeit handelte, die allerdings die Grenzen des guten Geschmacks und des tschekistischen Berufsethos überschreiten würde. Ehrlich gesagt, war auch bei mir der Riemen runter. Mir als treuen Sohn der Arbeiterklasse eine Agentin zur Dienstaufsicht ins Bett zu legen, war einfach fies. Dieser Vertrauensmißbrauch meiner Gattin - und mehr noch der von Gerd - gab mir ernsthaft zu denken. Mir wurde erst jetzt so richtig klar, auf welch gefährliches Spiel ich mich eingelassen hatte, und daß mich jeder falsche Schritt in den Abgrund führen könnte.

Gerd redete auf mich ein wie auf einen kranken Gaul, meine Ehe in Ordnung zu bringen. Das allerdings fiel mir nicht im Traum ein. Mit dieser intriganten Kuh, die ihren eigenen Ehemann bespitzelte, wollte ich nichts mehr zu tun haben. Ich stellte gegenüber Gerd meinerseits einen Forderungskatalog auf. Ich behalte Wohnung und Auto, und außerdem wollte ich 10.000 Mark Sonderoperativgeld für Scheidung und Schmerzensgeld. Ansonsten hätte er meine Kündigung. Die Tochter könnte dagegen ruhig bei ihrer treulosen Mutter bleiben. Ich wollte mit dieser Verräterin und ihrem Nachwuchs nichts mehr zu tun haben. Gerd versuchte, mich so gut es ging zu beruhigen. Er wollte alles Mögliche unternehmen, um diese Angelegenheit in meinem Sinne zu regeln. Bei einem blöden Spruch hätte ich ihm beinahe in die Fresse gehauen: "Was ist schon die Treue einer Frau gegenüber der Treue der Arbeiterklasse und ihrer Partei. Die wahre Liebe ist nur die Liebe zur heldenhaften Sowjetunion und ihrer ruhmreichen Vorhut, der KPdSU!" Ich hätte heulen können vor Wut, wenn ich nicht einen Lachanfall bekommen hätte. Gerd entschuldigte sich für den Fehler seiner Koordinierungseinheit. Normalerweise würde man in solchen Fällen nach einer gewissen Probezeit beiden Ehepartnern die Erlaubnis zur Dekonspiration geben, um das eheliche Verhältnis nicht durch Mißtrauen zu zerstören. Offensichtlich hatte man in diesem Fall den Termin versäumt, da ich oder auch sie an so vielen wichtigen Sachen dran seien. Gerd schlug eine Aussprache in Anwesenheit unseres Dienststellenleiters vor, um Irmchen und mich auszusöhnen. Ich lachte ihn einfach aus. Nach der Scheidung, die relativ sauber über die Bühne ging, sagte mir Gerd, daß Irmchen vom Dienst gefeuert wurde, weil sie in persönlicher Konfliktsituation die Nerven verloren und ihre Zusammenarbeit mit dem MfS offenbart hatte. Ich dagegen hätte eiserne Nerven gezeigt und nicht dekonspiriert. Er reichte mich zur Beförderung ein und versprach mir als kleine Entschädigung einen Dienstauftrag ins Feindgebiet, im Klartext eine Westreise. Ich platzte vor Stolz über diesen Vertrauensbeweis, zumal ich am 7. Oktober mit dem Orden "Held der Arbeiterklasse" ausgezeichnet wurde. Daran hing auch eine erkleckliche Geldprämie. Wenn ich es mir recht überlegte, konnte ich eigentlich der Arbeiterklasse dankbar sein, daß sie mich vor dieser falschen, fetten Kuh befreit hatte und ich außerdem meinen heimlichen Wunsch erfüllt sah, Transwestit zu werden. Die Irmchenaffäre zerstreute gelegentlich auftretendes Mißtrauen gegen mich in Kumpelkreisen. Gerd hatte mir die Erlaubnis gegeben, meine Ex-Gattin, die ja für den Dienst verbrannt war, als Stasiagentin zu outen, und durch den Mitleidseffekt mein

Ansehen zu stärken. Einige Zeit später erhielt ich die Erlaubnis, an einem Kongreß in Schweden teilzunehmen. Auf meinem Spezialgebiet hatte ich durch verschiedene Veröffentlichungen in internationalen Fachzeitschriften und durch die Anmeldung eines US-Patents bereits einen guten Ruf als Pharmakologe/Toxikologe, so daß für alle Bekannten und Kollegen meine Teilnahme am Kongreß selbstverständlich war. Um meine Kommilitonen nicht mißtrauisch zu machen, hatte ich vor meiner Einstellung als Dozent an der Uni verlauten lassen, daß ich nun auch Mitglied der Partei der Arbeiterklasse, der SED, werden mußte. Bis auf meinen langjährigen Freund "Ente" hatten auch alle Verständnis für diesen Schritt, da ich sonst den Job nicht bekommen hätte. Ich versicherte, daß sich meine politische Einstellung nicht ändern würde, was ja auch tatsächlich nicht der Fall war, wenn auch in anderer Hinsicht, als meine Freunde vermuteten. Anfangs war es mir etwas peinlich, mit der Schreckellypse (SED-Parteiabzeichen) am Anzug im Institut herumzulaufen, weil mich die Kollegen als kumpelhaften Typ kannten. Genossen gegenüber war man stets mißtrauisch und überlegte sich jedes Wort. Ich tat so, als sei ich der Alte geblieben und erzählte öfter mal einen politischen Witz. Kennse den? "Was passiert, wenn man in der Sahara den Sozialismus einführt? - Der Sand wird knapp."

Der Kongreß in Schweden war ein voller Erfolg für mich. Ich hielt einen Vortrag über Beta-Blocker und Synapsendilatation, der sehr gut ankam. Abends im internationalen Kollegenkreis lernte ich viele hochrangige Wissenschaftler kennen, die nicht nur meine fachliche Kompetenz bewunderten, sondern auch meine Trinkfestigkeit. Diese gilt besonders bei Schweden als besondere Ehre. In gemütlicher Bierrunde kamen wir uns auch privat näher, und ich deutete an, daß ich Interesse hätte, an weiteren Kongressen teilzunehmen, zu denen sie mich einladen könnten. Die Regierung der DDR sah es als internationale Aufwertung an, wenn Wissenschaftler ihres Staates bei solchen Veranstaltungen vertreten waren. Ich versprach ihnen im Gegenzug, sie zu Arbeitsbesuchen oder Kolloquien an unsere Universität einzuladen. Das war für die Kollegen besonders attraktiv, da sie in diesem Falle Gäste der Universität waren, die alle Kosten übernehmen würde. Sie wären dann in Gästehäusern der Regierung oder Interhotels untergebracht und brauchten für private Nebenkosten nicht aufzukommen. Hätten also einen attraktiven Gratisurlaub. Für meinen Auftritt hatte ich einen recht knappen Spesensatz bekommen. Einige Kollegen wollten mich nach Schließung der Hotelbar noch zu einem Bordellbesuch verleiten. Gerd hatte mich vor solchen Mätzchen gewarnt, da ich mindestens mit Tausend DM für die Nacht rechnen mußte. Also ließ ich den Spruch los, daß der Besuch eines solchen Etablissements meiner hohen kommunistischen Moral widersprechen würde. Ich hatte den Lacher des Abends gestartet, da ich nicht wußte, daß vor kurzem mein Chef Markus Wolf vom schwedischem Geheimdienst beim Verlassen eines Bordells gefilmt und das Photo in der Presse veröffentlicht worden war. Im "Neuen Deutschland" hatte ich darüber natürlich nichts lesen können, und in westlichen Fachzeitschriften, die im Institut erhältlich waren, stand auch nichts derartiges. Ich fühlte mich etwas blamiert.

Bald darauf durfte ich wieder an einem Kongreß im NSW (Nichtsozialistisches Wirtschaftsgebiet) teilnehmen. Auf dem Rückweg von Frankfurt am Main legte ich einen kleinen Zwischenstop in der selbständigen politischen Einheit ein. Ich traf mich mit Ostojewski und Paule im Löwenbräu am Bahnhof Zoo. Ostojewski freute sich riesig, mich wiederzusehen. Da ich nur einige Stunden Zeit hatte, spendierte er mir eine Taxirundfahrt durch Westberlin. Wie erwartet, versuchte er, mich unter vier Augen zu überreden, beim MfS auszusteigen und die Seiten zu wechseln. Den Korken schoß er im Mauermuseum, dem Haus am Checkpoint Charlie, ab. Die Einlaßkontrolle kannte den O., da er dort bereits aus seinen antikommunistischen Machwerken gelesen hatte. Er stellte mich als Dr. B. vor und behauptete, daß ich Dr. Rainer Hildebrandt sprechen und ihn um Unterstützung als Stasi-Überläufer bitten wollte. Rainer Hildebrandt war eine harte Nuß für unsere Stasitruppe. Er war im 3. Reich ein gestandener Widerstandskämpfer der Gruppe um Albrecht Haushofer. Nach Gründung der DDR leitete er die Kampfgruppe gegen Unmenschlichkeit, die man für etliche Terroranschläge in der DDR verantwortlich machte. Sein Mauermuseum war eine Einrichtung des Kalten Krieges und eine reine Propagandaschau gegen meinen Staat. Ich wäre vor Schreck beinahe in Ohnmacht gefallen, als mich Ostojewski quasi vor vollendete Tatsachen stellte. Ich fühlte mich entlarvt. Solche Späße des O., der sich seiner Sache offensichtlich völlig sicher war, gingen mir einfach zu weit. Zufällig standen hinter O. auch noch zwei uniformierte Amis, die gerade die Einlaßkontrolle passierten. Ich dachte zuerst, daß mich O. ganz gezielt in eine Falle gelockt hatte, und machte reflexartig einen Satz nach vorn. Ich muß kreidebleich geworden sein und hatte einen vollen Panikanfall. Erst als ich das dröhnende Gelächter von O. und der Einlaßkontrolle hörte, war mir klar, daß O. mal wieder ins Dunkle geschossen hatte und mich zufällig mit voller Breitseite erwischte. Ich zitterte an Händen und Füßen und beobachtete immer noch mißtrauisch die beiden Amis, ob sie vielleicht doch nach Dienstwaffen oder Handschellen suchten. O. tat so, als ob nichts gewesen wäre, und erklärte mir die Ausstellung. Mein Schock legte sich erst auf der Straße, als ich die vertrauten Uniformen meiner DDR-Heimatschützer sah, die nur wenige Meter vom Checkpoint-Charlie-Haus ihren Dienst für den Frieden versahen. Am liebsten wäre ich mit einem kurzen Spurt zu meinen Genossen in die Heimat geflüchtet. Da ich aber immer noch das Gefühl hatte, daß mir die Beine versagten, zerrte ich O. in die nächste Wirtschaft. Nach dem zweiten Doppelten bat ich O., gefälligst solche Scherze zu unterlassen, und begann über die

DDR zu wehklagen, um sein Mißtrauen gegen mich zu zerstreuen. Trotz allem fühlte ich mich durchschaut und zweifelte an meiner psychischen Eignung zum Tschekisten.

Der Bundesbeauftragte für die
Unterlagen des Staatssicherheitsdienstes
der ehemaligen
Deutschen Demokratischen Republik   KOPIE

MfS/BV/Ve.v. __Rostock__ Postfach 1199, 0-1086 Bez. __Greifswald__ , den __29.o9.81__

Diensteinheit __KD Greifswald__

Mitarbeiter __Hptm.Volkmann__   Reg.-Nr. __I/1445/81__

Beschluß

über das Anlegen

eines Operativen Vorganges

1. Deckname __"Chemie"__

2. Tatbestand __§ 107 STGB__

eines Ermittlungsverfahrens

(nur bei Ermittlungsverfahren ohne Haft/gegen Unbekannt, bei Übernahme von anderen Organen)

1. Tatbestand _____

eines Vorganges über Feindobjekt

1. Bezeichnung des Objektes _____

eines Sicherungsvorganges

_____

Gründe für das Anlegen:

Am 29. 8. 1981 fand in Prag ein von dem 1980 als Antragsteller
nach Westberlin übergesiedelten ▓▓▓▓▓▓ organisiertes illegales
Treffen der sogenannten "Studentenburschenschaft" Corps Reno
Guestphalia mit ehemaligen Studenten der Universität Greifswald
in Prag statt. Dieses Treffen wurde teilweise aus Mitteln des
BRD-Ministeriums für innerdeutsche Beziehungen finanziert. Diese
Fakten begründen den Verdacht, daß mit dieser Trefftätigkeit
staatsfeindliche Ziele der gegnerischen Kontakttätigkeit verfolgt
werden.

_____
Mitarbeiter
(Volkmann, Hp.m.)

_____
(Heimbach, Oberstleutn.)

Bestätigt am: __15. X 81__   von _____
Unterschrift

Anmerkung: * Zusätzlich Name und Dienstgrad mit Maschine bzw. Druckschrift angeben.

Form ... 712 1875 56.9

KD Greifswald
Ref. Universität

Die Unterlagen gehören zu den
Unterlagen des Staatssicherheitsdienstes
der ehemaligen
Deutschen Demokratischen Republik Greifswald, 29. September 1981
Postfach 1129, O-1088 Berlin   vo-kü

313

BStU
000000

/1588/87

Operativplan
zum OV "Chemie", Bearbeitungsrichtung § 107 StGB

Entsprechend der im Eröffnungsbericht fixierten politisch-operativen
Zielstellung:

- Aufklärung der Initiatoren der Treffen und der von diesen damit
  verfolgten Ziele sowie der an dem Treffen beteiligten Personen.

- Ausgehend von den ermittelten Zielen dieser Treffen sowie den dabei zur Anwendung kommenden Mitteln und Methoden sind gegen die
  DDR gerichtete staatsfeindliche Handlungen durch geeignete politisch-operative Vorbeuge- bzw. strafprozessuale Maßnahmen kurzfristig zu unterbinden.

werden für die I. Bearbeitungsetappe folgende Maßnahmen festgelegt:

1. Einsatz des IMS "Uwe Kellermann"

Der Einsatz des IM "Kellermann" soll so erfolgen, daß seine Teilnahme an weiteren stattfindenden Treffs gesichert wird, ohne daß
der IM sich dabei in die Rolle eines Sprechers oder Organisators
drängen läßt.

Für diesen IM-Einsatz soll nachstehender Informationsbedarf abge-
deckt werden:

- Wer sind die Initiatoren dieser Treffen, und welche Absichten
  verfolgen sie damit?

- Von wem werden diese Treffen finanziert? (Höhe der aufgewandten
  Mittel)

- Wo und mit welchem Teilnehmerkreis sollen wann Treffen stattfinden? Welche Tagesordnung ist dafür geplant?

- Nach welchen Gesichtspunkten erfolgt die Auswahl der Treffteil-
  nehmer, und wie wurden die Einladungen vorgenommen? (durch wen
  wer eingeladen)

- Detaillierte Angaben zum Verlauf der Treffen, Verhalten der DDR-
  und WB-Teilnehmer bei den geführten Gesprächen und deren persönliche, aus ihren Verhaltensweisen erkennbare Motivierung für die
  Teilnahme und das Auftreten.

- Festlegungen bzw. Vereinbarungen für Nachfolgetreffen oder angenommene Satzungen einer künftigen Zusammenarbeit.

BStU
000007

- Möglichst konkrete Personenangaben zu den am Treffen aktiv beteiligten Personen aus Westberlin und der DDR, die eine Personenidentifizierung ermöglichen.

- Welche Nachfolgekontakte aus diesen Treffen gibt es und wie ist der Charakter dieser Verbindung zu werten?

- Hinweise zum staatsfeindlichen Auftreten von den am Treffen beteiligten DDR-Bürgern?

- Verlauf der An- und Abreise sowie das Auftreten der am Treffen beteiligten Personen außerhalb des Treffens (Hinweise auf kriminelle Handlungen, provokatorisches Auftreten)

- Verhaltensweisen zur Konspirierung der Treffen (Wer gibt solche Hinweise und wie werden diese befolgt?)

Termin: sofortiger Einsatz
verantwortlich: stellv. Leiter der KD, Hptm. Marr
Hptm. Volkmann

2. Aufklärung der Personen, die am 28. 8. 1981 in Prag am Treffen teilnahmen bzw. an der Vorbereitung des Treffens beteiligt waren

2.1. Überprüfung in den Speichern des MfS

Termin: 20. 10. 1981
verantwortlich: Hptm. Volkmann

2.2. Verbindungsaufnahme zu den Diensteinheiten in deren Verantwortungsbereich die angefallenen Personen wohnen oder für die sie erfaßt sind

- Koordinierung der Bearbeitung

- Prüfung, ob unter den angefallenen Personen IM vorhanden sind, die neben dem IM "U. Kellermann" zur Kontrolle und offensiven Bearbeitung der Westberlinkontakte eingesetzt werden können.

Termin: 25. 10. 1981
verantwortlich: stellv. Leiter der KD, Hptm. Marr
Hptm. Volkmann

3. Einsatz operativ-technischer Mittel

- Einleitung von A-Maßnahmen der Abteilung 26 zu dem als Mitorganisator der Treffen fungierenden ...., Werner, in Berlin.

Termin: 10. 11. 1981
verantwortlich: stellv. Leiter der KD, Hptm. Marr
Hptm. Volkmann

- Anläßlich künftig in der Hauptstadt der DDR oder in der DDR stattfindender Treffen ist die Durchführung von B-Maßnahmen der Abt. 26 zu prüfen.

Termin: bei Bekanntwerden von geplanten Treffen
verantwortlich: Hptm. Volkmann

Der Bundesbeauftragte für die
Unterlagen des Staatssicherheitsdienstes
der ehemaligen
Deutschen Demokratischen Republik
Postfach 1120, O-1080 Berlin

BStU

000008

3

– Einleitung von Kontrollmaßnahmen der Abt. M zu den angefallenen und nicht für andere Diensteinheiten erfaßten Personen.

Termin: 20. 10. 1981
verantwortlich: Hptm. Volkmann

– Über die Abt. 10 des MfS sind Möglichkeiten für eine Kontrolle der in der CSSR stattfindenden Treffen durch Sicherheitsorgane der CSSR zu prüfen.

Termin: 15. 11. 1981
verantwortlich: Hptm. Volkmann

In Auswertung der aus der Realisierung der in diesem Plan festgelegten Maßnahmen erarbeiteten Informationen wird ein neuer Sachstandsbericht erarbeitet und in Koordinierung mit der Abteilung XX weitere, dem aktuellen Sachstand entsprechende operative Maßnahmen für die weitere Vorgangsbearbeitung festgelegt.

Termin: 10. 03. 1982
verantwortlich: stellv. Leiter der KD, Hptm. Marr
Hptm. Volkmann

V o l k m a n n
Hauptmann

Leiter der Kreisdienststelle

H e i m b a c h
Oberstleutnant

KD Greifswald   Greifswald, 25. August 1981
                                            vo-mer

K o n z e p t i o n
für den geplanten Einsatz des IMS "Uwe Kellermann" anläßlich
des Treffens am 28. 8. 1981 in Prag

Der Einsatz des IMS "Uwe Kellermann" im Zusammenhang des Treffens
von Studenten der Technischen Universität Westberlin mit ehemaligen Studenten der Universität Greifswald in der Zeit vom
28. 8. 1981 - 1. 9. 1981 in Prag erfolgt mit der politisch-
operativen Zielstellung, die Initiatoren und das von diesen durch
das Treffen angestrebte Ziel sowie den Teilnehmerkreis aufzuklären.

Für diesen IM-Einsatz wird folgender Informationsbedarf geplant:

- Wer sind die Initiatoren dieses Treffens und welcher Zielstellung dient es?
  (Von wem wurde es mit welcher Begründung finanziert?)

- Welche Rolle spielt ▨▨▨▨▨▨▨▨▨▨▨ bei der Vorbereitung
  und Durchführung dieses Treffens?

- Wo und mit welchem Teilnehmerkreis sollte bzw. wurde das
  Treffen mit welcher Tagesordnung durchgeführt?

- Möglichst detaillierte Personenangaben zu den am Treffen aktiv
  beteiligten Personen aus Westberlin, die eine Personenidentifizierung ermöglichen.

- Verhalten der DDR- und WB-Teilnehmer bei den geführten Gesprächen und deren persönliche - aus ihren Verhaltensweisen
  erkennbare - Motivierung für die Teilnahme und das Auftreten.

- Festlegungen bzw. Vereinbarungen für Nachfolgetreffen oder
  angenommene Satzungen einer künftigen Zusammenarbeit

- Welche konkreten Nachfolgekontakte aus diesem Treffen gibt es?

- Hinweise zum staatsfeindlichen Auftreten von den am Treffen
  beteiligten DDR-Bürgern?

- Verlauf der An- und Abreise sowie das Auftreten der am Treffen
  beteiligten Personen außerhalb des Treffens in der CSSR
  (kriminelle Handlungen, provokatorisches Auftreten).

Der Bundesbeauftragte für die
Unterlagen des Staatssicherheitsdienstes
der ehemaligen
Deutschen Demokratischen Republik
Postfach 1199, O-1086 Berlin

BStU
000919

017
2

- In den Gesprächen mit den Teilnehmern des Treffens soll der IM als Motiv für seine Beteiligung vorgeben:

Möglichkeit, den langjährigen Freund ▓▓▓▓▓ wiederzusehen und zu sehen, was aus ihm in WB inzwischen geworden ist.

Persönliches Interesse, sich mal mit Studenten aus dem anderen Teil Deutschlands zu unterhalten, wozu man nicht jeden Tag die Möglichkeit erhält.

- Nicht in die Rolle eines Sprechers oder Organisators bei diesem Treffen bzw. bei der Organisierung von Nachfolgetreffen drängen lassen. Bei gegen die sozialistischen Bruderstaaten oder DDR gerichteten Aktivitäten - unter Berufung auf daraus entstehende Folgen für die weitere berufliche Entwicklung (Reisekader) - möglichst heraushalten.

- In Gesprächen dem "Niveau" dieser Gespräche Rechnung tragend als Bewunderer der westlichen Lebensweise verhaltend auftreten und den Unzufriedenen mit den Lebensbedingungen in der DDR spielen (Reisebeschränkungen und Versorgungsprobleme), ohne jedoch verleumderisch oder provokativ gegen die DDR wirksam zu werden.

- Es ist zu versuchen, die Teilnahme an weiteren Treffen zu sichern, wenn es im Ergebnis dieses Treffens zu Vereinbarungen für Nachfolgetreffen kommt.

- Auf Kontaktangebote seitens WB-Studenten soll der IM unbedingt eingehen.

Dem IM sollen 200,— Mark zur Deckung der Reisekosten ausgehändigt werden.

Die konkrete Instruierung des IM entsprechend dieser Konzeption soll beim Treff am 26. 8. 1981 erfolgen.

Leiter der Kreisdienststelle

H e i m b a c h
Oberstleutnant

V o l k m a n n
Hauptmann

Der Bundesbeauftragte für die
Unterlagen des Staatssicherheitsdienstes
der ehemaligen
Deutschen Demokratischen Republik
Postfach 1190, O-1086 Berlin

KD Greifswald
Ref. Universität

000119

Greifswald, 6. November 1981
vo-kü

BStU
000120

Abschrift

Bericht von Uwe Kellermann

In den letzten 2 Wochen habe ich vergeblich versucht, W.
bzw. ▆▆▆▆▆▆▆▆▆ telefonisch zu erreichen. Am 29. 9. traf
ich deshalb mit ▆▆▆▆▆ zusammen. Er erzählte mir, daß er von
▆▆▆▆▆ angerufen wurde und daß ▆ ▆▆▆▆ ihm erzählt habe, daß
die Westberliner am Wochenende nach dem 7. Oktober nach Berlin
kommen. Heute mittag wurde ich von ▆ ▆▆▆ im Institut angerufen. Er sagte mir, daß jedoch dieser oben genannte Termin noch
nicht exakt feststehen würde. Wenn er weitere Informationen erhalten habe, würde er mich davon sofort unterrichten.

Mit ▆▆▆ unterhielt ich mich noch über seine geplante Reise nach
Ungarn. Er erzählte mir, daß es sich dabei wirklich um eine Dienstreise handeln würde, die jedoch vorher nicht eingeplant war. Deshalb muß er dabei einen Teil der Reisekosten selber tragen. Ich
hatte nicht den Eindruck, daß ▆▆▆▆ eine Republikflucht plant.

Am 16. 9. besuchte mich überraschend ▆▆▆▆▆▆▆▆▆. Er kam mit
einem Taxi aus Berlin und sagte, daß er Lust verspürt habe, mit
mir ein Bier trinken zu gehen. ●. berichtete über seinen Ausreiseantrag, den er offensichtlich in einer sehr aggressiven
Form abgefaßt hat. Von den Studenten aus Westberlin hatte er zu
dem Zeitpunkt noch keine weiteren Neuigkeiten gehört.

gez. "Uwe Kellermann"
Greifswald, d. 1. 10. 81

F./d. R. d. A.

Die Bundesbeauftragte für die
Unterlagen des Staatssicherheitsdienstes
der ehemaligen
Deutschen Demokratischen Republik
Postfach 1120, O-1086 Berlin

000091

4

Von seiner äußeren Erscheinung her würde wahrscheinlich kein
Mensch erwarten, daß er Lehrer ist. Er geht sehr leger angezogen,
vorsichtig ausgedrückt, und meistens sind die Haare auch etwas
wirr und der Bart auch wenig gepflegt.

Personenbeschreibung:

.... ist klein einzustufen, er wird etwa eine Größe von
1.70 m oder 1.60 bis 1.70 m haben, er hat blaue Augenfarbe,
einen sehr großen Vollbart und auch eine recht größere, umfangreiche Haarfrisur, relativ lange Haare. Die Haarfarbe ist mittel-
blond, äußerlich meistens doch etwas ungepflegt, wie ich schon
erwähnte. Allgemein kann man ihn als einen etwas unsportlichen
Typ einschätzen, mit leichtem Bauchansatz. Im Körperbau ist .....
.... etwas unproportioniert. Die Beinlänge ist etwas zu kurz geraten und daraus resultiert wahrscheinlich auch ein etwas eigen-
williger Gang, der doch recht auffällig ist und den man auch am
besten vielleicht als Watschelgang bezeichnen kann. Er ist kein
Brillenträger. Er spricht einen typischen Berliner Dialekt. Er
ist auch sehr leicht zerstreut, soweit ich mich entsinnen kann,
hat er in den letzten Jahren mindestens 3 bis 4mal seine Brief-
tasche samt Personalunterlagen verloren. .... ist sehr ge-
sellig, und er wird eigentlich bei allen möglichen Feiern und
Treffen immer sehr gern gesehen, weil er so als Stimmungskanone
auftritt. Er kann auch sehr gut singen.

gez. "Uwe Kellermann"
26. 10. 1981

F.d.R.d.A.

Der Bundesbeauftragte für die
Unterlagen des Staatssicherheitsdienstes
der ehemaligen
Deutschen Demokratischen Republik
Postfach 1103, O-1000 Berlin

KOPIE   107

Bezirksverwaltung   Greifswald, 24. November 1981
für Staatssicherheit Rostock   vo-mer   4830 /81
Kreisdienststelle Greifswald
Leiter

Bezirksverwaltung
für Staatssicherheit
Kreisdienststelle Lichtenberg

Be r l i n

O e r t e l , Hans-Joachim, geb. am 12. 5. 1948 in Berlin,
wh. in Berlin, Kubornstraße

O. war Teilnehmer eines illegalen Treffens ehemaliger Studenten
der Universität Greifswald mit Studenten der Technischen Universität Westberlin, welches in der Zeit vom 29. 8. bis 1. 9.
1981 in Prag stattfand.

Nach den zum Treffen vorliegenden Informationen wurde das
Treffen u. a. vom Bundesministerium für Innerdeutsche Beziehungen der BRD finanziert.

Dieses Treffen war das erste von weiteren geplanten Treffen und
diente der Kontaktaufnahme.

Neben dem für Ihre Diensteinheit erfaßten O. nahmen aus der DDR
7 weitere Absolventen der Universität Greifswald am Treffen teil,
die in dem OV "Chemie" wegen Verdachtshinweisen gemäß § 107
StGB bearbeitet werden.

Im Interesse der schnellen Klärung der Verdachtshinweise werden
Sie gebeten, uns zu O. folgende Informationen zu übermitteln:

- Erfassungsgründe

- Intensität und Charakter der Kontakte des O. zu ▮▮▮▮▮▮ -
  ▮▮▮▮▮▮▮▮ (Aspirant an der Technischen Univer-
  sität Westberlin) und zu ▮▮▮▮▮▮▮▮ Hans-
  Jürgen, wh. 114 Berlin, Marchwitzastraße 43'
  ▮▮▮▮▮▮▮▮▮▮▮▮▮▮▮▮▮▮▮▮▮▮▮▮▮▮▮▮▮▮▮▮▮

- Alle über das am 29. 8. 1981 in Prag stattgefundene Treffen
  bekanntgewordenen Fakten

Stellvertreter Operativ

O t t o   H e i n b a c h
Oberst   Oberstleutnant

Kreisdienststelle Lichtenberg   Berlin, 7. 12. 1981

Der Bundesbeauftragte für die
Unterlagen des Staatssicherheitsdienstes
der ehemaligen
Deutschen Demokratischen Republik
Postfach 1199, 0-1086 Berlin

Maßnahmeplan
zur Aktion "Dialog" - Kontrollmaßnahmen Kategorie IV

1. Personalien

Name, Vorname: O e r t e l,   Joachim
geb. am, in: 12. 05. 1948, Berlin

Weitere Personalien siehe Vorschlag zur Einleitung
einer Sonderauflassung im Anhang.

2. Grund der Kontrollmaßnahmen

Bei der Familie O. handelt es sich um langfristige
hartnäckige Übersiedlungsersuchende mit einer verfestig-
ten feindlich-negativen Einstellung gegenüber der gesellschaftlichen Entwicklung in der DDR.
Sie haben bisher mehrere Aktivitäten unternommen, ihrer
Übersiedlungsabsicht Nachdruck zu verleihen. Unter anderem
nahmen sie 1981 an einem Studententreffen in Prag teil,
welches vom Ministerium für Innerdeutsche Beziehungen
für Studenten der Universität Greifswald und der Technischen Universität Westberlin organisiert wurde.
Es ist damit zu rechnen, daß Familie O. während der
Aktion "Dialog" versucht, Verbindung zu akkreditierten
Journalisten aufzunehmen, um Interviews zu geben.

3. Kategorie

IV

4. Verantwortlich

Gen. Ultn. Schindel im ZW mit Abteilung Inneres

5. Maßnahmen

- Absprache mit Gen. Fehlhaber über die Möglichkeit
der Erreichung einer Sonderauflassung.
- Einweisung des IMS "Vera" zur Vorbereitung und Durchführung eines Vorbeugungsgespräches am 8. 12. 1981 in
der Abteilung Inneres.

KD Greifswald
Ref. Universität

T: . . . . T

Greifswald, 29. Dezember 1981
vo-kü

Der Bundesbeauftragte für die
Unterlagen des Staatssicherheitsdienstes
der ehemaligen
Deutschen Demokratischen Republik
Postfach 1199, O-1086 Berlin

BStU
000121

Bericht

Am 18. November weilte ich dienstlich in Berlin und nutzte die Gelegenheit aus, um mich mit Werner ███████ und
███████ zu treffen. Wir trafen uns in einer Gaststätte in Berlin-Schöneweide und unterhielten uns. Wir weilten dort etwa von 16.00 bis
23.00 Uhr. Wir unterhielten uns vor allem auch darüber, daß ██████
███████ wahrscheinlich noch in diesem Jahr legal unsere
Republik verläßt und welche weiteren Pläne er hat. Er sagte, daß er
wahrscheinlich zuerst in die Bundesrepublik übersiedeln würde und
dort einige Monate bei seinem Onkel wohnen würde. Später hat er jedoch vor, nach Westberlin zu gehen. Er sagte dann auch noch, daß,
wenn er drüben wäre, er die ganze Sache noch etwas ankurbeln würde,
d. h., er würde vielleicht noch einmal dazu beitragen, daß noch
einmal ein Treffen stattfindet zwischen dem Westberliner Studenten
███████ und den ehemaligen Greifswalder Studenten. Ich fragte dann
noch ███████ und ███████, ob sie in der Zwischenzeit etwas gehört hätten von den Westberliner Studenten. Beide verneinten dieses. Ebenfalls der Kontakt zu ███████ beruhte in der Zwischenzeit
lediglich auf 2 Telefonate, die ███████ mit ███████ führte.
Wollermann befragte dann auch ███████, warum das Treffen, welches
im Oktober in Berlin geplant war, nicht stattgefunden habe. ██████
██ äußerte, daß er sich nicht darum gekümmert habe, und er sagte
dann wortwörtlich, daß er ja nicht die Amme von den Westberliner
Studenten sei. Wir vermuten, daß ███████ auch kein sehr großes
Interesse an diesem Treffen hat, da er ja persönlich nicht daran
teilnehmen kann. ███████ wird sich möglicherweise wieder engagieren,
wenn zu Ostern bzw. zu Pfingsten das nächste Treffen in Prag geplant ist. Maihöfer und ███████ waren vermutlich von sich aus,
werden vermutlich von sich aus sich nicht weiter um ein Treffen mit
den Westberliner Studenten kümmern. Sie erwarten, daß die Aktivität
von Westberliner Seite ausgeht.

███████ und ███████ versicherten, daß sie mich sofort informieren würden, wenn ein Treffen in Berlin mit den Westberliner Studenten geplant wäre.

gez. "Uwe Kellermann"
24. 11. 1981

F. c. R. d. A.

Der Bundesbeauftr... ... für die
Unterlagen des Staatssicherheitsdienstes
der ehemaligen
Deutschen Demokratischen Republik
Postfach 1199, O-1086 ...

306

Bezirksverwaltung   Greifswald, 1. April 1982
für Staatssicherheit Rostock   /82
Kreisdienststelle Greifswald
Leiter

Bezirksverwaltung
für Staatssicherheit Berlin
Kreisdienststelle Lichtenberg

Berlin

Information

über den vermutlich ungesetzlichen Vertrieb von in der DDR nicht
zugelassener Literatur durch den Antragsteller

..Oertel..., Joachim
geb. am/in: 12. 09. 1948/Berlin
Hochschulabsolvent der Fachrichtung Chemie
zur Zeit Invalidenrentner
wohnhaft: 1130 Berlin, Kubornstr. 11
Erfassungsverhältnis: KK-KD Lichtenberg

O. gehört zu den im OV "Chemie", Reg.-Nr. I/1445/81 gemäß § 107
bearbeiteten Teilnehmern eines im September 1981 in Prag stattgefundenen Treffens von Studenten der Technischen Universität Westberlin mit Absolventen der Universität Greifswald.

Am 25. 3. 1982 erhielt der IM "Uwe Kellermann" von O. einen Brief
mit einer Literaturliste (Brief und Literaturliste als Anlage),
in welcher in der DDR nicht zugelassene bzw. vertriebene Literatur
mit Preisangaben für den Postversand angegeben wird.

In dem handschriftlich von O. verfaßten Brief übermittelte O. dem IM
Grüße vom "anarchoökumenischen Syndikat" und verweist darauf, daß
die beiliegende Literaturliste der "geistigen Aufrüstung" dient.

Abgeschlossen wird der Brief mit dem Gruß an die "Kampfgruppe Küste"
von der "Heeresgruppe Mitte".

Als inoffizielles Beweismaterial übersenden wir ein Original den
Brief und die Literaturliste. Bei der Auswertung dieses Materials
ist der Quellenschutz unbedingt zu beachten und eine Abstimmung
bzw. Koordinierung weiterer operativer Maßnahmen gegen O. erforderlich.

Zur Prüfung der Ernsthaftigkeit dieses Literaturangebotes und der
Aufklärung in Anwendung kommender Mittel und Methoden wurden vom IM
einige Bücher von den Autoren Trotzki, Orwell, Frisch und Berne bestellt.

Kreisdienststelle Lichtenberg   Berlin, 18.06.82

Der Bundesbeauftragte für die
Unterlagen des ~ .essicherheitsdienstes
der ehemaligen
Deutschen Demokratischen Republik

Vorschlag

zur Durchführung von Prüfungshandlungen gemäß § 95 StPO

Personalien

Name , Vorname	Oertel , Joachim
geb. am , in	12.05.1948 , Berlin
wohnhaft	1144 Berlin , Hellersdorfer Str. 61/0202
Familienstand	verheiratet
Ehefrau	████████████████████████

wh: wie Ehemann
Hausfrau
Beruf: Hochschulabsolvent der Fachrichtung
'Chemie'
FDGB , nicht vorbestraft

Kinder   ████████████████████

Schüler
wh: wie Vater

████████████████████

Schüler
wh: wie Vater

Staatsbürgerschaft	DDR
erlernter Beruf	Hochschulabsolvent der Fachrichtung Chemie
jetzige Tätigkeit	Invalidenrentner
Arbeitsstelle	ohne
Parteizugehörigkeit	ohne
Massenorganisationen	ohne
Vorstrafen	keine
Rückkehrer/Erstzuzug	nein
Erfassungsverhältnis	PKK-KD Lichtenberg

Sachverhalt

Seit dem 23.12.1975 versucht der Oertel gemeinsam mit seiner
Ehefrau hartnäckig, durch Stellen rechtswidriger Übersiedlungsersuchen, die Ausreise nach der BRD/WB zu erreichen. Er hat eine
feindlich-negative Einstellung zu den gesellschaftlichen Verhältnissen in der DDR. In ihren Aktivitäten zur Erreichung der
Übersiedlung blieben sie stets unter der Grenze der strafrechtlichen Relevanz. Seit 1981 war festzustellen, daß sie ihre
Aktivitäten hinsichtlich der Erreichung der Übersiedlung spürbar
verstärkten.So wurde durch die BV Rostock, KD Greifswald bekannt,
daß der Oertel gemeinsam mit seiner Ehefrau an einem illegalen
Treffen von ehemaligen Studenten der Universität Greifswald mit

Studenten der Technischen Universität Westberlin in Prag
teilnahm.Dieses Treffen wurde vom Ministerium für Innerdeutsche
Beziehungen der BRD organisiert.
Siehe dazu Schreiben der KD Greifswald vom 7.09.1981 und 24.11.81.
Aufgrund des Gesundheitszustandes des Oertel (soll halbseitig
gelähmt sein) und seiner zunehmenden Aktivitäten zur Erreichung
der Übersiedlung wurde durch unsere Diensteinheit ein Vorschlag
zur Übersiedlung der Familie Oertel gemäß Befehl 6/77 des Gen.
Minister erarbeitet und bestätigt.
Am 01.09.1981 wurde durch die KD Oranienburg in einer Operativ-
Information bekannt, daß der Oertel Verbindungen zu unbekannten
Stellen der BRD/WB unterhält und von diesen finazielle Zuwend-
ungen für die Unterstützung Gleichgesinnter, vornehmlich sogenannte
"Verfolgte und Arbeitslose in der DDR" erhält.
Siehe dazu Operativ -Information der KD Oranienburg vom 1.09.1981.
Am 20.09.1981 wurde durch die KD Oranienburg eine Information
über den Oertel unserer Diensteinheit übergeben, indem der
Oertel als Abnehmer von Waren aus WB/BRD (Schallplatten, Quarz-
uhren, BRD-Währungen), die von Personen , die die Möglichkeit
haben diese im Grenzüberschreitenden Verkehr zu transportiren,
in Erscheinung trat. Siehe dazu die Information der KD Oranienburg
vom 20.08.1981. In dieser Information wird weiterhin ein
Spekulantenring bekannt, an deren Spitze vermutlich der Oertel
stehen soll.
Am 1.04.1982 wird dann durch die KD Greifswald bekannt, daß
der Oertel am 25.03.1982 einem IM dieser Diensteinheit eine
Literaturliste , in welcher in der DDR nicht zugelassene bzw.
vertriebene Literatur mit Preisangaben für den Postversand,
zugesandt wurde. In dem handschriftlich verfaßten Brief von
Oertel, übermittelt er dem IM Grüße von "anarchoökumenischen
Syndikat" und verweist darauf, daß die beiliegende Literatur-
liste der " geistigen Aufrüstung" dient.
Abgeschlossen wird dieser Brief mit dem Gruß an die "Kampfgruppe
Küste" von der "Heeresgruppe Mitte".
Als inoffizielles Beweismaterial wurde unserer Diensteinheit
der Brief und die Literaturliste im Orginal übergeben.

Am 21.05.1982 teilte die BV Karl-Marx-Stadt , Abteilung IX
mit , daß gegen den DDR-Bürger ████████████████████ in
█████████,wh: 9047 Karl-Marx-Stadt , ████████████████████
ein EV gemäß § 106 StGB eingeleitet wurde.
Im Rahmen der Untersuchungen wurde. erarbeitet, daß ████████ seit
mehreren Jahren spekulative Geschäfte mit Münzen und Schallplatten tätigte, so daß das Ermittlungsverfahren gemäß § 176
Abs. 1 Ziff. 1 StGB erweitert wurde. Aufgrund der Spekulations-
geschäfte unterhielt der ██ umfangreiche Kontakte innerhalb der
DDR. Durch einen im Ermittlungsverfahren sichergestellten Brief
wurde die Verbindung des ██ zum Oertel bekannt.
In der Vernehmung des ██ über den Charakter der Verbindung zum
Oertel, wurde dann bestätigt das der Oertel mit dem ██ Geschäfte
mit Schallplatten , Quarzuhren , Literatur,und höchstwahrscheinlich
mit westlicher Währung tätigte. Der Oertel übergab den ██,
in dieser Beziehung entsprechende Kataloge.
Siehe dazu Vernehmungsprotokoll des ██ durch die Abt. IX der
BV Karl-Marx-Stadt vom 13.05.1982.

Aufgrund dieser Information der BV Karl-Marx-Stadt wurde die
vorgesehene Ausreise der Familie Oertel nach WB durch unsere
Diensteinheit im Rat des Stadtbezirk Marzahn Abteilung Innere
Angelegenheiten, storniert. Entsprechende Rücksprachen wurden mit
der KD Marzahn geführt.

KD Greifswald
Ref. Universität

Greifswald, 20. Juli 1982
vo-kü

Quelle: "Uwe Kellermann"
         15. 07. 1982
angen.:

D Bundesbeauftragte für die
Unterlagen des Staatssicherheitsdienstes
der ehemaligen
Deutschen Demokratischen Republik
Postfach 1199, O-1086 Berlin   KOPIE

Bericht

Vom 6. bis 8. Juli weilte ich dienstlich in Berlin und habe bei
████████████████ übernachtet. Hierbei führte ich noch einige Gespräche, da ich mit ████████ über die gegenwärtige Situation in
Berlin, über seinen Bekanntenkreis, da ich ja ████████ auch schon
fast ein halbes Jahr lang nicht gesehen hatte. ████████ sagte mir,
daß er vor etwa 4 oder 5 Wochen einen telefonischen Anruf von
████████████████ erhalten habe aus West-Berlin, und zwar
erzählte ████████, daß er vor 4 Wochen keine Arbeit hatte , daß
er arbeitslos ist, und ████████ sagte nur, daß aus dem Telefongespräch doch hervorging, daß es ihm nicht allzu rosig dort in West-
Berlin ginge. Beispielsweise könne er auch nicht wegfahren, weil
offensichtlich die Bestimmungen bei Arbeitslosen wohl so sind, daß
sie sich am Wohnort aufzuhalten haben und jederzeit abrufbereit
sein müssen. Er sagte dann noch, daß ████████ geäußert habe, daß
West-Berlin genauso ein Nest sei, ich zitiere, wie Ost-Berlin, nur
daß es etwas farbenfroher sei. Diese Äußerung deutet doch schon
daraufhin, daß ████████ offensichtlich oder daß die Erwartungen,
die ████████ zuvor hatte, offensichtlich doch nicht ganz in Er-
füllung gingen.

Heute morgen erhielt ich dann von ████████ noch einen telefonischen
Anruf. Er sagte mir, er habe vorgestern noch einmal mit ████████
gesprochen. Er habe ihn selber antelefoniert und habe ████████
auch gefragt, ob er an dem Treffen in Karlovy Vary teilnehme. ████
████████ sagte darauf, daß er erst Ende August Urlaub habe, daß
er nicht weiß, ob er an diesen Treffen teilnimmt. Das steht noch
nicht fest. ████████ hat offensichtlich nicht nachgefragt, ob ██-
████████ jetzt inzwischen Arbeit hat, aber aus dieser Äußerung ent-
nehme ich doch, daß er wahrscheinlich doch zwischendurch eine Arbeit
gefunden hat. Weitere Informationen über ████████ liegen nicht vor.
Er hat sich offensichtlich bei seinen Bekannten in Berlin nicht weiter gemeldet. Er steht lediglich in Kontakt mit seiner Schwester,
die noch in Berlin wohnt. Ich habe dann mit ████████ zusammen am
7. 7. versucht, Oertel in Berlin aufzusuchen. Ich habe leider Pech
gehabt. Oertel war verreist, und ich habe, nachdem ich hier wieder
in Greifswald war, auf meinen Schreibtisch einen Zettel gefunden
von Oertel. Oertel hat mich offensichtlich am 8. 7. 1982 in Greifswald besuchen wollen. Unsere Reisen haben sich offensichtlich über-
schritten. Wie mir heute morgen ████████ telefonisch mitteilte,
wird Oertel am 30. 7. die DDR legal verlassen.

KD Greifswald
Ref. Universität

Greifswald, 17. August 1982
vo-kü

BStU
000155

Quelle: IMB "Uwe Kellermann"
angen.: ? Hptm. Volkmann
11. August 1982

Der Bundesbeauftragte für die
Unterlagen des Staatssicherheitsdienstes
der ehemaligen
Deutschen Demokratischen Republik
Postfach 1188, O-1006 Berlin

Bericht

Im Zusammenhang mit dem Treffen in Karlovy Vary unterhielt ich mich
auch mit Maihöfer, und zwar über die Abschlußfeier von ▓▓▓▓▓▓▓
▓▓. Wie ich schon früher mitteilte, hat ▓▓▓▓▓ einen Ausreiseantrag
gestellt, der ihm auch genehmigt wurde, und er hat am 24. 7. eine
Abschlußfeier gegeben, zu der ich auch eingeladen wurde in Form
einer einfachen Karte, wo er nur erwähnte, daß diese Feier stattfindet und daß ich gerne kommen möchte. Ich habe diese Karte erst
nach meiner Reise erhalten, hier zu Hause aufgefunden, da ich ja
zu dem Zeitpunkt schon in Prag weilte, und ich konnte deshalb an
dieser Feier auch nicht teilnehmen. Ich habe deshalb noch ▓▓▓▓▓
kurz einmal ausgefragt, wie diese Feier abgelaufen ist. ▓▓▓▓▓▓
war bei dieser Feier mit bei. Er sagte, daß an dieser Abschlußfeier
noch 2 Westberliner Studenten teilgenommen haben, die ebenfalls an
dem Prager Treffen vom Vorjahr beteiligt waren. Diese beiden Studenten waren ▓▓▓▓und ▓▓, die Familiennamen sind mir leider nicht
bekannt. Er sagte dann, daß an dieser Feier noch 2 oder 3 andere,
wie er sich ausdrückte "Typen" teilnahmen. Er meinte, es handelte
sich hier um irgendwelche Asoziale, mit denen man sich jedoch nicht
unterhalten könnte und die auch nur Randfiguren bei dieser Abschlußfeier waren. Er sagte aber, er war am nächsten Tag noch einmal da,
er fand es dann auch sehr merkwürdig, seine Frau, die war beim Kof-
ferpacken, und die Sachen wurden verladen auf einen LKW, und ▓▓▓▓▓
hatte dann nichts anderes zu tun, als mit ▓▓▓▓▓ in die Gaststätte
zu gehen, anstatt der Frau zu helfen, während die Frau dann allein
mit den Kindern die Sachen packte. ▓▓▓▓▓ erzählte mir dann noch,
daß ihm ▓▓ und ▓▓ eigentlich zuverlässiger vorkommen als ▓▓▓▓▓,
und falls er sich noch einmal mit den Studenten treffen würde, dann
würde er vorher die ▓▓▓ und ▓▓▓ anrufen, ob das Treffen auch wirklich gut organisiert sei. Außerdem sagte mir dann ▓▓▓▓▓ noch, daß
er versuchen wird, mit diesen Studenten doch etwas näher in Kontakt
zu kommen und daß er versuchen wird, ein Treffen in Berlin zu organisieren und daß er mich darüber informiere. Ich habe ihm dann auch
gesagt, daß ich auch Interesse hätte, auch die Studenten noch einmal
zu treffen. Ich sagte, wenn ich dann für mehrere Tage einmal dienstlich in Berlin bin, ob er dann versuchen würde, sie mal telefonisch
zu erreichen, ob sie nicht rüberkämen. Er sagte, er würde
das versuchen, ich müßte nur rechtzeitig vorher telefonisch darüber
informieren.

gez. "Uwe Kellermann"

F. d. R. d. A.

Teil 2

1 Operation Platte (es berichtet IM Jörg, - anpolitisierter Scheckfälscher)

Als Scheckfälscher habe ich nur kurze Zeit gearbeitet. Irgendwie lief es schief, und ich landete im Zuchthaus Luckau. Mit den miesen Kriminellen in meiner "Wohnung" verstand ich mich als Intellektueller nie besonders. Mein "Erzieher" hatte ein Einsehen und legte mich zu den "Politischen" in die Zelle. Als kleine Gegenleistung mußte ich lediglich ab und an über die Stimmung unter den Mitgefangenen berichten. Natürlich habe ich keinem geschadet. Das wäre mir auch schlecht bekommen, denn es gab auch für Häftlinge genügend Möglichkeiten, einem Zellenspitzel das Leben zur Qual zu machen.

Die "Politischen" waren durchweg recht patente Kumpels. Erstaunlicherweise huldigten sie fast alle dem Marxismus-Leninichtsnutz. Allerdings bevorzugten sie eine Art Pop-Version, die Gruppensex und Rauschmittelkonsum gestattete.

Ich hatte genügend Gelegenheit, ihre Thesen kennenzulernen. Die Politniks erklärten mir die politischen Hintergründe meines gesellschaftsschädigenden Verhaltens. Nach und nach wurde mir klar, daß das Scheckfälschen ein uraltes traditionelles Kampfmittel der unterdrückten Arbeiterklasse gegen die imperialistische Großbourgeoisie und das internationale Bankkapital ist. Die Genossen betrachteten Scheckbetrug in der DDR als legitime Korrektur systemimmanenter Verzerrungen bei der Verteilung des Volkseigentums. Mir wurde klar, daß ich ebenfalls ein politischer Widerstandskämpfer gegen die stalinistische Parteidiktatur war und freute mich, daß mich die Genossen als einen der Ihren betrachteten. Ich fand Gefallen an dieser Weltanschauung und hielt auch nach der Haftzeit gelegentlich Kontakt zu meinen neuen Freunden, zumal es bei Zusammenkünften meist recht locker zuging und sich einige Genossinnen recht rührend um meine körperlichen Sehnsüchte kümmerten.

Als bezahlter Spitzel des MfS fühlte ich mich eigentlich nie, obwohl ich wußte, daß die Genossen ihre schützende Hand über all meine Machenschaften des unkonventionellen Gelderwerbs hielten. So erfand ich das "Geld-Perpetuum mobile" für Devisen. Mein Betreuer Otto hatte für meine Tätigkeit immer D-Mark zur Verfügung. Von meinen "Feindkontakten" aus dem Westen ließ ich mir dafür Schallplatten schikken. Diese Schallplatten wurden durch den Zoll beschlagnahmt, d.h. die Pakete verschwanden einfach. Da ich mir stets Billigplatten oder gebrauchte schicken ließ, konnte ich bei der Westpost über meine Bekannten Ersatz beantragen. Als Wert der verschwundenen Platten gab ich regelmäßig weit höhere Preise an, was auch anstandslos akzeptiert wurde. Den so erzielten Gewinn teilte ich brüderlich mit Otto. Der gab mir dafür die angeblich verschwundenen Platten, die ich dann wieder mit Gewinn verkaufen konnte. Dieses Geld tauschte ich in der Szene wieder in Westmark um und die nächste Runde konnte beginnen. Mit jeder Runde erhöhte sich der Einsatz und damit auch der Gewinn. Bedenken hatte ich bei diesem Spiel nicht, da niemand geschädigt wurde und jeder seinen Vorteil hatte. Meine Abnehmer konnten sich mit Psychorock volldröhnen. Otto und ich hatten immer genügend West- und Ostmark auf der Kralle. Außerdem wurde der Ausbeuterstaat geschädigt und unser ökonomisches Kampfpotential gestärkt. Getreu der Devise: "Was der Gesellschaft nutzt, soll auch dem einzelnen nutzen"!

Irgendwann fiel mir die Arbeiterei im Betrieb auf den Wekker. Ich hatte Arbeitsplatzbindung und nahm Verhandlungen mit Otto über meine vollständige "Illegalisierung" auf. Da meine Geschäfte glänzend liefen, mehrten sich die Stimmen in der Szene, die hinter meinen Machenschaften, die ohne "Behördenkontakte" verliefen, das MfS vermuteten. Dieses Getuschel über Geheimdienstmitarbeit traf allerdings reihum jeden, so daß ich nicht irgendeiner akuten Gefahr der Enttarnung gegenüberstand. Aber als Druckmittel für die Zustimmung von Otto ließ sich jede Andeutung gut verwenden, wenn ich mal davon ausging, daß noch mehrere in der Szene tschekistisch tätig waren, die meine Angaben bestätigen konnten. Das Prinzip: "Wer doppelt näht, lebt länger", war mir in Fleisch und Blut übergegangen. Also dramatisierte ich die Gefahr der Enttarnung und schlug vor, eine handfeste Repressalie des Staates abzufassen und damit meine Glaubwürdigkeit als Märtyrer schlagartig aufzumotzen.

Otto hatte mir angedeutet, daß er mich als "Hauptamtlichen IM" führen könnte, wenn ich in Schwierigkeiten kommen würde. Das wollte ich jetzt werden, denn ich würde ein monatliches Festgehalt vom MfS beziehen, Spesen extra wie bisher.

1973 fanden die Weltfestspiele der Jugend und Studenten in Berlin statt. Eine Riesenfete war angesagt. Die Arbeiter in den Betrieben murrten, weil Millionenbeträge für "Wuse" (Wink- und

Schwenkelemente) ausgegeben wurden und die Normen ständig höhere Leistungen verlangten, ohne daß sich das in der Lohntüte bemerkbar machte. Also verteilte ich im engsten Kollegenkreis einige Flugblätter gegen "die Verschwendung von Volksvermögen" durch Partei und Regierung. Von dieser Aktion hatte ich einigen in der Szene berichtet. Ich stimmte mit ihnen den Text ab. Otto war natürlich auch informiert. Folgerichtig wurde ich "Zur Klärung eines Sachverhalts" von der Kaderleitung meines Betriebes vorgeladen, und man kündigte mir "wegen Störung des sozialistischen Zusammenlebens" fristlos. Strafrechtliche Konsequenzen aus meinem Verhalten vorbehaltlich. Der Kaderleiter sagte, daß er selbstverständlich den zuständigen Organen von meiner Aktion Mitteilung gemacht hätte, die sich nach den Weltfestspielen mit mir ausführlich auseinandersetzen würden. Damit war ich meinen Job los und galt in der Szene als Märtyrer, den alle bedauerten und unterstützten.

Jetzt war meine Wut auf das stalinistische Terrorsystem für jeden nachvollziehbar, und keiner würde mich mehr mit übler Nachrede von wegen Gummiohr fürs MfS oder so behelligen und meine revolutionären Kreise stören.

Inzwischen hatte Honecker die Macht übernommen, und ich freute mich mit Otto, daß jetzt alles besser und liberaler würde. Allerdings mußte eine grundsätzliche Reformierung des Systems aus Sachzwängen noch zurückstehen, da man keine gesellschaftlichen Unruhen durch übereilte Maßnahmen provozieren wollte. Wir hätten ja geschen, was die ständigen aktivistischen Experimente der Partei bisher angerichtet haben. Die Kollektivierung der Landwirtschaft, das NÖSPL (Neue ökonomische System der Planung und Leitung), Rinderoffenställe usw. hatten die werktätigen Massen zur Abstinenz gegen "neueste Erkenntnisse des Marxismus-Leninismus" gebracht. Diesen Fehler wollten wir nicht wiederholen.

Jetzt sollte der Sektor WTB (Waren täglicher Bedarf) und Dienstleistungen zur Verbesserung der Stimmungslage der Bevölkerung und Wiedererringung der Vertrauensbasis zur Partei der Arbeiterklasse ausgebaut werden.

Aus der Literatur wußte ich, daß die Klassenbasis der Anarchie das "wildgewordene Kleinbürgertum und das Lumpenproletariat" ist. Ich verstand Lenin, der in seinen Aprilthesen die Abschaffung des Staates propagiert hatte, als verkappten Anarchisten und den "Anarchosozialismus" als repressionsfreie Zone und Solidargemeinschaft der Produzenten, die sich auf einer Rätedemokratie begründet. Dieses Modell bestand in seinen Grundzügen bereits in Jugoslawien, von dem wir beim Umbau der Gesellschaft lernen könnten, um nicht die Fehler, die bei einer so grundsätzlichen Reform mit Sicherheit auftreten würden, wiederholen zu müssen. Otto berief sich auf den Altmeister der Stalinismuskritik Wolfgang Leonhard, der mit der Gruppe Ulbricht 1945 in die sowjetisch besetzte Zone gekommen war und bald in Widerspruch zur stalinistischen Administration geriet und sich nach Jugoslawien absetzte. In der Szene hatten alle "Die Revolution entläßt ihre Kinder" gelesen und wollten einen liberaldemokratischen Sozialismus nach den Ideen Dubceks und Titos aufbauen.

Da ich durch meine hauptamtliche "Revolutionärstätigkeit" viel Zeit hatte, plemperte ich mich mit der Theorie des Anarchismus voll. Natürlich fiel mir der Widerspruch auf, daß man keine Basisdemokratie quasi von oben anordnen könnte. Das Vertrauen in die "revolutionären Massen" erschien mir bei Otto und dem MfS unterentwickelt zu sein. Irgendwie wollten sie die Entwicklung immer in der Hand behalten. Ich wies des öfteren darauf hin, daß der große Lenin immer den revolutionären Massen vertraute. Otto hingegen erinnerte mich, daß Bakunin und Netschajew die Revolution lieber in der Hand von Revolutionsprofis sehen wollten, die den Massen als leuchtendes Vorbild voranschritten und als kleiner Motor den großen in Bewegung hielten.

Diese Anschauung kam meinem elitären Bewußtsein am nächsten, weil ich die "revolutionären Arbeitermassen" eigentlich in ihrer Interessenlage mehr dem 3F-Programm (Ficken, Fressen, Fernsehen) verhaftet erlebt hatte. Irgendwie hatte ich noch nicht den Dreh gefunden, die Massen für unsere Umgestaltung der Gesellschaft zu begeistern. Sie witterten hinter allen Argumentationen unserer Arbeiterphilosophen aus der Szene nur ein neues Experiment, um das mehrheitlich abgelehnte System des Sozialismus zu stabilisieren. Manchmal beschlich mich der Verdacht, daß das MfS daran arbeitete, im Falle einer wirklichen Revolution von unten ihre Leute in den Arbeiter- und Soldatenräten ganz oben zu plazieren, um über den Tod des Stalinismus hinaus ein Überleben der Funktionärskaste in jedem denkbaren Fall zu garantieren.

Mittlerweile war meine Beziehung zu Otto freundschaftlich und politisch so eng, daß ich mich mehr zu ihm und seinen Kollegen als zu meinen Genossen aus der Szene zugehörig fühlte. Vor allem weil sich in der Szene in Prenzlauer Berg und Mitte immer mehr ein hedonistisches Verhältnis zur Arbeiterklasse breitmachte. Ernsthafte, konstruktive Arbeit an der Revolutionstheorie und praktische Maßnahmen konnte ich nur noch mit dem Führungsoffizier beraten und absprechen. Die Genossen von der Szene, die in der Regel keinen "real existierenden" Arbeiter kannten, dafür aber seine "objektiven Interessen", erschienen mir immer mehr als Spinner, mit denen man kein so gigantisches Projekt wie die Reform einer überholten Gesellschaftsordnung durchziehen könnte.

Otto lachte sich kaputt, als er hörte, daß man in Anarchokreisen bereits begann, eine neue Regierungsmannschaft zu rekrutieren. Hätten sich diese langhaarigen, zottelbärtigen Truppen mit dem Joint in der Hand den real existierenden werktätigen Massen als neue Regierung vorgestellt, wäre die Berliner Mauer gewiß vom dröhnenden Gelächter eingefallen. Meinem Führungsoffizier klappte das Kinn runter, als er hörte, daß man sogar an den Schutz des MfS nach der Revolution dachte. So sollten Agitprop-Trupps in den Betrieben die Massen überzeugen, keine Lynchjustiz an den SED-Aktivisten zuzulassen, sondern man wollte die Stalinisten durch liebevolle Wiedereingliederung in die Arbeiterschaft beschämen.

Der harte Kern der linken Oppositionsszene bestand aus recht seriösen Intellektuellen, die zwar manchmal einen Joint durchzogen, aber ansonsten meist irgendwelchen freiberuflichen oder Verwaltungstätigkeiten nachgingen. Für meine "kriminelle" Vergangenheit als Scheckfälscher hatte aus der "Chefetage" kaum jemand Verständnis, und irgendwer streute mal wieder das Gerücht, daß ich nicht ganz sauber sei.

Da ich mich mittlerweile aber exzellent in der anarchistischen und neomarxistischen Theorie auskannte, galt ich als

Alibiprolet, der von der linken Szene resozialisiert worden sei. Durch meine Plattengeschäfte lernte ich eine Menge zwielichtiger Gestalten kennen, die ich manchmal zu meiner Gruppe mitnahm. Bald galt ich als Kontaktmann zur real existierenden Bevölkerung, und man war mir für die Transfusion von "frischem Blut" dankbar. Natürlich nur, wenn meine neuen Bekannten nicht gleich nach der ersten Fete Stereoanlagen oder ähnliche Sachen mitgehen ließen. Solche Flops konnte ich schwerlich voraussehen. Einmal brachte ich meinen Scheckfälscherkollegen Jürgen W. in das Studentenwohnheim Johanneum mit, wo er prompt dem Inspektor eine Stereoanlage und 300,-DM klaute. Eigentlich sollte ich mich mit den Theologiestudenten anfreunden, da sie überwiegend einer feindlich-negativen Ideologie huldigten und es sogar fertigbrachten, ihre reaktionären Vertreter in die FDJ-Leitung zu wählen. Nach diesem Auftritt meines Freundes konnte auch ich mich in den kirchlichen Kreisen nicht mehr sehen lassen, da jetzt fast alle von meiner Vorstrafe wußten.

Mein Führungsoffizier dachte über einen grundsätzlichen Wechsel des Bekanntenkreises nach. Inzwischen war auch in der DDR der Nationalismus in Mode gekommen. Einige Neonazigruppen traten bisweilen sogar in der Öffentlichkeit auf. Hakenkreuztätowierungen waren schon während meiner Knastzeit groß in Mode. Von der linken Szene wanderten immer öfter Leute, die das ewige Theoriegelaber der verkopften Intellektuellen satt hatten, zu den aktionistischen Neonazis ab. Die Debatten zwischen den Gruppen Roter Morgen, Rote Fahne, Rote Binde etc. nervte auch diejenigen Anhänger, die eigentlich mehr in vertrauter Runde ihr Bier trinken, sich irgendwo heimisch fühlen oder einfach nur eine schicke Braut auftun wollten.

Damals hatte die linke Szene ihre Liebe zu Homosexuellen noch nicht voll ausgeprägt, und sie wurden irgendwie als, -.für die Revolution irrelevante, - Exoten abgetan. Diese wanderten nun als erste in die rechte Szene ab, die fast ausschließlich aus strammen Kerlen bestand, die dem Lack- und Lederkult huldigten und sich als reiner Männerbund verstanden.

Schwule hatte ich im Knast genügend kennengelernt und kannte ihre Mentalität. Einer dieser alten Kumpels tauchte nach dem Absitzen seiner Strafe wegen versuchter Republikflucht in Berlin auf und begann, in einer Kneipe zu arbeiten, die als Homotreffpunkt galt. Viele Schwule, die dort verkehrten, interessierten sich für Kunst und Kultur, boten also einen idealen Absatzmarkt für mein Schallplattengeschäft. Ich baute diese Beziehungen aus und ließ mich öfter im Pressecafe oder in der Bärenschenke sehen. Bald kannte ich einige Leute, die auch in Neonazikreisen verkehrten. Diese belieferte ich mit Hardrock.

Als Sympathisant konnte man bei allen Gruppen, ob links oder rechts, rumhängen. Um aber Zugang zum eigentlichen Führungszirkel zu finden, mußte man eine "vertrauensvolle Aussprache" über sich ergehen lassen. Eine Art Gesinnungsprüfung. Eigentlich war ich seit frühester Jugend Nazianhänger. In jedem vernünftigen Ferienlager gab es Geländespiele und Pioniermanöver. Meist wurden kommunistische Partisanen von Nazibanden gejagt. Die "Partisanen" sollten die Zeitung Rote Fahne verteilen und die "Nazis" sollten sie daran hindern. Selbstverständlich mußten gefangene Partisanen und -Innen gründlich nach der Schmugglerware durchsucht werden. Deshalb wurde jede gefangene Partisanin unter großem Gejohle möglichst vollständig entkleidet. Die meisten Jungen, so auch ich, drängelten sich natürlich danach, zur Nazigruppe eingeteilt zu werden, um aktiv an einer Entkleidung teilnehmen zu können. Ich hatte einen psychologischen Trick entwickelt. Da ich recht stämmig war, durfte ich meist den Sturmbannführer spielen. Ich redete den Mitspielern ein, daß es bei den Nazis üblich gewesen wäre, Gefangene einer Sonderbehandlung durch den Chef zu unterziehen. Also verschwand ich mit den angstschlotternden Mädels allein im Gebüsch und setzte mich von der Truppe ab. Das war den meisten lieber, als von der ganzen Gruppe begrapscht zu werden, die dann auch noch Schlüpfer und BHs als Kriegsbeute einbehielten um sie später gegen Zigaretten zu tauschen oder Lösegeld zu fordern. Ich ließ die Mädels in Ruhe, und sie merkten, daß ich eigentlich ein netter Junge bin. Diesen Effekt nutzte ich, um mich mit ihnen für den nächsten Abend im Gebüsch zu verabreden. Dann holte ich die Leibesvisitation auf freiwilliger Grundlage nach. Meist behielt ich für die verbleibende Ferienlagerzeit meine rote Partisanin als Kriegsbeute. Beim nächsten Geländespiel meldete sich dann mein "Stammzahn" selbstverständlich auch zu der "Nazi"-Truppe. Gleich nach Beginn der "Kampfhandlungen" beförderte ich einen Mitspieler zum Kampfkommandanten, der meine Manöveraufgabe übernahm. Meist wurde kommentarlos akzeptiert, daß ich mit dem Mädel im Gebüsch verschwand und mich erst nach Beendigung des Geländespiels wieder zur kämpfenden Truppe gesellte.

Die meisten aktiven Neonazis hatten ähnliche Erfahrungen gemacht und waren später auch privat der Sache verbunden geblieben. Da die Neonazi-Szene mit Schwulen durchsetzt war, die oft den Ton angaben, bekamen wir auch einige recht passable Maiden in die Truppe, die die laufende Anmache und das ständige Gerede von freier Liebe bei den Kommunisten satt hatten. Bei den Nazis wurden die jungen Frauen nicht als Freiwild/Truppenbetreuerinnen betrachtet, sondern als zukünftige fanatische Heldenmütter akzeptiert und geachtet. Das ausgeprägte Rang- und Dienstgraddenken bei der Nazitruppe übte gerade auf labile, pubertierende Mädchen eine magische Anziehungskraft aus. Hier bekamen sie einen Dienstgrad zugeteilt, und sie hatten ihren festen Platz in der Gruppe.

Die meisten linken Gruppen neigten zur Instabilität, da Eifersüchteleien und Partnerwechsel zu Streitereien führten, die auch die politisch-ideologische Arbeit negativ beeinflußte.

Bei den Nazis mußte ein beabsichtigter Partnerwechsel vom Sturmführer genehmigt werden. Keinesfalls durfte durch private Streitereien der Dienstbetrieb beeinflußt werden.

Manchmal gesellte sich auch eine Lesbe zu unserer Einheit. Einige Kameraden verhielten sich anfänglich reserviert zu dieser Neuerwerbung. Das änderte sich erst, als unser Kampfkommandant anläßlich einer Schulung die großen Verdienste der (lesbischen) blutigen Brigida aus Maidanek erwähnte.

Mein Führungsoffizier schüttelte nur noch mit dem Kopf, als er von dem Treiben der Polit-Neurotiker hörte. Anders als bei den Linken sollte ich in dieser Gruppe nicht destruktiv arbeiten und durch Förderung innerer Streitereien die Arbeit lahmzulegen versuchen. Ich sollte die Gruppe stabilisieren, ohne sie jedoch zu vergrößern. Die linke Anarchoszene galt bei Otto als versoffene, kiffende geile Asozialenhorde. Die Neonazis dagegen duldeten keine Arbeitsbummelei, da ja gemäß "Papy" (gemeint ist Adolf Hitler) der fleißige, disziplinierte Arbeiter Deutschlands Ruhm in der Welt begründet hat. Also fördern, nicht stören!

Der Kampfkommandant gab einen Tagesbefehl heraus. "Einen Nationalsozialisten erkennt man an seiner hohen Einsatzbereitschaft für die Volksgemeinschaft, seiner Arbeitsdisziplin, seiner korrekten Kleidung und Haltung." Das unterscheidet uns vom vergammelten, degenerierten asozialen Bolschewikentum.

Viele unserer Kameraden wurden bereits in ihrem Betrieb aufgehängt (ihre Bilder hingen an der Straße der Besten). An ihnen nehmen wir uns ein Beispiel! Ein Nationalsozialist raucht und trinkt nicht, da er damit seinen Körper schädigt, der seinem Volke gehört. Otto war der Meinung, daß dem MfS eine fleißig arbeitende, disziplinierte, durch Kampfsport gestählte Truppe in Krisenzeiten einmal nützlich sein könnte, zumal, wenn es gelang, entscheidende Führungspositionen mit unseren Leuten zu besetzen.

Ich hatte inzwischen den Dienstgrad eines Untersturmführers des Horst Wessel Sturms erhalten. Die Neonaziszene verzeichnete übrigens eine sehr geringe Quote von Ausreisewilligen. Es galt der Befehl: Ein Nationalsozialist verläßt das Kampfgebiet nur auf Befehl seiner politisch-militärischen Führung. Illegales Verlassen der DDR gilt als Desertion von der Einheit und wird mit als bekannt vorausgesetzten "Maßnahmen" bestraft! An solchen martialischen Parolen erkannte ich die Handschrift meiner MfS-Genossen, die natürlich keinerlei Interesse an einer Förderung der sogenannten Schlaraffenbewegung (Ausreiser) hatten.

Fast alle Neonazis verstanden sich als Kampfgruppen der Arbeiterklasse und standen der durchgehenden Militarisierung des öffentlichen Lebens der DDR im Gegensatz zu den linken, kirchlichen Pazifistengruppen durchaus positiv gegenüber. Freiwillige Meldungen zur Nationalen Volksarmee waren bei den Nazis keine Seltenheit. Viele der Kämpfer waren in den real existierenden Kampfgruppen der Arbeiterklasse der DDR aktiv, deren Uniform sie auch zu unseren Festlichkeiten und Schulungen trugen. Ohne Hitlerbilder und Sieg-Heil-Gruß hätte man manche Neonazigruppe ohne weiteres als Spezialeinheit des Innenministeriums ansehen können. Weisungsgemäß verbreitete ich die Losung von der DDR als der rassisch-völkisch reinen Kampfreserve unseres Volkes. Der US-Imperialismus betreibt die Verjudung und Verniggerung der BRD.

"Die DDR mit unseren Genossen von der anderen Feldpostnummer trägt auf längere Sicht mehr zum Wohle unseres Volkes bei als die multikriminelle Mischpoke der Bonner Judenregierung." Nationalsozialisten verhalten sich zur DDR-Regierung weitgehend loyal, da sie bemüht ist, die Wehrwilligkeit und Fähigkeit unseres Volkes zu erhöhen! Im Falle einer grundsätzlichen Neugestaltung der Welt wird diese Fähigkeit ausschlaggebend für den nationalen Wiederaufbau sein, so unser Schulungsleiter. Diese politische Linie wurde übrigens von Michael Kühnen propagiert.

Bei den Neonazis machten auch eine Reihe von Funktionärskindern mit. Ich hatte den Eindruck, daß sie so ihren Vater/Mutterkomplex bekämpfen wollten. Zuhause erlebten sie die Eltern als kleinbürgerlich, spießig und dem Alkohol ergeben. Als Genosse im Betrieb mimten sie den/die Klassenkämpfer/in. Vor allem litten diese Kinder an dem internationalistischen Gehabe ihrer Eltern, die kritiklos jedem sozialistischen Negerführer zujubelten, selbst wenn er wie Idi Amin aus Uganda der Menschenfresserei huldigte und bloß in die DDR kam, um abzusahnen. Einige der Neonazi-Eltern waren ehemalige Spanienkämpfer in der Internationalen Brigade. Natürlich kamen diese Eltern in der SED groß raus, da auch der "Genosse Minister" (Erich Mielke) in Spanien gekämpft hatte. In ihrer Jugend übten sie mit den Eltern das Lied von "Spanner Simmel" - (eigentlich Spaniens Himmel...).

Als die DDR diplomatische Beziehungen zu Franco-Spanien aufnahm, brach für diese Eltern, die ihre Kinder seit frühester Jugend mit Landserschnurren aus dem spanischen Bürgerkrieg genervt hatten, eine Welt zusammen. Für die Kinder ebenso, als sie merkten, daß ihre Eltern gemäß SED-Parteidisziplin plötzlich begannen, ihre Erlebnisse in einem völlig anderen Licht zu sehen oder zumindest so taten. Um ihre Eltern zu provozieren, liefen die Kinder demonstrativ zu den Faschisten über. Die Eltern konnten ja kaum etwas dagegen haben, da die SED einen faschistischen Staat anerkannt hatte, meinten sie. Auf diese Weise konnten sie ihren Eltern die politischen Folgen ihrer prinzipienlosen Kriecherei vor der Parteidisziplin unter die Nase reiben.

Ideologisch-weltanschaulich gefestigte Neonazis rümpften anfangs die Nase über diese "Ödipussis", wie sie im internen Dienstgebrauch genannt wurden, da ihr Bekenntnis zur nationalen Sache psychologische Hintergründe hatte, die aber eigentlich bei allen von uns latent vorhanden waren. Diese

"Ödis" waren von Haus aus an harte Indoktrination gewöhnt. Sie fanden in der Gruppe ihren Elternersatz und arbeiteten eifrig an ihrer ideologischen Festigung. Wir wußten, daß Überläufer meist ihre Vergangenheit durch besonders fanatisches Gehabe auszulöschen versuchten. Unser Schulungsleiter, der auch aus solcher Familie stammte, erinnerte uns an Kamerad Roland Freisler, der in seiner Jugend ebenfalls bolschewistischer Kommandeur auf Seiten der Sowjetunion gewesen war.

Ich sprach mit Otto oft über diese Sachen. Er versuchte mir zu erklären, daß der Marxismus/Leninismus kein starres Dogma darstellt, sondern in der Lage ist, sich den veränderten weltpolitischen Realitäten anzupassen. Eigentlich wäre die Aufnahme diplomatischer Beziehungen zu Spanien, einem NATO-Land, ein großer Sieg für unsere Sache, da der 1938 siegreiche Franco-Faschismus vor unseren Genossen kapituliert hätte. Mich faszinierte diese Weltanschauung, die sich wie ein Kondom den jeweiligen Gegebenheiten anzupassen vermochte und in sich völlig logisch blieb.

Die gesellschaftliche Anerkennung meiner Tätigkeit, eines ehemaligen Kleinkriminellen, durch die Partei der Arbeiterklasse zeigte mir die Überlegenheit dieser Weltanschauung vor allen anderen Ideologien. Otto lobte meine Entwicklung zum prinzipienfesten Klassenkämpfer und sah über gelegentliche Rückfälle meinerseits in überholtes Bereicherungsdenken diskret hinweg. Dank MfS hatte ich es bald nicht mehr nötig, mir um meinen Lebensunterhalt irgendwelche Gedanken zu machen, so daß ich meiner frühkindlichen kriminell-asozialen Lebensweise völlig entsagen konnte und ganz im Dienst für die ruhmreiche Arbeiterklasse der DDR aufging. Zumal mein neuer Bekanntenkreis strikt darauf achtete, daß keinerlei Eigentumsdelikte den Ruf der Gruppe schädigten. Selbst in den Betrieben, die ja Volkseigentum (wir sagten Reichseigentum) waren, hielt man sich weitgehend zurück. Allerdings nur im Rahmen des Unauffälligen. Es wäre aufgefallen, wenn man sich bei Sonderschichten, wo sich so gut wie alle an herumliegenden Produkten bedienten, nichts eingesteckt hätte, was man zu Hause gebrauchen konnte. Das hätte die Arbeiter mißtrauisch gemacht und unsere Kameraden im Ansehen bei den Kollegen geschädigt. Als Faustregel galt, jeder klaut nur soviel, wie er allein wegtragen kann. In manchen Betrieben stand oftmals nach Schichtende ein Kleintransporter bereit, der die enteigneten Güter der arbeitenden Massen einsammelte. Daher der Begriff Sammeltaxi.

Otto hatte mich instruiert, daß das MfS kleinere Straftaten ihrer Mitarbeiter, die im Rahmen der Konspiration erforderlich waren, diskret tolerieren würde, solange sie nicht das Ausmaß von Produktions-Sabotage annehmen würden.

Ich hatte mich mit Otto oft über sozialistische Arbeitsmoral unterhalten, die unter der real existierenden Mangelwirtschaft kontinuierlich dem Nullpunkt zustrebte. Viele Arbeiter betrachteten ihren Betrieb als eine Art ungemütliche Kneipe, die aber den Vorteil hatte, daß das Herumsitzen bezahlt wird und man nur unter Gleichgesinnten ist. Außerdem konnte man im Vollsuff nicht rausfliegen. Wer so voll war, daß er bei der Ausgangskontrolle aufgefallen wäre, wurde einem der abfahrenden Laster zugeteilt, und die Fahrer erhielten dafür irgendeine Kleinigkeit aus dem Betrieb, zum Beispiel ein Säckchen Zement.

Unser Hitler-Fanclub beteiligte sich in der Regel nicht an solchen Exzessen und wirkte gewissermaßen mäßigend auf das Proletariat ein, obwohl die meisten Arbeiter uns als Spinner abtaten, die aber irgendwie ganz patente Kumpels sind.

Ende der 70er Jahre war die Stimmung unter den konspirativ arbeitenden Gruppen, ob rechts oder links, so langsam auf dem Nullpunkt angekommen. Es bewegte sich in politischer Hinsicht nichts Entscheidendes. Vielleicht lag es auch daran, daß die aufmüpfige 68er Generation langsam aber sicher erwachsen wurde, bzw. dem Alter zusteuerte. Die SED-

Führung vergreiste zunehmend und hatte irgendwie auch die Lust verloren. Allgemeine Schläfrigkeit machte sich breit. Die Ausreisebewegung strebte einem Höhepunkt zu, was der allein seligmachenden Partei Kopfschmerzen bereitete. Otto sah mit Grausen, daß aus der linken Szene immer mehr Anträge eintrudelten, so daß im Westen der Eindruck entstand, daß die SED ihre linke innenpolitische Opposition gegen Devisen einfach in den Westen verkaufte. Die Partei befürchtete im Zusammenwirken von linker Opposition im Exil und im Widerstand die Gefahr einer Wende von links.

In dieser Situation kam die Geheimwaffe "Neonazismus" zum Einsatz. Linke Oppositionelle, die man bei irgendeiner Straftat ertappte, wanderten gnadenlos ins Gefängnis. Dort wurden sie zwecks "Umschulung" zu Neonazis oder anderen Antikommunisten auf die Zelle gelegt. Gleichzeitig wurden sie durch das Personal derart traktiert, daß sie umschwenkten und mit diesem Brutalostaat und dem ganzen Sozialismus bald nichts mehr am Hut hatten. Von einem Aufseher wurde die Äußerung bekannt: "Jeden roten Arsch schlagen wir solange, bis er braun ist. Von Links lassen wir uns schon gar nicht ans Schienbein pissen."

Meist stimmten die Häftlinge ihrer Entlassung auf Bewährung in den Westen zu. Ansonsten hätten sie ihre volle Strafe absitzen müssen und wären um so schlimmer terrorisiert worden. Blieben sie ihrer kommunistischen Überzeugung treu, fand sich garantiert nach der Abschiebung in den Westen ein Mithäftling, der sie wegen kommunistischer Agitation in der Zelle beim Staatsschutz anzeigte und sie der Stasi-Mitarbeit verdächtigte. Dieser Mechanismus war den meisten Insidern bekannt, und sie wechselten wie gewünscht die Gesinnung nach braun und hatten fortan ein relativ ruhiges Leben im Knast.

Viele konnten sich ein ideologiefreies Leben nicht mehr vorstellen und blieben, da sie ihre Mutter, die Arbeiterklasse, verstoßen hatte, bei Papy Hitler. Diese umerzogenen

Häftlinge diskriminierten in der BRD ernsthafte politische Gegner der DDR, da sie die ganze Branche in Verruf brachten. Die Bevölkerung gab der DDR recht, daß man dieses ganze "Nazigesocks" loswerden wollte. "Die Bundesregierung ist noch so blöd und zahlt mit harten Devisen für dieses Politverbrecherpack. - Nazis raus!" - Schön und gut, aber wer kauft außer diesen BRD-Deppen schon solchen Abschaum? Auf diese Weise machte die SED Stimmung in der BRD gegen DDR-Oppositionelle und seriöse politische Emigranten.

Abteilung VI

Der Bundesbeauftragte für die
Unterlagen des Staatssicherheitsdienstes
der ehemaligen
Deutschen Demokratischen Republik
Postfach 1119, O-1086 Berlin

Potsdam, 17. März 1982
ko-rö-op-3

003

Bestätigt:
Stellvertreter Operativ

Kreisdienststelle
Leiter

O r a n i e n b u r g

Seidak
Oberst

Einschätzung zur Handakte "Zoll"

Nach Überarbeitung der durch Ihre Diensteinheit angelegten Handakte "Zoll" schlagen wir Ihnen vor, einen OV anzulegen.

Die in dieser Handakte erarbeiteten inoffiziellen Hinweise und
Fakten stellen Beweistatsachen dar und rechtfertigen das Anlegen
eines operativen Vorganges in der Bearbeitungsrichtung des
bandenmäßig organisierten Schmuggels und der Spekulation.

Da die Bearbeitungsrichtung Schmuggel und Spekulation über die
Staatsgrenze der DDR zu den schweren Zollstraftaten einzuordnen
ist, macht es sich erforderlich, mit der Abteilung Zollfahndung
der BV Zoll Potsdam operativ zusammenzuwirken.

Bei den in Ihrem Material genannten ungesetzlich eingeführten
Gegenständen (Schallplatten) in dieser erheblichen Menge wurde
der Straftatsbestand des schweren Falles des § 12 des Zollgesetzes
der DDR erfüllt. Die beteiligten Personen, die die illegale
Einfuhr realisieren, sind in Ihrem konkreten Fall Devisenaus-
länder und damit ist der Tatbestand des ungesetzlichen Devisen-
wertumlaufes objektiv gegeben.
Auf Grund der Tatintensität und der in diesem Zusammenhang zu
erwartenden bzw. eingetretenen finanziellen Schädigung der DDR
ist der § 12 des Zollgesetzes in Verbindung mit dem § 17 des
Devisengesetzes im schweren Fall gegeben.

Der bandenmäßig organisierte Schmuggel und die Spekulation sind
charakteristisch am Zusammenschluß von mehreren Tätern, die
wiederholt und arbeitsteilig unter Ausnutzung des grenzüberschreitenden Verkehrs strafbare Handlungen begehen, gekennzeichnet.

Des weiteren ist zu ekennen, daß die Täter ihre Handlungen und
ihre Begehungsweise konspirieren bzw. verschleiern.

KD·Lichtenberg

zum OV

Berlin, 20.6. 1983

Der Bundesbeauftragte für die
Unterlagen des Staatssicherheitsdienstes
der ehemaligen
Deutschen Demokratischen Republik
Postfach 1199, O-1086 Berlin

Operativplan zur Bearbeitung des Vorganges "Verteiler".
Reg.-Nr. XV/5409/82

Die Zielstellung des OV besteht in der Klärung des Verdachts
von Straftaten gem. § 107 StGB und in der vorbeugenden Verhinderung feindlich-negativer Handlungen, die gegen die Interessen
der DDR gerichtet sind.

In der weiteren Bearbeitung des OV gilt es,die Kontakte und
Verbindungen der bearbeiteten Personen festzustellen und
aufzuklären sowie unter Kontrolle zu halten.

1. Einsatz des IMB "Jörg Märten"

Zur zielgerichteten Aufklärung der Gruppierung, ihrer Pläne
und Absichten sowie der dabei angewandten Mittel und Methoden
wird der IMB "Jörg Märten" mit folgender Aufgabenstellung
eingesetzt:

1. Weitere Qualifizierung des IMB im Rahmen der Vorgangsbearbeitung

2. Festigung des Vertrauensverhältnisses zu den bearbeiteten
   Personen, insbesondere zum Verdächtigen, Giersch, um dessen
   feindliche Aktivitäten rechtzeitig vorbeugend zu verhindern.

3. Im Rahmen der operativen Bearbeitung des ████████ ist zweifels-
   frei zu klären, inwieweit noch Kontakte zum Oertel bestehen
   und ob Kontakte in der Gruppe zur Herstellung von Hetzzeit-
   schriften genutzt werden.

verantwortlich: Hptm. Geggel

Termin: laufend

1.1. Schaffung neuer inoffizieller Kräfte

Die im OV bearbeiteten

werden mit der Zielstellung der Überprüfung auf Eignung für
eine inoffizielle Zusammenarbeit aufgeklärt.

2 Alles für Deutschland - AFD

Mein Führungsoffizier gab mir den Auftrag, in Friedrichshainer Kneipen nach dem Rechten zu sehen und spontane Zusammenrottungen der Opposition aufzuklären. Diese Arbeit gefiel mir, zumal ich pauschal pro Auftritt 50,-Ost Spesengelder abrechnen konnte.

Am 17. Juni 1979 erwischte ich in Juhnkes Bierbar drei leicht angetrunkene Oppositionelle, die gerade eine Partei gründeten. Ich gesellte mich zwanglos dazu, spendierte auf Stasikosten drei Doubletten und war Mitglied. Wir nannten uns ab 20 Uhr "AFD" ("Allgemeine Freiheitspartei Deutschland", "Achim für Deutschland", "Anarchisten Föderation Deutschland" oder "Anal-Fabeten Deutschland"). Ich deutete an, ein Lack-und Leder-Schwuler zu sein und wurde daraufhin mit Zweidrittelmehrheit zum Gauleiter der Kopernikusstraße befördert. Aus meiner tschekistischen Erfahrung wußte ich, daß WGZ (Wohngebietszellen) von Oppositionellen sich der Aufklärung optimal durch das Dreierprinzip entziehen können. Was heißt eine Verbindung nach "oben" zur Leitung und zwei nach "unten" zur Basis zu unterhalten.

Da wir gerade eine solche WGZ gründeten, war die Einführung dieses Prinzips eine tschekistische Meisterleistung. Für die Verbindung der Zelle nach "oben" zeichnete ich verantwortlich, was ja auch im gewissen Sinne stimmte. Irgend einen spektakulären Erfolg mußte ich ja mal bei Otto abliefern. Er meinte, meine letzten Berichte seien im wesentlichen Schrott gewesen und mein Arbeitsentgelt sei "Verschwendung von Volksvermögen". Also beschloß ich, mein Ansehen im MfS durch die Aufklärung einer "Partei völlig neuen Typus" etwas aufzumotzen. Da ich mir nicht sicher war, daß sich meine neuen Genossen am nächsten Tag noch an die Parteigründung erinnern könnten, übernachtete ich vorsichtshalber bei ihnen. Sie wohnten bei einem jungen Menschen, der sich als Schriftsteller ausgab. Vorsichtshalber brachten wir dieser Unterstützerperson ein Fläschchen Alkohol mit. Er trat gegen 3 Uhr morgens ebenfalls der AFD bei. Er verlangte die Ernennung zum König, weil er bereits einen in der Krone hatte. Wir wollten darüber nachdenken und stellten uns vor Henrys Bierbar an, um die Gründungsfeierlichkeiten zu einem würdigen Abschluß zu bringen. Im "Henry" war bereits die Elite der Friedrichshainer Hart-Trinker-Szene versammelt. Es gelang uns, weitere Interessenten für unsere Organisation zu keilen. Innerhalb kürzester Zeit war unsere Partei auf zehn Mitglieder/Interessenten angeschwollen. Wir postulierten: "Unsere Partei ist die führende gesellschaftliche Kraft des neuen Deutschlands." Leider stellte der Kellner gegen 5 Uhr die Beschlußunfähigkeit unseres Zentralkomitees fest, so daß wir weder über Programm, Statut, Ziel o.ä. beraten konnten. Also erklärten wir diese Nebensächlichkeiten zur "Geheimen Reichssache". Wir beschlossen, die Trinkerhöhle unseres Quartiergebers zum Führerhauptquartier auszubauen.

Am nächsten Tag begannen die Gründungsfeierlichkeiten in der Mittagszeit. In Juhnkes Bierbar, an der Warschauer Straße Ecke Kopernikusstraße, trafen wir den ersten Märtyrer unserer Partei, der kurz nach den "Henry"-Aktivitäten verhaftet wurde. Nach einem vertraulichen tschekistischen Einzelgespräch stellte sich heraus, daß der Grund für die Festnahme mitnichten die Mitgliedschaft in der "Partei neuen Typus" war, sondern daß unser Genosse bei einem Masturbierversuch in der Öffentlichkeit erwischt wurde. Ich bekämpfte meinen Zwerchfellkrampf mit einigen Dubletten und erinnerte mich voller Schrecken, daß ich traditionell am 18. Juni Bericht über die Aktivitäten der Opposition erstatten mußte.

Ich verließ die Parteigenossen und traf mich mit Otto in einer Mitropakneipe. Der war ebenfalls schon etwas angegackert, notierte sich aber aufmerksam alle Details zur AFD. Er berechnete das Vermehrungspotential. Da wir euphorisch beschlossen hatten, daß jedes Mitglied pro Tag fünf neue

Mitglieder werben sollte, stellte Otto fest, daß in relativ kurzer Zeit die Weltbevölkerung von der AFD beherrscht werden würde. Natürlich schien auch ihm nicht realistisch, daß die Friedrichshainer Hart-Trinker-Szene gegen die SED putschen würde, aber ich erhielt den Befehl: "Dranbleiben!" Ich verspürte Interesse und erhöhte meine Operativgeldforderung auf pauschal 100,-Mark pro AFD-Auftritt.

Zwei Tage später war unsere nächste Parteiversammlung. Wir legten unsere Kampfnamen fest. Aus Lutz wurde "Timmi", nach seinem Lieblingsgetränk "Timm's Saurer" der Firma VEB Schilkin. Ich erhielt den Tarnnamen "Doppel", wie Doppelkorn. Ralph, der stockschwul war, wurde zur "Tante", war'n Übertragungsfehler, sollte Tunte heißen. Alle weiteren Parteigenossen nannten wir pauschal "Wroblewsky". Selbst Wroblewsky, der wirklich so hieß. Meinem Führungsoffizier berichtete ich: "Der IM ist in die konspirative Leitung der AFD eingedrungen, Tarnnamen-Entschlüsselung anbei! Es konnte ermittelt werden, daß ein Viertel des Zentralkomitees schwul ist." Ich faßte eine Belobigung ab, die mit 50,-DM Extraspesen verbunden war, und erhielt wiederum den Befehl: "Dranbleiben!"

Den "König" nervten unsere Parteiversammlungen in seiner Wohnung, zumal der Schwule in seine Kotz-Schüssel vorm Bett trat und diese umkippte. Er beschloß, sich aufs Land zurückzuziehen. Wir dekorierten das Führerhauptquartier mit etlichen Bildern von unserem "Waffenbruder" Adolf Hitler und einer "Blutfahne" der AFD. Ich fotografierte das neue Zentrum der Opposition und händigte die Bilder Otto aus. Da die Fotos in relativ schlechter Qualität waren, wurde mir von Otto eine Dienstkamera der Marke Praktika genehmigt.

Da mir die Observierung der Partei meinen Lebensunterhalt sicherte, setzte ich alles daran, die Mitglieder bei der Stange zu halten und zu neuen undogmatischen Aktivitäten anzustacheln. Ich setzte mich mit Stasi-Otto zusammen und wir entwarfen ein Programm der Partei, daß ich bei der nächsten

Mitgliederversammlung bestätigen lassen sollte. Da ich zu dieser konspirativen Zusammenkunft eine Flasche Timm's Sauren auf den Tisch stellte, ging die Bestätigung lässig über die Bühne, und ich hatte meinen nächsten Treffbericht in der Tasche.

Als undogmatische Partei völlig neuen Typus war es selbstverständlich jedem Mitglied gestattet, eigene Vorstellungen als Parteiziele auszugeben. Einige dieser Vorstellungen waren nicht geeignet die Ernsthaftigkeit dieser Unternehmung dem MfS unterzujubeln. Als da waren: Abschaffung der Arbeit, Legalisierung der Kriminalität, durchgehende Öffnung aller Alkohol verkaufenden Institutionen und ähnliches. Operativ schätzte ich ein, daß solche Forderungen der tschekistischen Ernsthaftigkeit meines Klassenauftrags widersprachen, und sie blieben bis zum heutigen Tag "geheime Reichssache". Die Arbeit der Partei erschöpfte sich nicht nur in unfruchtbaren Forderungskatalogen. Das wesentlichste Ziel der AFD war die strikte Einhaltung der Konspiration. Es gelang mir, mit dem Referat "Sicherheit/Fremde Heere Ost" betraut zu werden. Otto lobte mich für diesen Erfolg und vertraute mir an, daß die AFD zur Chefsache erklärt wurde und seine/meine Berichte bereits beim Genossen Oberst zur Vorlage eingereicht wurden. Er flehte mich förmlich an, ihn nicht zu enttäuschen, und machte mir den Vorschlag, mit einer "Zersetzergruppe", die ich selbst rekrutieren könnte, einen AFD-Putsch zu verhindern. Ich sollte ihm geeignete Mitarbeiter vorschlagen, die "objektiv" und "subjektiv" in der Lage wären, in die Struktur der AFD einzudringen, diese für das MfS aufzuklären und zu neutralisieren.

Otto hatte mir mehrmals erklärt, daß die Stasi die einzig ernstzunehmende Opposition im Staate sei, weil nur wir alle Mißstände und Unzulänglichkeiten kennen würden. Deshalb würde eine Opposition zur Opposition objektiv den Gegner im stalinistischen Politbüro nutzen, was ich auch einsah. Irgendwie kamen mir Bedenken, eine Friedrichshainer

Zusammenballung von Hart-Trinkern zur Oppositionsgruppe aufzupeppen. Falls noch mehr Stasi-Tucken in der Partei wären, würde mein Schwindel rasch auffliegen und meine schöne Freundschaft zu Otto wäre beendet. Also bemühte ich mich, die Arbeit der Partei nach Kräften zu fördern und eine handlungsfähige Widerstandsgruppe zu installieren.

Mit einigen Freunden aus der linken Szene gründete ich die Rote Arbeiterhilfe Prenzlauer Berg, die sich um politische Häftlinge und deren Angehörige kümmern sollte. Der Einfachheit halber rechnete ich diese Aktivität der AFD zu. Ich hoffte, daß auf diese Weise die Partei zum Selbstläufer werden würde und zwanglos in die Rolle, die ich ihr zugedacht hatte, hineinwachsen würde. Sollte das der Fall sein, war meine Karriere beim MfS gesichert, da ich als erster dran war und blieb.

Bei Franke hatte ich einige Theologiestudenten kennengelernt, die ebenfalls oppositionellen Gedanken frönten, Biermannlieder hörten und auch schon mal einen Joint kreisen ließen.

Mittlerweile hatten sich zwei Gründungsmitglieder der Partei neuen Typus durch einen fehlgeschlagenen Fluchtversuch über Ungarn in den Knast gebracht. Ich konnte aufklären, daß die Parteifreunde einem gewissen "Ostojewski" die Gründungsdokumente sowie die Blutfahne übergeben hatten. Sie vertrauten ihm die Leitung der Ortsgruppe Kubornstraße an. Ostojewski unternahm eine Reihe medizinischer Selbstversuche. Damit versuchte er sich wehrdienstuntauglich zu machen. Ostojewski war unserer Diensteinheit kein Unbekannter, und man freute sich, daß es mir gelang, seine Bekanntschaft zu machen. Als stadtbekannter Anarchist trat er je nach Publikum und Alkoholpegel mit Naziparolen oder linksextremistischen Weltrevolutionstheorien auf. In seiner Wohnung sah ich Bilder von Mao, dem Papst und Adolf Hitler hängen. Otto wußte, daß Ostojewski in einem polnischen Schieberring tätig war und Verbindungen zur tschechischen

Charta 77-Bewegung hatte. Er betrieb eine gutsortierte Handbibliothek mit oppositioneller Literatur, in der sich sowohl Bakunin, Trotzki als auch Solschenizyn und George Orwell fanden. Ich ließ mir eine Liste anfertigen, auf der ich auch die mich interessierenden Bücher vormerken lassen konnte.

Ich bestellte einige der in dieser Liste aufgeführten Bücher. Eigentlich wollte der Boß die Bücher als "Beweissicherung" in seiner Dienststelle archivieren. Ich konnte ihn aber überreden, daß ich sie behalten durfte, da es vielleicht auffallen würde, wenn bei einem Überraschungsbesuch von O. keines davon bei mir im Bücherschrank stand. Also fertigte Otto eine Aktennotiz an, in der er den Verbleib der Beweisstücke vermerkte. Wenn ich eins dieser Bücher verleihen wollte, mußte ich Otto die Adresse des Ausleihers geben, damit wir jederzeit die Kontrolle über die umlaufende Literatur behielten.

Das Buchverleihen war übrigens eine gute Methode, um unauffällige Hausbesuche bei Oppositionellen zu legendieren. Dadurch lernte ich die Szene besser kennen, und es gelang mir, weitere gute Kontakte zu knüpfen. Zusammen mit Otto erarbeitete ich eine weitere Methode, um die Opposition besser auszuforschen.

In der "Wochenpost", einer überregionalen Zeitschrift, die besonders wegen ihres großen Anzeigenteils gern gelesen wurde, boten wir allerlei Bücher an, die wir als Literatur der "Arbeiterbewegung" ausgaben. Die Interessenten, die z.B. bei mir Bücher von Lew Bronstein bestellten, mußten bereits über gewisse Kenntnisse verfügen, weil sich dahinter Leo Trotzki verbarg. Wer die Decknamen der russischen Bolschewiki kannte, die in Opposition zum Stalinismus standen, konnte so bereits als aktiver Oppositioneller eingestuft werden und war damit für uns interessant.

Ab und zu kamen mir Bedenken, ob Otto die von mir weitergegebenen Informationen wirklich diskret und ohne Schaden für die Betroffenen sammeln würde. Otto versicherte mir durchaus glaubhaft, daß es ihm und seinen Genossen lediglich um eine realistische Lagebeurteilung ging und sie kein Interesse hätten, irgendwelche Leute für solche Mätzchen, wie das Lesen unerwünschter Literatur hinter Gitter zu bringen. Also bestellte ich weiter Literatur, die ich dann wieder selbst zum Kauf anbot. Besonders viele Fans hatte offensichtlich George Orwell, den ich als Eric Blair anbot.

Ich machte auch Aushänge an der großen Anzeigentafel hinter der Ringbahnhalle am S-Bahnhof Frankfurter Allee, die jeden Morgen ein Treffpunkt der Händler, Schieber und der Halbwelt war. Der Text der Aushänge wurde nicht so scharf beurteilt wie bei Kleinanzeigen in den Tageszeitungen. Man konnte leichter entschlüsseln, was einer anbot oder haben wollte. Hier war zum Beispiel der Hinweis gestattet, daß man die angebotene Ware auch gegen "blaue Kacheln" (Westgeld) tauschen würde.

Vor den Anzeigentafeln und in den umliegenden Kneipen, die bereits um 10 Uhr öffneten, bekam man recht schnell Kontakt zu Schieber- und Spekulantenkreisen, zumal in der angrenzenden Pettenkofer Straße ein privater Automarkt entstanden war. Die Verkaufswilligen ließen ein Autofenster einen Spalt offen, der ausreichte, die Angebote einzuwerfen. Die Autoverkäufer warteten in der Kneipe auf Höchstgebote, um dann blitzschnell reagieren zu können. Selbstverständlich war es verboten, einen Gebrauchtwagen zum doppelten Neupreis zu verkaufen, hatte sich aber als Gewohnheitsrecht durchgesetzt. Der offizielle Verkaufsbetrag orientierte sich selbstverständlich am staatlich festgelegten Preis.

Otto und seine Genossen wollten auch diese Gruppe im Blickfeld behalten, weil einige der Spekulanten die so erwirtschafteten Gelder in "staatsfeindliche Projekte" investierten, zum Beispiel in den Ausbau von Landkommunen. Oder indem sie Mitgliedern von politisierenden Wohngemeinschaften ein arbeitsfreies Leben sicherten.

Mein Genosse erklärte mir den dialektischen Zusammenhang zwischen der Steigerung der materiellen Produktion und der individuellen Freiheit. Da in der BRD die Arbeitsproduktivität meist höher lag als bei uns, mußte dort dem Arbeiter zur Reproduktion seiner Arbeitskraft auch ein höherer Freiheitsgrad zugestanden werden, um den objektiv höheren Ausbeutungsgrad zu verschleiern. Bei uns konnte sich niemand an der Arbeit anderer bereichern, sondern die Arbeitsproduktivität kam dem gesamten Volk zugute. Je höher diese lag, desto besser könnte jeder seine Freiheiten in der Gesellschaft verwirklichen.

So etwa hatte auch ich Leo Trotzki verstanden, der sich in Rußland für die Schließung unrentabler Betriebe einsetzte und die Steigerung der Arbeitsproduktivität über eine Erhöhung des Klassenbewußtseins der Arbeiter erreichen wollte. Ich verstand mich mehr und mehr als eine Art Sozialarbeiter, der mithalf, bestehende Unebenheiten in der Gesellschaft und im Leben auszugleichen.

Meine aufopferungsvolle Arbeit für eine neue Gesellschaft lohnte sich auch privat. Da ich mich an Spekulationsgeschäften beteiligte, kam ich auch ohne feste Arbeit ganz gut zurecht. Damit man im Bekanntenkreis nicht mißtrauisch wurde, erhielt ich vierteljährlich Vorladungen zur Abteilung Inneres, "Referat vorbeugende Kriminalitätsbekämpfung".

Diese Schreiben zeigte ich allen, die mich daraufhin fast als Märtyrer bedauerten. Man wies mir etliche Arbeitsstellen nach, und ich ging auch regelmäßig zu den Vorstellungsgesprächen. Zu einer Einstellung kam es jedoch nicht. Ich bewunderte die Einflußmöglichkeiten unserer Organisation, die mir eine wasserdichte Legende meines Daseins als "Assi" sicherte.

Wie üblich, tauchte ab und zu der Verdacht auf, daß ich für eine "falsche Mark" arbeiten würde. Also kümmerte sich Otto um einen Job als Haushaltshilfe bei einer "Künstlerin". Ich war ein paarmal bei ihr zu Hause, putzte fast saubere Fenster und stöberte zwischendurch in ihrem Bücherschrank. Wir verstanden uns recht gut. Nach einigen Auftritten tranken wir nur noch Kaffee und Cognac und unterhielten uns über Kunst und Literatur. Ich ging davon aus, daß es sich ebenfalls um eine Stasi-Tucke handelte. Manchmal signalisierte sie mir recht eindeutig, daß sie mit mir ins Bett wollte. Ich hatte es mir aber zum Grundsatz gemacht "dienstlich" und "privat" so gut es ging auseinanderzuhalten, und so widerstand ich den Anfechtungen des Fleisches.

Ich vermutete, daß Otto diese "Künstlerin" gleichzeitig als eine Art Sicherheitsüberprüfung für mich oder sie betrachte. Wir verstanden uns trotzdem gut. Es entwickelte sich eine Art Freundschaft zwischen uns. Sie versuchte, ab und zu nach dem Genuß von reichlich Alkohol, mit mir über private Probleme zu sprechen. Schließlich gestand ich ihr, daß ich eigentlich ein Anhänger des "göttlichen Sacher Masoch" sei, aber mich nie getraute, diesen Trieb auszuleben. Mein erotischer Wunschtraum war, daß die Frau, die ich lieben würde, so schwer zu erobern sein müßte wie der Mamai-Hügel durch den Sowjet-Gardeschützen Matrossow. Sie bekam einen Lachkrampf und kam nie wieder auf solche Themen zurück. Aber sie blieb mir lange Zeit eine mütterliche Freundin, an die ich gern zurückdenke.

Oft besuchten wir Ausstellungen und Museen während der Arbeitszeit. Ohne daß ich in irgendeiner Weise in ihrer Wohnung oder an ihr handgreiflich wurde, überwies sie mir regelmäßig 200,-Mark im Monat auf mein Konto.

Im Dienstgebrauch nannte ich diesen Kontakt "Mutter". Manchmal fragte mich Otto, wie es meiner "Mutter" ging. Anscheinend war er bestrebt, mich durch meine "Mutter" an unsere Organisation zu binden. Mir machte dieser psychologische Stasi-Dreier Spaß. Ich tat so, als ob ich nicht wüßte, was gespielt wurde.

Der Bundesbeauftragte für die
Unterlagen des Staatssicherheitsdienstes
der ehemaligen
Deutschen Demokratischen Republik
Postfach 1198, O-1086 Berlin

190   2

<u>Bemerkung</u> ░░░░░░ glaubt und vermutet aus Gesprächen mit dem IKMR/K
aus dem Verhalten des IKMR/K während der gemeinsamen
Haft und aus der Kenntnis über die Vorstrafen des IKMR/K,
daß es sich bei dem IKMR/K um eine, gegen die Verhältnisse der DDR eingestellte Person handelt, die ebenfalls
"Antragsteller" sei und die als "zuverlässig" zu betrachten ist.

Wie verabredet suchte der IKMR/K am 24.07.82 gegen 20,00 Uhr
den ░░░░░ an dessen Wohnung auf und beide fuhren mit der S-Bahn
nach Berlin-Kaulsdorf. Zielstrebig geführt von ░░░░░, wurde
dort in der Hellersdorferstr.61 in der 2.Eatge rechts die Wohnung

O e r t e l , Joachim
12.05.48 Berlin
1138 Berlin , Hellersdorferstr.61
PKZ : 120548430074

░░░ schutzwürdige Daten Dritter ░░░

gegen 20,40 Uhr aufgesucht.
Die Wohnung machte keinen vollständigen Eindruck mehr und erschien
sich in Auflösung zu befinden.
Beim Eintritt wurde der Wohnungsinhaber Joachim OERTEL in der
Situation angetroffen, indem er einen alten Wehrmachtsstahlhelm
auf dem Kopf hatte, an dessen Kinnriemen ein "Eisernes Kreuz"
hing und er selbst mit soldatisch eingenommener Haltung und er-
hobenem Arm den faschistischen Gruß entbot.
In der Wohnung waren bereits ca. 10 Personen anwesend und zwei
Paare kamen noch etwas später hinzu. Insgesamt waren ca. 15 Personen später anwesend.
Die Zusammenkunft hatte den Charakter einer kleinen Feierlichkeit
und es wurde getrunken und gegessen.Offensichtlich kannten sich
alle untereinander ,teilweise lose und es entstand manchmal der
Eindruck von gewisser Zurückhaltung und Vorsichtigkeit untereinander ,wie leichtes Mißtrauen.
Die Gespräche waren in der Gesamtheit nicht erfaßbar, da sie
viel individuell geführt wurden und nur in Teilsituationen von
gemeinsamen Interesse waren. Überwiegend war der Inhalt jedoch

-3

Der Bundesbeauftragte für die
Unterlagen des Staatssicherheitsdienstes
der ehemaligen
Deutschen Demokratischen Republik
Postfach 1193, O-1088 Berlin

191

3

auf die "guten"Verhältnisse im Westen ausgerichtet und auf
die Erreichung einer Übersiedlung nach dort. Es war eine
einheitliche Auffassung erkennbar , wonach alle Anwesenden
sich bis 1985 im Westen befinden würden und man sich dort
dann treffen würde.
Im Verlaufe des Abends erfuhr der IKMR/K in Gesprächen bzw.
vom Zuhören oder von ▆▆▆▆ folgende Zusammenhänge :

- die Anwesenden seien alle "Antragsteller" auf Übersiedlung
  in die BRD bzw. Westberlin ;
- die Anträge der Familie O e r t e l seien zum 30.07.82
  genehmigt und beide reisen mit ihren Kindern an diesem
  Tage nach Westberlin aus ;
- die Zusammenkunft sei eine Abschiedsfeier von dieser
  Familie OERTEL ;
- sie seien eine organisierte Gruppe und seien Teil einer
  größeren Organisation in der DDR , die unter der Losung

      AFD   (Aktion Freies Deutschland)

  mit dem Ziel,für die Einigkeit Deutschlands, sich einsetzten;
- die Organisation bestehe schon mehrere Jahre und ▆▆▆▆. will
  bereits ca. 5 Jahre dieser Gruppe angehören ;
- jedes Mitglied der Gruppe erhalte Aufgaben und Aufträge, die
  es selbständig erfüllen muß ;
- OERTEL sei der Leiter dieser Gruppe sein und mit dem Verzug
  soll ▆▆▆▆ evtl. die Leitung übernehmen ;
- die Leitung insgesamt haben 4 ehemalige Studenten der Chemie-
  Hochschule Greifswald (auch OERTEL gehöre dazu) ; es soll
  bereits Vorkommnisse an dieser Studieneinrichtung mit ihnen
  gegeben haben ;
- die Schlußakte von Helsinki Artikel/§ 13 sei ein Grundtenor
  im Zusammenhang mit der Tätigkeit der Gruppe ; (der IKMR/K
  hat zuvor in der Wohnung des ▆▆▆▆ eine Schreibmaschinenschrift
  mit diesem Inhalt gesehen) ;
- man habe Kontakte nach Westberlin ;

Während der Feierlichkeit wurde von allen Anwesenden ,teils
verhalten ,teils laut gemeinsam das -Deutschlandlied- gesungen.

-4

Der Bundesbeauftragte für die
Unterlagen des Staatssicherheitsdienstes
der ehemaligen
Deutschen Demokratischen Republik
Postfach 1185, O-1086 Berlin

Nicht mitgesungen hat ein Anwesender mit Namen ████████.
Der IKMR/K wurde im Kreise der Anwesenden insbesondere gegenüber
OERTEL nur als sein Mitarbeiter von ████████ vorgestellt. Andere
Vorstellungen oder Begrüßungen gab es nicht.
Dem IKMR/K war keine Person vorher bekannt. Im Verlaufe des
Abends durch den IKMR/K erkannte und erfaßte Momente zu den
anwesenden Personen sind :

1. OERTEL , Achim   ca.35 Jahre alt/etwa 185 cm groß /
                           untersetzte Gestalt/dunkelblondes kurzes
                           lockiges Haar/Vollbart dunkelblond/
                           Augenleiden/Invalide geht am Stock/hinkt/
                           chen,Chemiestudent Greifswald/

Der Bundesbeauftragte für die
Unterlagen des Staatssicherheitsdienstes
der ehemaligen
Deutschen Demokratischen Republik
Postfach 1199, O-1086 Berlin

194   6

████████ versucht den IKMR/K für die Mitarbeit und Zugehörigkeit
in dieser Gruppe zu gewinnen.Er sprach von einer Aufnahme des
IKMR/K bei einer der nächsten Zusammenkünfte der Gruppe.
Da die Gruppe bisher geheimgehalten werden konnte, und keiner
je etwas über die Existenz und Mitglieder verraten würde, müße
der IKMR/K bei Ablehnung "alles vergessen" und ████████ selbst
würde sich auch vom IKMR/K wieder trennen.

████████ beschäftigt sich u.a. mit dem Verkauf westlicher Schallplatten, die angeblich unter Umgehung der Bestimmungen über die
VR-Polen in die DDR gebracht würden. Er verkauft je Doppelplattte
für 18o.- M und sucht weiter Abnehmer.

████████ war am 28.o7.82 nochmals allein bei OERTEL zu einem
abschließenden Gespräch,was individuell zwischen beiden geführt
werden sollte und die "Gruppe" betreffen soll.

Gleichfalls soll der beschriebene ████████ am 26.o7.82 nochmals
allein bei OERTEL gewesen sein.

Erste Prüfungshandlungen durch Komm.I VPI-Frie. bestätigten
die Personenangaben zu ████████ und OERTEL und zu deren Antrag-
stellung auf Verzug WB/BRD und die Ausreisegenehmigung der
Familie OERTEL zum 3o.o7.82.
Ebenfalls konnten andere Details der Darlegungen des IKMR/K
durch Überprüfungen bestätigt werden.

Der IKMR/K ist bereit Aufgaben zur Aufdeckung/Aufklärung
dieser Gruppe,ihrer Mitglieder,Ziele,Absichten und Charakter
zu übernehmen. Er ist in der Lage und fähig konspirative
Aufgaben zu lösen und in die Gruppe einzudringen.
Es handelt sich bei dem IKMR/K um noch keine,in Details der
inoffiziellen konspirativen Arbeit eingewiesene Person.

Schlußfolgerungen

- vorrangige operative Bearbeitung und Aufklärung des
  Sachverhaltes zum Verdacht staatsfeindlichen Zusammenschlusses ;
  durch Komm.I Frie.
- Ziel : Aufklärung des Charakters,der Zusammensetzung,Bekannt-
         machen der Mitglieder und deren Verbindungen,Feststellung
         von Aktivitäten,Absichten und Handlungen;
- kurzfristige Werbung des IKMR/K als inoffz.Mitarbeiter und
  seines gezielten Einsatzes zum Sachverhalt.

Der Bundesbeauftragte für die
Unterlagen des Staatssicherheitsdienstes
der ehemaligen
Deutschen Demokratischen Republik
Postfach 1139, O-1086 Berlin

270

Zum verdächtigen Personenkreis gehören noch weitere, gegenwärtig noch nicht identifizierte Personen mit den Vornamen
"Gert" und "Peter" sowie dem Pseudonym "Goebbels".

2. Politisch-operative Ausgangslage

Durch den IMB "Jörg Märten" wurde im Rahmen der Bearbeitung
der OPK "Metropol" bekannt, daß der ████████████ ein enger
Freund des O e r t e l , Joachim ist, der als hartnäckiger
Antragsteller operativ bearbeitet wurde.
Im Zusammenhang mit der Genehmigung seines rechtswidrigen
Übersiedlungsersuchens veranstaltete O e r t e l
am 24.07.1982 eine Abschiedsfeier. Zu dieser Abschiedsfeier
erschienen ca. 15 Personen. Durch den IMB wurde dazu bekannt,
daß O e r t e l dort nazistische Verhaltensweisen und
Gedankengut verbreitete. Weiterhin war bei allen Personen
die einheitliche Auffassung erkennbar, daß sich alle Anwesenden
bis 1985 im "Westen" befinden würden, und man sich dann dort
treffen werde.
Im Verlauf dieser Feier konnte der IM in Gesprächen und Diskussionen folgende Zusammenhänge erkennen:

- Die Anwesenden sind alle "Antragsteller" auf Übersiedlung
  in die BRD/WB bzw. beabsichtigen, Übersiedlungsersuchen zu
  stellen.

- Sie sind eine "organisierte Gruppe" und ein Teil einer
  "größeren Organisation in der DDR", die unter der Losung
  "AFD" (Aktion freies Deutschland) mit dem Ziel, sich für
  die Einigkeit Deutschlands einzusetzen, auftreten soll.

Der Bundesbeauftragte für die
Unterlagen des Staatssicherheitsdienstes
der ehemaligen
Deutschen Demokratischen Republik
Postfach 1133, O 1086 Berlin

271 3

- Diese sogenannte Organisation bestehe schon mehrere Jahre,
und der ▓▓▓▓▓▓▓ will bereits ca. 5 Jahre dieser Gruppe
angehören.

- Jedes Mitglied dieser "Gruppe" erhalte Aufgaben, die es
selbständig erfüllen muß.

- O e r t e l sei der Leiter dieser "Gruppe" und ▓▓▓▓▓▓▓▓
sollte bei dessen Verzug evtl. die Leitung der "Gruppe"
übernehmen.

- Die Leitung der "Gruppe" bestehe aus 4 ehemaligen Studenten
der Universität Greifswald/Sektion Chemie (auch Oertel gehöre
dazu). Es soll schon Vorkommnisse mit den genannten an dieser
Studieneinrichtung gegeben haben.

- Die Schlußakte von Helsinki, Artikel 13, soll der Grundtenor
im Zusammenhang mit der Tätigkeit der "Gruppe" sein.

- Es bestehen Kontakte nach der BRD und WB.

Entsprechend dieser politisch-operativen Ausgangslage, die
überprüft und bestätigt wurde, erfolgte die Qualifizierung
der OPK "Metropol" zum OV "Verteiler".

3. Zielstellung der operativen Bearbeitung

Die Zielstellung des OV bestand und besteht in der Klärung
der Verdachtsgründe gem. §§ 106, 107 StGB und der vorbeugenden
Verhinderung dieser und anderer gegen die DDR gerichteter
Aktivitäten.
Entsprechend den durchgeführten Abstimmungen mit der
Abteilung XX, der BKG und der AG XXII der BV Berlin sollen
folgende Aufgaben realisiert werden:

- Nachweis einer Gruppenbildung unter dem Gesichtspunkt,
wann, wo finden Zusammenkünfte durch wen statt.

- Charakter der möglichen Gruppenbildung unter dem Aspekt,
wer verfolgt wie welches Ziel?

- Nachweis von Handlungen im Sinne des § 106 StGB, speziell
gem. Abs. 1, Ziffer 2 und 5
(durch wen werden wann und wo welche Handlungen durchgeführt).

- Nachweis und vorbeugende Verhinderung anderer strafbarer
u.a. feindlich-negativer Handlungen.

Der Bundesbeauftragte für die
Unterlagen des Staatssicherheitsdienstes
der ehemaligen
Deutschen Demokratischen Republik
Postfach 1199, O-1088 Berlin

272   4

4. Politisch-operative Einschätzung

Der bekannte Personenkreis, so belegen die operativen Ermitt-
lungs- und Aufklärungsergebnisse, besteht aus Personen, die
eine feindliche bzw. negative Einstellung zur DDR haben und
das Ziel verfolgen, die DDR zu verlassen.
Dabei traten das Ehepaar O e r t e l und ▇▇▇▇▇▇▇▇▇
als hartnäckige Übersiedlungsersuchende in Erscheinung.
▇▇▇▇▇▇▇▇▇▇▇▇▇▇▇▇▇▇▇▇▇▇ hingegen suchen nach
entsprechenden Möglichkeiten, ebenfalls die DDR zu verlassen.

Entsprechend den IM-Informationen hat eine Gruppierung
der bekannten Personen der "Abschlußfeier" unter Führung
von O e r t e l bestanden.
▇▇▇▇▇▇▇ war bestrebt, diese Gruppierung aufrecht zu
erhalten. Seine Absicht und Zielstellung wurde aber durch
folgende Maßnahmen bzw. Umstände nicht realisiert:

- ▇▇▇▇▇▇▇ selbst ist objektiv und subjektiv nicht
  in der Lage, andere Personen zu führen und organisatorisch
  zusammenzuhalten bzw. zusammenzuführen (unterschiedlicher
  Bildungsstand, Qualifikation, Auftreten und Verhaltensweisen).

- Durch operative Maßnahmen der Abt. XX und der AG XXII der
  BV Berlin wurde nach Abstimmung mit unserer DE eine starke
  Verunsicherung des ▇▇▇▇▇▇▇, des ▇▇▇▇▇▇▇
  und des ▇▇▇▇▇▇▇ erreicht. Diese führte zur Ein-
  stellung von operativ-bedeutsamen Aktivitäten durch diese
  Personen.
  Es wurde eine legendierte Vernehmung des ▇▇▇▇▇▇▇
  als offensive Zersetzungsmaßnahme durchgeführt.

Gegenwärtig kann eingeschätzt werden, daß es sich bei dem
bekannten Personenkreis um eine lose Gruppierung handelt,
die Ansätze zur Organisierung zeigt. Dazu liegen operativ
bedeutsame Hinweise, insbesondere zur Aktivität des
▇▇▇▇▇▇▇ und den Rückverbindungen des O e r t e l
vor, die die Möglichkeit des staatsfeindlichen Zusammenschlusses beinhalten.

Einige der bekannten Personen sind Hochschulkader, die in der
Vergangenheit mit feindlich-negativen Auffassungen und Verhaltensweisen operativ in Erscheinung getreten sind.
So wurde der ▇▇▇▇▇▇▇ bereits während seiner Studienzeit
operativ gem. §§ 106 und 107 StGB bearbeitet.

Der als feindlich bekannte, O e r t e l unterhält gegenwärtig aktive Rückverbindungen zu den im OV bearbeiteten ▇▇▇▇▇▇▇
▇▇▇▇▇▇▇ und ▇▇▇▇▇▇▇ sowie zu einer Reihe weiterer
Personen, die noch aufgeklärt werden müssen. Der Charakter dieser
Rückverbindungen des O e r t e l ist bisher noch nicht genau
bekannt geworden. Es ist aber zu vermuten, daß es sich um Personen
des ehemaligen Umgangskreises und Verwandte des O e r t e l
handelt.

Der Bundesbeauftragte für die
Unterlagen des Staatssicherheitsdienstes
der ehemaligen
Deutschen Demokratischen Republik
Postfach 1199, O-1086 Berlin

274 6

- ████████████ war vermutlich die engste Vertrauensperson
  des O e r t e l in der DDR

- er ist gegenwärtig die engste Rückverbindung des O e r t e l

- er unterhält Kontakte und Verbindungen zu allen im OV
  bearbeiteten und bekannten Personen.

Weiter wurde bekannt, daß O e r t e l den ████████████
inspiriert haben soll, die DDR über das sozialistische Ausland
ungesetzlich zu verlassen. Aus Angst vor der Entdeckung und
vor strafrechtlichen Maßnahmen nahm ████████████ Mitte 1982
von diesem Vorhaben vorerst Abstand.

Gegenwärtig finden in der Wohnung des ████████████ häufig
Treffen mehrerer noch nicht identifizierter Personen statt.
Dazu schätzt der IM ein, daß diese Treffen den Charakter von
Diskussionen tragen und andere Personen zum Zeitpunkt der
Durchführung die Wohnung nicht betreten dürfen.

6. Schlußfolgerungen

Zusammenfassend kann davon ausgegangen werden, daß es sich
bei den genannten Personen um eine lose Gruppierung von
DDR-Bürgern handelt, die im dringenden Verdacht der Vorbereitung von Straftaten gem. §§ 106, 107 StGB stehen.

Des weiteren müssen mögliche Pläne und Absichten des
████████████ , die DDR ungesetzlich zu verlassen, umfassend
aufgeklärt und rechtzeitig verhindert werden.

Insgesamt sind mögliche Verbindungen der bearbeiteten Personen zu kirchlichen Friedenskreisen in Berlin, die über
den ████████████ bestehen sollen, aufzuklären.

Zur weiteren Aufklärung der Pläne und Absichten dieser losen
Gruppierung und deren Zerschlagung durch geeignete politisch-
operative und strafrechtliche Maßnahmen wird vorgeschlagen,
den OV in folgender Richtung zu entwickeln:

1. Weitere umfassende Aufklärung der operativ bearbeiteten
   Personen sowie Identifizierung der noch unbekannten
   Personen.
   Erarbeitung von Beweisen zur Vorbereitung von Straftaten
   gem. §§ 106 und 107 StGB sowie § 213 StGB.

2. Analyse des Personenkreises unter dem Gesichtspunkt
   der Suche eines Werbekandidaten.

Der Bundesbeauftragte für die
Unterlagen des Staatssicherheitsdienstes
der ehemaligen
Deutschen Demokratischen Republik
Postfach 1199, O-1 0 8 8 Berlin

275   7

3. Parallel zu den politisch-operativen Maßnahmen zur
   Herausarbeitung der Feindtätigkeit dieser Personen sind
   in enger Zusammenarbeit mit der Abt. VI die kriminellen
   Handlungen der bearbeiteten Personen aufzudecken (illegale
   Schallplattengeschäfte), um sie über ihre Kriminalisierung
   zu bekämpfen.

Zur zielgerichteten Bearbeitung des OV "Verteiler" wird ein
Operativplan erarbeitet.

Leiter der Kreisdienststelle

Gnauck   Gaggel
Oberstleutnant   Hauptmann

Verteiler

1 x BKG
1 x AG XXII
1 x AKG über AI (F 460)
2 x KD Li.berg

Anlagen: Personenblätter

AG XXII   Bln, den 26.08.82
                                 Qua

SStU
000246

        Aktenvermerk

Am 26.08.82 fand eine Absprache mit Gen.Schindel(Tel.25220)
und Gen. Göttlich(Tel. 21061) KD Lichtenberg statt.
Im Mittelpunkt stand dabei die Abstimmung hinsichtlich
der weiteren Bearbeitung des
            H Ä C K E R , Mario
            OPK " Gaukler "
zu dem folgendes bekannt wurde:

H. ist von einer feindlich negativen Gruppierung,die sich
" Aktion Freies Deutschland " nennt, insbesondere von
derem gegenwärtigen Leiter, bearbeitet in der OPK
" Metropol " , für eine Führungsrolle vorgesehen.
Die "A F D " wird ab ca. Sept. in einem OV bearbeitet.
Zur "AFD" wurde bekannt:
     - sie setzt sich aus ca. 15 Personen zusammen,
       darunter 2 ehemalige DDR-Bürger, die in die
       BRD ausgewiesen wurden und gegenwärtig den
       Kontakt zur Gruppe von WB aus halten und sie
       auch dementsprechend beeinflussen,bzw.unter-
       stützen (Finanziell).
     - Zur Gruppe gehören sowohl Antragsteller, Haft-
       entlassene, als auch andere negative Personen.
     - Leiter der Gruppe war
       ausgewiesen in die BRD im Mai 1982, der eine
       faschistische Haltung zum Ausdruck brachte und
       auch in der Gruppe dementsprechend auftrat.
     - Durch inoffizielle Quellen ist bekannt, daß sich
       die "AFD" gegenwärtig formiert, mit der Zielstel-
       lung Aktionen gegen die DDR durchzuführen, um
       ihre Ziele zu verwirklichen, bzw ihre Ausreise-
       anträge zu unterstützen.
     - Diese Formierung ist über die gesamte DDR zu
       verzeichnen, wobei die Führung der einzelnen
       Gruppen über Berlin erfolgen wird.
     - Nach inoffiziellen Aussagen wird weiterhin
       angestrebt,bis 1985 in die BRD zu übersiedeln.
     - nach Antragstellung-
Weiterhin wurde bekannt, daß mit der Einbeziehung des H.
auch angestrebt wird, den Freundeskreis des H. mit xx
einzubeziehen, um die Wirksamkeit zu erhöhen.
Zum H. wurde in dem Zusammenhang bekannt, daß er hin-
sichtlich seiner Einbeziehung nicht abgeneigt ist.
In dem Zusammenhang wurde auch der Aufenthaltsort dieser
Gruppe genannt, der zumeist in Gaststätten liegt,
Bevorzugt" Posthorn "Alex und Restaurant "Bukarest ".

Im Interesse der weiteren Bearbeitung der OPK-OV wurde
vereinbart, der KD Li. eine Bilddokumentation über den
Umgangskreis des H. zur inoffiziellen Überprüfung
zu übergeben.

KOPIE BStU

5. Politisch-operativ bedeutsame Handlungen und Aktivitäten

███████████ soll im September 1982 mehrere Fahrten
durch die DDR durchgeführt haben mit dem Ziel, sogenannte
"Mitglieder der AFD" aufzusuchen.
Er organisierte mit dem bekannten ███████████████████████
am 02.09.1982 ein Treffen von möglichen "Mitgliedern der AFD"
in Berlin. Beide genannten Personen sollen dazu Übernachtungs-
möglichkeiten organisiert haben. Zum festgelegten Termin
erschien aber keiner der eingeladenen, bisher unbekannten,
Personen, worüber beide sehr verärgert waren. In diesem Zusammenhang bekundeten ███████████ und ███████████
die Absicht, weitere DDR-Bürger für die "AFD" anzuwerben.

Ein weiteres Treffen der sogenannten "AFD" sollte Ende September 1982 in der Gaststätte "Franke" in Bln.-Mitte, Tieckstr.
erfolgen, welches aber durch das Nichterscheinen einiger
der bereits bekannten Personen nicht zustande kam. Zum Termin
des Treffens waren in der Gaststätte "Franke" anwesend:
███.

Zum 7. Oktober 1982 hatte ███████████ die Absicht,
Flugblätter mit der Losung: "Jeden Deutschen an seine
Vernunft und Ehre zu appellieren", herzustellen und als
"Briefkastenaktion" in Berlin zu verteilen. Diese Aktion
wurde aber von ███████████ und den weiteren bekannten Personen abgelehnt.
Weitere Zusammentreffen des bekannten Personenkreises konnten
nicht mehr festgestellt werden, wobei aber aktive Kontakte
untereinander bestehen.

Die Überprüfung des ███████████ ergab, daß er bisher noch
nicht nach Westberlin reiste und auch keinen Reisepaß besitzt,
obwohl er behauptete (gegenüber ███████████, und dem IM),
O e r t e l bereits mehrere Male in Westberlin besucht zu
haben.

Die Erfolglosigkeit der Versuche des ███████████,
die Personen zusammenzuführen, führte zur Einstellung entsprechender Aktivitäten. Zunehmend hatten sich die bekannten
Personen dem ███████████ entzogen. Durch den ● bestehen
gegenwärtig nur Verbindungen zu einzelnen Personen, die auch
seinem Bildungsstand und allgemeinen Niveau entsprechen.

Durch den Einsatz des IMB "Jörg Märten" und die Zusammenführung
des Materials mehrerer Diensteinheiten, insbesondere der KD
Oranienburg, wurde bekannt, daß vermutlich der ███████████
seine Verbindungen zu den bearbeiteten u.a. Personen ausbaut
und intensiviert. Dabei wurde auch gleichzeitiger Kontakt
des ███████████ zu mehreren Personen festgestellt.
Daraus ergibt sich der Verdacht, daß ███████████ sich
als neuer Organisator einer losen Gruppierung entwickeln könnte,
die bereits unter O e r t e l bestanden haben soll:

MINISTERRAT
DER DEUTSCHEN DEMOKRATISCHEN REPUBLIK
MINISTERIUM FÜR STAATSSICHERHEIT
Technische Untersuchungsstelle

Berlin, 25. Oktober 1982

Exp. Nr. 82.1455
(Bei Zuschriften stets angeben)

2 Exemplare
Exemplar

BStU
000085

Untersuchungsbericht

1. Untersuchungsobjekt

   Etwa 25 Gramm hellgelbes Pulver in einer Plastetüte

2. Aufgabenstellung

   Woraus besteht das Pulver, ist diese Substanz handelsüblich
   und kann sie zur Herstellung von Sprengstoffen verwendet
   werden?

3. Untersuchungsergebnis

   Das hellgelbe Pulver besteht aus Dextrin. Dextrin ist eine
   Polyhydroxyverbindung, ein Abbauprodukt von Stärke. Dextrin
   ist handelsüblich und wird als Klebstoff, als Papbindemittel
   und zur Appretur von Geweben benutzt.

   Dextrin ist als Brennstoff für selbst hergestellte Spreng-
   stoffe einsetzbar. Mischt man z. B. das vorgelegte Pulver mit
   einem Chlorat oder einem Nitrat in einem bestimmten Verhältnis,
   so erhält man einen Sprengstoff. Diese Tatsache ist interessierten Personen bekannt. Besondere Kenntnisse sind dazu nicht
   erforderlich.

                              Diplom-Chemiker

                              Haberer
                              Hauptmann

Teil 3

1 Das Ministerium für Satire (MfS) läßt grüßen - Der Kampf gegen eine Partei völlig neuen Typus

Satiriker und kamikazoide DDR-Insassen versuchten immer wieder die Spaßfestigkeit der ruhmreichen Vorhaut der Arbeiterklasse, SED genannt, auf die Probe zu stellen. Eine wirkungsvolle Methode soll hier beschrieben werden.

Man setze sich mit möglichst trinkfesten Arbeiter- und Bauernpersönlichkeiten an Festtagen des Arbeiter- und Mauernstaates zusammen und gründe eine Partei. Mielke's Prinzip: "Immer wenn zwei oder drei beisammen sind, bin ich mitten unter euch." So kann man auf effektvolle Plazierung dieses Scherzes rechnen. Eine Dreierbande von Studenten der Filmhochschule Potsdam-Babelsberg tat wie beschrieben, und ernannten einen aus ihrer Mitte vorsorglich zum Minister für Satire (MfS). Obwohl sich die Parteigründung konspirativ auf einem Ausflugsdampfer vollzog, wurden am nächsten Tag sämtliche Mitglieder einer "vertrauensvollen Aussprache" durch die Staatsorgane unterzogen. Auch nach mehrstündigen Verhören durch die tapferen Anhänger Feliks Dsiershinskys (Gründer der sowjetischen Staatssicherheit) ließ sich der neuernannte Minister nicht aus der Ruhe bringen. Er litt an einer alkoholbedingten Amnesie und konnte sich an nichts erinnern. Der real existierende Minister für Staatssicherheit bangte um seinen Job und verwies die trinkfreudigen Kommilitonen erst der Filmhochschule und dann des Landes.

Dieses Beispiel hatte sich herumgesprochen. Es fanden sich am 17. Juni 1979 in der Friedrichshainer Eckkneipe "Juhnkes Bierbar" einige stadtbekannte Dissidentenpersönlichkeiten zusammen und tranken ein Tröpfchen Bier nach dem Motto: "Wer Deutschland liebt und die Einigkeit, der trinkt auch gern mal eine Kleinigkeit." Also setzte man zur Parteigründung an. Man einigte sich auf den Namen AFD - Aktion

freies Deutschland -. Bei Liquidierung durch das MfSatire wollten alle behaupten, diese Abkürzung stehe für Alkohol-Fans-Deutschland. Bald darauf strömte unser erstes Mitglied herbei, der bekannte regimekritische Schriftsteller Jörns Pfeiffer, der schon vor Jahren der Filmhochschule verwiesen wurde. Ein Vertreter des Repressionsapparates versuchte, ihn aus dem Lokal zu weisen, da er eine rote Nase hatte und der Kneipenbesitzer annahm, er wolle solange weitertrinken, bis diese bzw. der ganze Schriftsteller blau wäre. Die Partei-führung zeigte Solidarität. Wir geleiteten das Mitglied zum nächsten Etablissement und konnten es ohne weitere Zwischenfälle im "Kopernikus" auf einer Couch plazieren, die die Schwingungen seines Oberkörpers etwas abfederte. Unser Mitglied kannte in dieser Wirtschaft einige markante Vertreter der undogmatischen Arbeiteropposition, die sich bald um unseren Tisch scharten und nach einigen Runden Freibier auf "AFD Basis" beschlossen, dieser Vereinigung beizutreten. Das Zentralkomitee unserer Partei regte später an, die Gründungsfeierlichkeiten in Henry`s Bierbar zum Abschluß zu bringen. Einige Vertreter des Proletariats unterstützten uns bei diesem Vorhaben und wir verkündeten folgerichtig: Das Zentralkomitee der AFD wird von den werktätigen Massen getragen! Als Parteisymbol wählten wir zwei Hände, die sich gegenseitig festhalten:
    1), weil sie vom Suff zittern
    2), weil eine Hand die andere wäscht
    3), weil eine Hand die andere vor der Versuchung bewahrt,
       Arbeit anzufassen
    4), weil wir uns vom SED-Regime per Ausreiseantrag verabschieden
       wollten.
Zum Hauptquartier erwählten wir die Wohnung des Volks-schriftstellers. Zu dieser Wohnung hatte jeder freien Zutritt, da die Tür von einem durstigen Bürger auf der Suche nach Alkohol aus dem Rahmen getreten wurde. Der

Volksschriftsteller hatte ein Armutsgelübde abgelegt und folgerichtig alle Gegenstände, die auch nur den geringsten Verkaufswert hatten, gegen Alkohol eingetauscht. Kamerad Papiertiger (paar Bier-Tiger) genoß bei der Bevölkerung hohes Ansehen, weil er des öfteren im Fenster stehend mit Kreuz und Bibel Botschaften und Warnungen verkündete.

Einmal war ein UFO in seiner Wohnung gelandet. Dessen Besatzung hatte sich tückischerweise im Blumenmuster seiner Tapete verschanzt. Als sozial engagierter DDR-Insasse warnte er die Bevölkerung vor dieser Gefahr für den real existierenden Sozialismus, die auch auf sein Geheiß die Polizei des Volkes alarmierte. Mit gezogener Waffe kämpften man sich durch etliche Barrikaden leerer Schnapsflaschen zum Tatort vor. Die Rettungsaktion für das sozialistische Vaterland fand in den Stasiakten lobende Erwähnung. Man äußerte allerdings den nicht ganz unbegründeten Verdacht, daß es sich bei dem proletarischen Vaterlandsretter um einen Trinker handeln könnte.

Zwei Drittel der AFD-Führung unternahmen 1980 einen Ausbruchversuch aus der DDR, der leider scheiterte. Während der Haft der beiden Mitglieder schloß sich ein stadtbekannter Scheckfälscher der Bewegung an, der ebenfalls gerade einsaß. Folgerichtig war er nach seiner Entlassung als Inoffizieller Mitarbeiter der Kriminalpolizei Friedrichshain tätig und wurde bei der Stasi unter dem Decknamen Jörg Märtens geführt. Durch seine Berichte schaffte die heldenhaft kämpfende AFD, die mittlerweile durch Selbstmord des Schriftstellers und Ausweisung eines weiteren Mitglieds auf ganze zwei Mitglieder geschrumpft war, den Absprung in die große Politik.

Der scheckfälschende Tschekist recherchierte, daß die Partei bereits seit fünf Jahren in allen Großstädten der DDR aktiv ist und einen Umsturz plant.

Am 30.7.82 wurde ich des Landes verwiesen. Damit hätte die Langzeit-Veralberung des MfS ihren Abschluß finden können. Die AFD hatte sich aber bereits zum Selbstläufer entwickelt. Man beschloß, sie auf Befehl des stellvertretenden Ministers, Genosse Oberstleutnant Schwanitz, mit dem Operativvorgang "Zentrale" zur Chefsache zu machen.

Ein in der DDR verbliebenes Mitglied verbreitete in der staunenden Bevölkerung den Mythos der AFD unter der bewährten Führung durch Genosse Oberstleutnant Wroblewsky, der zur Zeit im Exil lebte, aber "immer noch alles im Griff hat".

Mein "bester Freund" aus Greifswald war seit etwa 1965 (!) bei der Stasi als IM Uwe Kellermann tätig. Er kannte meine satirische Art und unterstützte die Aufwertung der AFD nach Kräften. Die Rostocker Diensteinheit geriet in helle Aufregung, als sie einen Brief von mir an den IM erhielt, der mit "Grüße an die Kampfgruppe Küste von der Heeresgruppe Mitte" unterzeichnet war. Zuständigkeitshalber wurde der Genosse Keßler in den Vorgang eingeschaltet, falls man militärische Unterstützung benötigen würde.

Inzwischen war ich in der "selbständigen politischen Einheit" in der Internationalen Gesellschaft für Menschenrechte aktiv geworden.

Wie sich herausstellte, war auch in dieser Organisation ein Stasi-Spitzel, dem ich von der ruhmreichen AFD berichtete. Auch mehrmalige Lesungen aus meiner satirischen Autobiographie "Liebesgrüße an Erich M." konnten diese Stasi-Tucke nicht von meiner Ungefährlichkeit für das Arbeiter- und Mauernparadies überzeugen. Er unterhielt beste Verbindungen zum Prostituierten- und Alkoholikermilieu. Durch seinen Einsatz für die Arbeiterklasse der DDR war er bereits etwas unterbelichtet. An seine Auftraggeber meldete er, daß ich im Besitz gefälschter Personalpapiere der BRD bin. Es handelte sich dabei um einen "Reisespass", der für 10,-DM als Scherzartikel in jedem besseren Berliner Andenkenladen erhältlich war.

Nach der Wende entstand eine Partei des Spaßes (PdS), die keinen Spaß verstand und das Ministerium für Satire auflöste.

Lacht kaputt, was Euch kaputt macht!

zum OV

KD Lichtenberg   Berlin, 20.6. 1983

Der Bundesbeauftragte für die
Unterlagen des Staatssicherheitsdienstes
der ehemaligen
Deutschen Demokratischen Republik
Postfach 1199, O-1 0 8 6 Berlin

Operativplan zur Bearbeitung des Vorganges "Verteiler".
Reg.-Nr. XV/5409/82

Die Zielstellung des OV besteht in der Klärung des Verdachts
von Straftaten gem. § 107 StGB und in der vorbeugenden Verhinderung feindlich-negativer Handlungen, die gegen die Interessen
der DDR gerichtet sind.

In der weiteren Bearbeitung des OV gilt es, die Kontakte und
Verbindungen der bearbeiteten Personen festzustellen und
aufzuklären sowie unter Kontrolle zu halten.

1. Einsatz des IMB "Jörg Märten"

Zur zielgerichteten Aufklärung der Gruppierung, ihrer Pläne
und Absichten sowie der dabei angewandten Mittel und Methoden
wird der IMB "Jörg Märten" mit folgender Aufgabenstellung
eingesetzt:

1. Weitere Qualifizierung des IMB im Rahmen der Vorgangsbearbeitung

2. Festigung des Vertrauensverhältnisses zu den bearbeiteten
   Personen, insbesondere zum Verdächtigen, Giersch, um dessen
   feindliche Aktivitäten rechtzeitig vorbeugend zu verhindern.

3. Im Rahmen der operativen Bearbeitung des ▬▬▬ ist zweifels-
   frei zu klären, inwieweit noch Kontakte zum Oertel bestehen
   und ob Kontakte in der Gruppe zur Herstellung von Hetzzeit-
   schriften genutzt werden.

verantwortlich: Hptm. Geggel

Termin: laufend

1.1. Schaffung neuer inoffizieller Kräfte

Die im OV bearbeiteten

werden mit der Zielstellung der Überprüfung auf Eignung für
eine inoffizielle Zusammenarbeit aufgeklärt.

Kreisdienststelle Lichtenberg   Berlin, 31. 5. 1984
Leiter   gö-kdl/41 089
                                /84

Der Bundesbeauftragte für die
Unterlagen des Staatssicherheitsdienstes
der ehemaligen
Deutschen Demokratischen Republik

Bestätigt:

Leiter der Bezirksverwaltung

i.V. Klemel

Schwanitz
Generalmajor

1. J   Erfassung el..
Tobbestandsruchen

Vorschlag zum Anlegen eines Operativ-Vorganges, Deckname "Zentrale"

1. Personalien (Primärperson)

OERTEL, Joachim
12. 5. 48 in Berlin
1000 Berlin 48, Waldsassener Str. 48 54

2. Operativer Sachverhalt

Bei dem O. handelt es sich um einen eheamligen DDR-Bürger, der
am 24. 7. 1982 die Genehmigung zur Übersiedlung mit Familie nach
Westberlin erhielt.

Aufgrund einer Information des IMB "Jörg Märten" hatte der O.
Verbindung zu einer Personengruppe, zu der es Hinweise auf Vor-
bereitungshandlungen gem. §§ 106, 107 StGB gab.

Im Ergebnis dieses Hinweises sowie weiterer operativer Maßnahmen
wurde zur vorbeugenden Verhinderung dieser und anderer gegen die
DDR gerichteten Aktivitäten der OV "Verteiler" angelegt.

Im Ergebnis der weiteren operativen Bearbeitung des OV konnten
keine strafrechtlichen Beweise erarbeitet werden. Durch die ZKG,
Abt. 5, wurde mitgeteilt, daß der O. aktive Verbindungen zum
Zeitpunkt seiner Übersiedlung nach WB aufgenommen hat und jetzt
als Mitglied der "IGfM", Arbeitsgruppe Berlin-West, zählt.

Inoffiziell konnte weiter zu ihm erarbeitet werden, daß er gegenwärtig ein Buch veröffentlichen will, in welchem er in diffa-
mierender und verleumderischer Art und Weise seine Entwicklung
in der DDR bis zur Übersiedlung nach Berlin-West darstellt.

In Koordinierung mit der ZKG, Abt. 5, konnten in einer Analyse
seit seiner Übersiedlung im Juli 1982 folgende Aktivitäten des
O. erarbeitet werden:

- Im Dez. 1982 inzenierte O. gemeinsam mit dem Springer-Journa-
listen ▓▓▓▓▓▓▓▓▓▓▓▓ eine Hetz- und Verleumdungsaktion
in der "Berliner Morgenpost" vom 12. 12. 1982, wo er über sein
"Schicksal" in der DDR tendenziös berichtete.

- Des weiteren konnte zum O. erarbeitet werden, daß er sich im
Januar 1983 an Provokationen u. a. feindlichen Aktionen an-
läßlich des Besuches des sowjetischen Außenministers Andrej
Gromyko in Bonn beteiligte.

- Am 23. 4. 1983 soll er an der öffentlichkeitswirksamen Provokation der Feindorganisation in unmittelbarer Nähe der GÜST
Heinrich-Heine-Straße beteiligt gewesen sein.

- Inoffiziell liegen weiter Hinweise zu O. vor, aus deren Inhalt
hervorgeht, daß er im August 1983 an den Generalsekretär des
ZK der SED und Staatsratsvorsitzenden, Gen. Erich Honecker,
verleumderische und diffamierende Postkarten geschickt haben
soll.

- Im Nov. 1983 lagen Hinweise vor, daß sich O. mit weiteren Mitgliedern der Arbeitsgruppe Berlin-West traf. Dabei handelt es
sich um die zu terroristischen Handlungen neigenden Personen

▓▓▓▓▓▓▓▓▓▓▓▓▓▓▓▓▓▓▓▓

Bei der Absprache war u. a. vorgesehen, massenhaft Postkarten
mit verleumderischem und diffamierendem Inahlt an Repräsentanten
unserer Partei und Staatsführung zu versenden. Inwieweit die
Aktion realisiert werden konnte, liegen keine gesicherten
Informationen vor.

- Nachweislich nahm das Ehepaar Oertel an der diesjährigen Jahres-
hauptversammlung der "IGfM" in Frankfurt/Main teil.

- Des weiteren beteiligte sich O. an einem sogenannten Seminar
des "Arbeitsausschusses DDR" der "IGfM" zum Thema "Die Arbeits-
weise der SED in der BRD" in Aachen, bei dem es inhaltlich um
die Unterwanderung von Organisationen und Einrichtungen der
BRD durch Sicherheitsorgane der DDR ging.

Insgesamt konnte erarbeitet werden, daß der O. eine extrem feindliche Position zur DDR bezieht und sich aktiv an Hetz- und Ver-
leumdungsaktionen gegen die Partei und Staatsführung beteiligt
und zu dem zu terroristischen Handlungen neigenden Kern gehört.

BStU
000247

Weiterhin wurde vereinbart, Maßnahmen in derBearbeitung
des H. mit der KD abzustimmen, um die op. Bearbeitung der
"AFD" durch die KD nicht zu gefährden.

In dem Zusammenhang ist von Wichtigkeit, daß vermutlich
der H. den Auftrag erhalten hat, ein von einem Mitglied
der Gruppe vor der Entlassung aus der Staatsbürgerschaft der DDR verstektes Vervielfältigungsgerät zu
suchen.Dieses wird auf dem Gelände des Druckkombinates
Berlin vermutet.

Die KD wurde von der Beabsichtigten Realisierung eines
Auftrages B informiert.

Die OPK-OV -Bearbeitung wird durch den Stellv. Ltr. der
KD, Gen.Mj Eiserbeck direkt angeleitet.
Eventuelle Rücksprachen sind auch über ihn möglich.

Verteiler
1x OPK "Gaukler"
1x Abt.XX/2
1x AG XXII

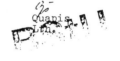

Quapis.
Ltn.

Unter diesem Aspekt ist auch die persönliche Verbindung des
O. zu dem DDR-Bürger, ▟▟▟▟▟▟▟▟▟, einzuordnen.

Aus bisherigen Erkenntnissen der operativen Bearbeitung des ▟.konnt
erarbeitet werden, daß er Mitglied der "Evangelischen Studentengemeinde" ist und die legalen Möglichkeiten der Kirche zur
Propagierung seiner DDR-feindlichen Haltung und Meinung nutzt.
Er unterhält Kontakte zu Personen mit neonazistischen Einstellun-
gen.

Des weiteren wurde inoffiziell zu ihm bekannt, daß er geäußert
haben soll, daß er sich als Mitglied einer Gruppe bezeichnet,
die die Absicht hat, "durch einen mehr oder weniger harten Untergrundkampf gegen die DDR aktiv zu werden".

Die bisherige Bearbeitung im Rahmen einer OPK der AG XXII konnte
nicht die Zugehörigkeit zu einer linksextremistischen Gruppe
herausarbeiten.

3. Zielstellung der weiteren operativen Bearbeitung

- Klärung des Charakters der Verbindung des O. zu ▟▟▟▟▟

- Aufgrund ihrer gemeinsamen feindlichen Haltung und Meinung
  zu den gesellschaftlichen Verhältnissen der DDR sind objektiv
  Grundlagen vorhanden, Handlungen im Sinne der §§ 106 u. 100 zu
  prüfen.

- Daraus ergibt sich die Notwendigkeit des Nachweises bzw. der
  vorbeugenden Verhinderung strafbarer u. a. feindlich-negativer
  Handlungen.

- Des weiteren muß der Schwerpunkt der operativen Bearbeitung,
  die Herausarbeitung von Verbindungen des O. zu weiteren Personen
  in der DDR und der Hauptstadt sein.

4. Versionen der operativen Bearbeitung

- Der ▟▟▟▟▟ und Oertel suchen Verbindungen zueinander:

  1. ▟ braucht Unterstützung durch O., um seine gegen die DDR
     gerichteten linksextremistischen Ziele durchzusetzen.

  2. O. sucht die Verbindung, um ▟ und andere gleichgesinnte
     DDR-Bürger mit negativer Grundeinstellung zu gewinnen mit
     dem Ziel, der Schaffung einer politischen Opposition in der
     DDR.

- O. hält die Verbindung in die DDR, um, wie bereits in der

MINISTERRAT
DER DEUTSCHEN DEMOKRATISCHEN REPUBLIK
Ministerium für Staatssicherheit

~~Hauptabteilung~~/Abteilung/Referat VIII/5

Bezirksverwaltung .... Berlin

Sachbearbeiter .... Gen. Eichbaum

Telefon 41 937

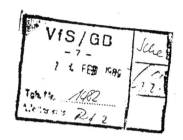

Hauptabteilung/Abteilung .... Berlin, 21.02. 1989

Bezirksverwaltung ....

Kreis-/Objektdienststelle ....
des Ministeriums für Staatssicherheit

BStU
000075

Beobachtungsbericht

KOPIE BStU

Betr. ....

Wohnhaft ....

Decknamen "Mittler" .... Reg.-Nr. des Auftragsersuchens ....

Für die Zeit vom 16.02.89, 06.00 Uhr bis 16.02. 1989, 18.00 Uhr

06.00 Uhr wurde die Beobachtung von H. am Objektwohnhaus und
an der Arbeitsstelle in 1190 Berlin, Bruno-Bürgel-
Weg 9-11 begonnen. Bis um

08.00 Uhr trat H. an beiden Adressen nicht in Erscheinung.
In der Wohnung von H. war im gesamten Beobachtungs-
zeitraum das Licht eingeschaltet. Daraufhin wurde die
Beobachtung unterbrochen.

15.00 Uhr wurde die Beobachtung weitergeführt.

1. am Objekthaus

2. in 1035 Berlin, Bänschstraße Nr. 35 (Konsumgenossenschaft)

3. in 1190 Berlin, Bruno-Bürgel Weg Nr. 9-11

17.16 Uhr wurde H. im U-Bahntunnel Frankfurter Allee in einem
stark angetrunkenen Zustand aufgenommen.
H. benötigte die gesamte Breite des U-Bahnaufganges.

2 Ich hatte die Wahl

Die Zoonesier sind darauf trainiert, auf Schlangen zu achten. Nicht etwa, weil sich solche Tiere schon wieder in den verlotterten Straßen der "DDR" wohl fühlen, nein, gemeint sind Menschenschlangen, die als untrügliche Zeichen für die Verteilung von knappen Gütern angesehen werden. Oft genügt auch das Gerücht, daß bestimmte Produkte wieder planmäßig knapp werden und man sich damit bevorraten muß.

Auf eine solche Schlange stieß ich vor dem Rathaus Lichtenberg. Ich stellte mich an und fragte den Schwanz, was es gäbe. Er antwortete, na Wahl. Ich verstand Wal. Okay, mal was anderes. Walfleisch - vielleicht schmeckt`s. Oder hatte ich mich verhört, und er meinte Aal? Ich fragte nach, ob er Räucheraal meinte, der im Rathaus verkauft wird. Der Präsent-20-Typ guckte giftig und sagte: "Wollen Sie mich veralbern? - Volkswahl." "Aha, die Regierung wählt sich ein neues Volk, wurde ja auch Zeit." Offensichtlich begann die Regierung , Bertolt Brecht zu verstehen. "Wenn Sie mich provozieren wollen, sprechen wir uns woanders!"

Auf Anraten meiner Frau beendete ich das Gespräch mit einem fröhlichen "Do swidania!" (Russ. = Auf Wiedersehen) und machte mich auf Nahrungssuche. Heute stand auf meiner Fahndungsliste durchwachsener Speck. Für jede Fleischerei eine Provokation, da sie diese Delikatesse nur vom Hörensagen kannte. Die Verkäuferin wurde bei der Frage jedesmal tückisch. "Warum fragen Sie nicht gleich nach Rouladen? Jeder weiß doch, daß es das nicht gibt. Also gehen Sie weiter!" Da aber mit Wahlgeschenken zu rechnen war, stellte ich meine Nahrungsmittelfahndung doch noch nicht ein.

Bisher hatte ich das bolschewistische Unterwerfungsritual immer boykottiert. Diesmal beschloß ich, an der Wahl teilzunehmen. Ich hatte mich schon entschieden: Petersilie statt Sozialismus!

Die Show wollte ich mir nicht entgehen lassen. Ein Quell ständiger Belustigung war es, die Verwaltung Zoonesiens an die Einhaltung ihrer eigenen, weisen (Merke: alle Entscheidungen der SED sind weise) Gesetze zu erinnern. Also zog ich am "Wahlsonntag", genannt Falt-Tag, mit dem Wahlgesetz unter dem Arm in Richtung Wahllokal (Turnhalle). Ich war der Zweite und bekam deshalb keine Blumen. Die hatte mir jemand weggeschnappt, der sich scheinbar schon um 5.10 Uhr angestellt hatte. Ein Präsent-20-Wahlhelfer im Dienstreisealter drückte mir einen Zettel in die Hand und verlangte meinen Deutschen Personalausweis (DPA) mit den Worten: "Weisen Sie sich bitte aus!" "Ach, kann man sich jetzt selber ausweisen? Dann muß ich gleich packen gehen." Seine Antwort lautete: "Wollen Sie mich provozieren, oder was?" Natürlich wollte ich das nicht. "Ich bin hier als Bürger, der sich überzeugen möchte, daß die Wahl gemäß Wahlgesetz abläuft. Wo sind die Wahlkabinen?" "Wollen Sie die etwa benutzen?!"
Nein, solche demonstrativ staatsfeindlichen Bekundungen lagen mir fern. Man zeigte mir die zwei Kabinen. Dann ging ich zum Leiter des Wahlbüros und verlangte zu wissen, was eine gültige Gegenstimme ist. Der Leiter war empört. So etwas hat es hier noch nie gegeben!
Dann wird es aber höchste Zeit! Im Wahlgesetz stand, daß der Leiter darüber entscheidet, was eine gültige Gegenstimme ist. Er kann auch eine Stimme für ungültig erklären, das wollte ich vermeiden. Er wußte nicht, wie eine gültige Gegenstimme aussieht. Ich fragte ihn, ob es als solche anerkannt wird, wenn ich einen oder mehrere oder alle Kandidaten streiche. Er entschloß sich, das anzuerkennen, versprach mir aber, daß mir das noch leid tun würde. Das war wieder so ein Stichwort. Laut Wahlgesetz dürfen dem Bürger aus der Teilnahme an der Wahl keine Vor- bzw. Nachteile entstehen, außerdem ist die Wahl geheim. Die Staatsmacht hatte also kein Recht, eine offene Stimmabgabe zu verlangen. Ich

wußte, daß man bei der Benutzung der Wahlkabine mit Schikanen rechnen mußte. Ein Lehrer, der in der Turnhalle seiner Schule dieses entsetzliche Politverbrechen beging, kam als Strafe zur Nationalen Volksarmee, wo er seine Untat bereuen konnte. Inzwischen hatte ich bereits zwei unauffällige Bürger hinter mir, die mich zum Wahltisch schieben wollten. Ich erklärte, daß ich mitnichten die Absicht hätte, schon jetzt zu falten. Mich interessiere lediglich das Verfahren.

Man versuchte, mir den Ausweis zu entreißen und damit den Wahlvorgang auszulösen. Dieser beginnt mit der Abgabe der "Fleppe" und der roten Wahlbenachrichtigungskarte. Dann vergleichen die Wahlhelfer alle Angaben des Zettels mit denen im Ausweis und diese dann mit den Unterlagen. Ausweis und Wahlbenachrichtigungskarte wandern zum nächsten Wahlbearbeiter, der ebenfalls etwas in den Listen vergleicht und notiert. Dann erhält man einen Zettel auf dem Namen stehen, das ist der Wahlvorschlag der Nationalen Front. Andere als die von der SED vorgeschlagenen dürfen sich nicht zur Wahl stellen, weil sie dann auch mit Sicherheit gewählt werden würden, da sich niemand den Wisch durchliest. Mit dem Zettel bleibt man diszipliniert vor dem Tisch mit der Schlange stehen. Dann darf man den Zettel falten und in einen Pappkasten tun. Die Wahlhelfer haben so jederzeit die Kontrolle, daß sich keiner am Zettel zu schaffen macht und etwa etwas durchstreicht. Auf diese Weise schließt man auch die unbeobachtete Benutzung der Wahlkabine aus. Mir erschien dieses beaufsichtigte Falten albern. Ich verließ das Wahllokal und hielt Ausschau nach einem vernünftigen Lokal.

Am Abend ging ich wieder zum Wahllokal und wollte mein Recht als DDR-Insasse auf Teilnahme an der Stimmenauszählung wahrnehmen. Durch meinen morgendlichen Auftritt vorgewarnt, umringten mich sofort einige unauffällige Wahlhelfer und verwehrten mir das Betreten des Wahllokals. Ich verlangte eine Begründung für ihre Weigerung, mich zur

Auszählung zuzulassen. Einer der Frogs im Präsent-20-Anzug grinste breit und bemerkte nur: "Die reichen wir nach, verlassen Sie sich drauf!"

Sie hielten Wort. Zwei Tage später, morgens kurz nach sechs Uhr, klingelte es an meiner Wohnungstür. Als ich öffnete, drängelten sich etwa acht Leute in meine Wohnung, die sich als Kriminalpolizei vorstellten und mir ihre Klappfixe vor die Nase hielten. "Bitte ziehen Sie sich an. Wir nehmen sie mit zur Klärung eines Sachverhalts." Offensichtlich betraf dieser Sachverhalt auch meine Gattin und meine beiden kleinen Kinder. Wir wurden getrennt in bereitstehende Autos der Marke Trabant dirigiert, und die Kolonne setzte sich in Richtung Innenstadt in Bewegung. Ich war erleichtert, daß wir nicht in Richtung Weißensee fuhren. Dort befand sich nämlich die Untersuchungshaftanstalt der Staatssicherheit. Diese war so geheim, daß sogar in offiziellen Stadtplänen das Gelände und der Straßenverlauf nicht verzeichnet waren. Unter den unmittelbaren Nachbarn dieses Untersuchungsgefängnisses sprach man nur im Flüsterton von dieser Folterhölle der Arbeiter und Bauern. Ich hatte kurz vor dem Abtransport gefragt, wie lange denn die Klärung dieses Sachverhalts dauern könne. Einer der Arbeiter- und Bauernvertreter sagte: "Na so zwischen fünf Stunden und fünf Jahren, das hängt von Ihnen ab." Wir fuhren ins Polizeipräsidium Keibelstraße. Offensichtlich genoß die Stasi hier Gastrecht. Aber das Verhaftungskommando kannte sich dort nicht so gut aus. Meine Gattin, die im Polizeipräsidium als Zivilangestellte in der Abteilung Paß- und Meldewesen gearbeitet hatte, bot an, die Führung zu übernehmen. "Ich nehme doch an, daß Sie zu den Stasiverhörzimmern im fünften Stock wollen? Dann darf ich mal vorgehen und sie folgen mir unauffällig." Der Einsatzleiter war irritiert. Haben wir sie schon so oft verhaftet, daß sie sich hier auskennen? "Aber nein Genosse, dies hier ist meine ehemalige Arbeitsstelle." Dem Geheimdienstler klappte das Kinn herunter. Kurze Zeit später waren wir am Ziel, dem Stasi-U-Haft-Komplex. Man brachte uns in zwei benachbarte Räume. Ich wurde bereits von zwei Präsent-20 Herren erwartet. Man entschuldigte sich für den unstandesgemäßen Transport in der Proletenpappe Trabant. Offensichtlich hatte man sich gut auf unsere Verhaftung vorbereitet, und sie wußten, daß ich es gewohnt war, in einem geräumigen Wolga zu fahren. Die noch freundlichen Geheimdienstler erkundigten sich nach meinem beruflichen Werdegang. Dann kam man auf meine gesellschaftlichen Aktivitäten zu sprechen. Besonders empört waren sie, als ich erwähnte, daß ich in der Jugendorganisation FDJ die Funktion eines Propagandisten innegehabt hatte. Sie warfen mir vor, die Arbeiterklasse und meine Genossen verraten zu haben, da ich mit meiner Familie einen Ausreiseantrag in die selbständige politische Einheit Westberlin gestellt hatte. Als Grund gaben wir Arbeitslosigkeit an. Wir hatten uns in über 200 Chemiebetrieben als Chemiker beworben, aber nur Absagen erhalten. Obwohl man überall dringend Arbeitskräfte suchte, konnte/wollte uns kein Betrieb entsprechend unserer akademischen Qualifikation einstellen. Offiziell durfte man in der DDR nicht unterhalb seiner Ausbildung arbeiten, woran sich aber in der Praxis kaum jemand hielt. Trotzdem war es uns nicht möglich, eine Arbeitsstelle zu finden. Wir vermuteten ein Berufsverbot, das es ja offiziell nur in der BRD geben durfte. Als ich das Wort "Berufsverbot" im Zusammenhang mit unserer Arbeitsplatzsuche erwähnte, sagte einer der Vertreter der Arbeiterklasse, der den einfachen Proleten spielte, zu mir: "Das reicht für vier Jahre! - Staatsverleumdung! Hier in unserem demokratischen Staat gibt es keine Berufsverbote. Die erhalten nur Kommunisten in der BRD. Sie wären hier völlig unsinnig, da ja die Arbeiterklasse die Macht hat. Das muß doch jeder begreifen, der nicht völlig verblödet ist. Wir haben Dich nicht auf unsere Arbeitergroschen studieren lassen, damit wir uns jetzt solchen Dünnschiß anhören müssen!" Seine Stimme klang etwas weinerlich. "Du hast das

große Vertrauen, das unsere Klasse in Dich gesetzt hat, miß-
braucht und bist zum Klassenfeind übergelaufen! Wir werden
uns lange mit Dir unterhalten müssen, bis Du Deinen Irrweg
erkannt hast und wir Dich wieder als einen von uns betrachten können."
Seit einiger Zeit war man bei meiner Anrede zum freund-
schaftlichen Du übergegangen (Wir unterhalten uns jetzt mal
von Arbeiter zu Arbeiter!) Einmal hatte ich versehentlich diese Veranstaltung als "Verhör" bezeichnet und wurde prompt
belehrt, daß es sich noch um eine "vertrauensvolle Aussprache zur Klärung eines Sachverhaltes" handelte. Man war bereits über mein feindlich provokatives Auftreten bei der
"Wahl" und meine Faltverweigerung informiert. Wahlverwei-
gerung hielten sie für subversives Verhalten und offene Be-
fürwortung einer faschistischen Diktatur, in der ja keine
Wahlen stattfinden. "Die Teilnahme an der demokratischen
Volkswahl ist ein Bekenntnis zur sozialistischen Demokratie.
Die Alternative dazu ist letztendlich nur der faschistische Im-
perialismus. Wenn Du den aber bei uns einführen willst,
kannste zuerst mal meine Proletenfaust in die Fresse kriegen." Dabei holte er aus und seine Faust berührte meine
Bartspitzen. Sofort fiel ihm der andere Vernehmer, der bisher
nicht den Proleten herausgekehrt hatte, in den Arm und tat
so, als ob er den aufgebrachten Genossen beruhigen wollte.
"Versuchst Du noch einmal unseren Gast zu schlagen, melde
ich das unserem Vorgesetzten. Mit diesem jungen Menschen
hier, der genau wie ich studiert hat, kann man doch vernünf-
tig reden." Der Studierte riet dem Arbeiter zu einer kleinen
Kaffeepause, derweil wollte er sich mit mir mal unter vier
Augen von Mensch zu Mensch unterhalten.
Zu meinem Bekanntenkreis gehörten auch einige Psycholo-
gen, die bereits Erfahrungen mit Stasiverhören sammeln
konnten und diese an den politischen Untergrund weitergaben. Daher wußte ich, daß mein freundlicher Vernehmer versuchen würde, wirklich wichtige Einzelheiten aus meiner

Arbeit in Erfahrung zu bringen. Er telefonierte und bestellte für mich ein "Frühstück nach Art des Hauses." Ich erwartete einen Kanten Brot, hart wie der Klassenkampf, den man mit Hammer und Sichel zerkleinern mußte. Ich erhielt einen Topf Malzkaffee und eine Konsumboulette, die unter dem Namen Cyclopenpopel oder Knastdrops berühmt wurde (echt nur mit dem grünen Schimmelkern!). Dazu eine Scheibe Brot, die ich aber ohne größere Beschwerden mit meinem lücken-haften Gebiß verzehren konnte. Bei diesem Menü erkundigte sich mein Genosse Befrager teilnehmend nach meinen Fami-lienverhältnissen, und wie ich allgemein so klarkomme mit dem Leben. Ich fragte nach dem Verbleib meiner Kinder, die ja von uns getrennt abtransportiert wurden. Er beruhigte mich und versprach, sich drum zu kümmern, wenn der Ge-nosse Arbeiter zurück wäre. Dann fragte er beiläufig, was ich denn von Herrn Löwenthal vom ZDF-Magazin halten würde. Ich kannte die Sendung "Hilferufe von Drüben", in der Schicksale von drangsalierten DDR Bürgern veröffentlicht wurden, was ich auch zugab. Beinahe wäre ich vom Hocker gefallen, als er mir sagte, daß in dieser Sendereihe auch mein Schicksal veröffentlicht wurde. Davon wußte ich bislang nichts, da ich nur gelegentlich diese Sendung verfolgen konnte. Ich hatte keine Verbindungen zum ZDF oder zu Lö-wenthals Mitarbeitern. Ich dachte, mein Befrager wollte sich einen Scherz mit mir erlauben und bestritt solche Machen-schaften wie "staatsfeindliche Verbindungsaufnahme" heftig. Bald darauf kam der Prolet wieder in den Raum. "Also ich hab jetzt mal mit der Untersuchungsrichterin gesprochen. Die 15 Jahre sind bald voll. Für deine Alte reichts aber nur für acht Jahre. Schließlich genießen Frauen in unserem Staat besonderen Schutz und Fürsorge. Auch um deine Kinder ha-ben wir uns gekümmert. Wir bereiten die Freigabe zur Adop-tion vor. Du brauchst Dir also keine Sorgen um deren sozia-listische Erziehung zu machen. - Ha Ha!

Jetzt mal wieder zur Sache. Du kannst deine Lage nur noch verbessern indem Du reinen Tisch machst und uns rückhaltlos Deine staatsfeindliche Agententätigkeit (_ 100) offenbarst. Wenn Du jemanden decken willst, vergiß es gleich, wir kriegen doch alles raus. Aber eine vertrauensvolle Zusammenarbeit mit uns würde Deine Lage vor Gericht entscheidend verbessern. Wenn Du wieder zu Deiner Klasse zurückfindest, werden auch wir Dich als einen der Unseren akzeptieren und Du erhältst Gelegenheit, den von Dir angerichteten Schaden an unserem Staat wieder gutzumachen. Wir verfassen eine Erklärung, daß Du und Deine Frau sich von ihrem Verbrechen gegen unseren Staat distanzieren und zu einem festen Klassenstandpunkt zurückfinden wollen. Schließlich hat sich der Klassenkampf verschärft und die gegnerischen Geheimdienste, allem voran der saubere Herr Löwenthal vom MOSSAD, versuchen alles mögliche, um unsere Bürger ihrem Staat zu entfremden und auf seine Seite zu ziehen. Hat man Euch Geld gegeben oder versprochen? Was hat Euch bewogen, Eure Klasse zu verraten? Also das Angebot steht. Zur Auflockerung der Atmosphäre machen wir, glaub ich, erstmal eine kleine Hausdurchsuchung. Dann kannste Dir, falls Du nicht auf mein großherziges Angebot eingehen willst, für lange, lange Jahre zum letzten Mal Deine schöne Wohnung ansehen." Ich dachte mir, die gehen ja schön in die Vollen. Aber immerhin hatten sie mir durch die Blume eine vertrauensvolle Mitarbeit angeboten. Solch schlimmer Finger konnte ich ja doch wohl nicht sein, denn sonst würde die Arbeiterklasse wohl gern auf meine Mitarbeit verzichten nach dem Motto: "Einmal Verräter, immer Verräter."

Der Haussuchung sah ich relativ gelassen entgegen, da ich, an konspirative Arbeit gewohnt, belastende Unterlagen in ständig wechselnden Depots bei meinen Freunden aufzubewahren pflegte, die sie wiederum an mir nicht bekannten Orten deponierten. Allerdings war es nach dieser Chaos-

Konspirationsmethode auch kaum möglich, irgendwas in akzeptablen Zeiträumen wiederzubekommen. Besonders traf dies für verliehene Bücher zu. Allerdings erhielt ich ebenfalls einige Bücher unbekannter Herkunft. In unregelmäßigen Abständen fanden, meist im Bezirk Prenzlauer Berg, Untergrundpartys statt, auf denen man dann Suchmeldungen nach seinen Büchern absetzen oder die eigenen Bücher gegen die fremden zurücktauschen konnte.

Die Haussuchung lief dann auch im Sinne der Stasi planmäßig. Vor Beginn der Aktion stellte man mir einen unabhängigen Zeugen für die korrekte Abwicklung vor. Es handelte sich um einen "Arbeiterfunktionär" aus dem Wohngebiet, der das gesetzgemäße Verhalten der Sicherheitsorgane beobachten sollte. Die Vertreter der Arbeiterklasse bewunderten in der Wohnung meine etwa 2000 Bücher umfassende Bibliothek zur Geschichte der Arbeiterbewegung einschließlich einer kompletten Stalinausgabe. Der Berufszeuge war völlig platt und murmelte nur: "So viele Bücher, so viele Bücher. So ein intelligenter Kopf ist gegen uns - ich versteh das nicht. Ich versteh das nicht. Dafür hab ich im KZ gesessen! Meine Genossen würden sich im Grabe umdrehen, wenn sie wüßten, daß ein junger studierter Mensch, der in dem Staat geboren ist, den wir erträumt und erkämpft haben, uns in den Arsch tritt und zum Gegner überläuft."

Er war den Tränen nahe. Die Stasi-Tucken wühlten inzwischen in meinen Papieren. Ich erhielt Raucherlaubnis und beobachtete mit dem Berufszeugen das Treiben. Der alte Mann schüttelte immer wieder den Kopf wenn er mich ansah. "Wer von uns hat dich schlecht behandelt, was haben wir dir getan, daß du uns jetzt den Rücken kehren willst und zum Gegner überläufst?" Dann wandte er sich an seine Stasigenossen. "Habt ihr den etwa in der Mangel gehabt, daß er sich von uns abkehrt, das ist doch kein Gegner, den haben wir doch seit 1948 vom ersten Tag an erzogen! Das ist doch einer von unsern Jungs, der muß doch noch hinzukriegen sein." Dann wieder zu mir: "Hattste mal Ärger mit diesen Deppen, ich weiß, die schießen gern übers Ziel hinaus. Ich versteh sie ja irgendwie, aber so gehts doch nicht, die machen uns alles kaputt was wir uns aufgebaut haben." Der Arbeiterveteran redete ununterbrochen auf mich ein. Die Befrager suchten derweil in den anderen Räumen nach irgendwas. Er machte mir Mut. "Hab mal keine Angst Jungchen, die Gestapo war schlimmer, die reißen dir schon nicht den Kopf ab. Versprich mir, daß du über alles nachdenkst, mehr will ich ja gar nicht. Wenn du wieder draußen bist, komm mit allen Schwierigkeiten, ob im Beruf oder privat, zu mir. Ich kann dir vielleicht helfen."

Die Vertreter der Arbeiterklasse beschlagnahmten etliche Papiere, Manuskripte und dergleichen. Auch sämtliche Absagen auf unsere Bewerbungen wurden beschlagnahmt. Ein Protokoll über die vereinnahmten Unterlagen wurde nicht angefertigt. Dann wurde ich mit der Stasipappe wieder zum Polizeipräsidium gefahren. Die Klärung des Sachverhalts ging weiter. Man interessierte sich vor allem für meine Westkontakte. Nach mehreren Versuchen, den Namen meines mutmaßlichen Kuriers für den gegnerischen Geheimdienst herauszubekommen, wechselte man plötzlich das Thema. Man hatte in unserer Begründung für den Ausreiseantrag gelesen, daß wir Absagen von 236 Firmen erhalten hatten. Bei der Haussuchung hatte man aber angeblich nur 230 Absagen gefunden. Man warf den Stapel Briefe vor mir auf den Tisch. Bitte überzeugen Sie sich. Es sind nur 230! Wenn Sie uns die restlichen 6 nicht nachreichen können, verhaften wir Sie wegen Staatsverleumdung! Wie sollte ich wohl in einem Verhörzimmer der Stasi die fehlenden Briefe nachreichen, die bestimmt noch bei den anderen beschlagnahmten Papieren waren. Man versuchte, mich von meinem Ausreisevorhaben abzubringen und bot mir sogar an, gegen Rücknahme des Ausreiseantrages auf meine wahrscheinliche Inhaftierung von "sagen wir mal mindestens 10 Jahren" zu verzichten. Angesichts des überzeugenden Wahlerfolges der SED und Blockparteien mit über 98% Zustimmung zum Wahlvorschlag der Nationalen Front, sollte ich wieder zu meinem Volk zurückfinden. "Du mußt einsehen, daß Du zum krassen Außenseiter geworden bist. 98% der Bevölkerung stimmen unserer Politik zu. In der Bundesrepublik kann das keine Partei von sich behaupten. Nicht mal mit Koalitionspartnern erringt man dort derartig überzeugende Übereinstimmung von Volk und Regierung. Dieses Wahlergebnis ist Weltspitze, Du Blödmann!" Ich verwies die Genossen auf eine andere Weltspitzenleistung der DDR, die Selbstmordrate. Seit Jahren hielt die DDR den dritten Platz in der Weltrangliste. Diese Zahl hatte ich aus einem statistischen UNO-Jahrbuch, das allerdings zur Rotkreuzliteratur zählte und mir eigentlich nicht hätte zugänglich sein dürfen. Der Verhörprolet sprang erregt auf, als er meinen Einwand hörte. "Das mußt Du beweisen, und zwar gleich!" Natürlich hatte ich das UNO-Jahrbuch nicht einstekken und der Intellektuelle notierte im Protokoll: "Staatsfeindliche Hetze in der Öffentlichkeit." Als ich versuchte, die "Öffentlichkeit" zu bestreiten, belehrte man mich, daß das Ministerium für Staatssicherheit eine offizielle Behörde ist und damit natürlich Öffentlichkeit im Sinne des Gesetzgebers!

Gegen 18 Uhr übergab man die "Ermittlungsergebnisse" der Untersuchungsrichterin. Es wurde ein Abschlußprotokoll angefertigt. Dann wurde meine Frau geholt und die Haftrichterin listete noch einmal unsere Verbrechen auf; - Staatsfeindliche Hetze, Staatsverleumdung, Staatsfeindliche Verbindungsaufnahme, Agententätigkeit, Behinderung der Tätigkeit der Behörden und Vorbereitung zur Republikflucht -. Wir wurden belehrt, daß diese Delikte ausreichend für die Verhängung einer lebenslänglichen Haftstrafe seien. Angesichts unserer minderjährigen Kinder wollte man jedoch von einer Inhaftierung absehen verbunden mit der Auflage, nicht mehr gegen die Gesetze er DDR zu verstoßen. Jeder weitere Ausreiseantrag führt zum Wegfall der "Bewährung". Damit hatten wir die Wahl: Lebenslänglich im Stasigefängnis oder lebenslänglich im sozialistischen Lager zu verbringen. Nach 14 Tagen stellten wir den nächsten Ausreiseantrag, der dann auch nach weiteren fünf Jahren genehmigt wurde.

Kreisdienststelle Lichtenberg   Berlin, den 28. 11. 1977

Leiter Abt. IX

zur strafrechtl. Einschätzg.

Der Bundesbeauftragte für die
Unterlagen des Staatssicherheitsdienstes
der ehemaligen
Deutschen Demokratischen Republik

10.12.77

S a c h s t a n d s b e r i c h t

zur operativen Personenkontrolle des Ehepaares

O e r t e l ,   Joachim
geb. am 12. 5. 1948 in Berlin
und

▮▮▮▮▮▮▮▮▮▮▮ wohnhaft in 113 Berlin, Kubornstr. 11
mit 2 minderjährigen Kindern

Am 20. 10. 1976 wurde das Ehepaar Oertel wegen des Verdachts der
Staatsverleumdung einer Befragung durch die Abteilung IX der
BV Berlin unterzogen. Auf Grund der Beweislage und der Berück-
sichtigung des Vorhandenseins zweier minderjähriger Kinder wurde
von der Einleitung eines EV abgesehen. In Anwesenheit eines
Staatsanwaltes beim Generalstaatsanwalt von Berlin wurde eine
Aussprache durchgeführt und eine ernsthafte Verwarnung ausge-
sprochen.

Weiterhin wurde festgelegt und realisiert, dem Ehepaar Oertel
eine ihrer Qualifikation entsprechende Tätigkeit als Chemiker
nachzuweisen. Das Ehepaar Oertel lehnte die Zuweisung einer
ihrer Qualifikation entsprechenden Tätigkeit ab und brachte zum
Ausdruck, daß es nicht die Absicht hat, vor der Genehmigung
des Antrages auf Übersiedlung einen Arbeitsstellenwechsel vorzunehmen. Diese Ablehnung wurde in schriftlicher Form durch das
Ehepaar dem Magistrat Berlin, Abt. Arbeit und Löhne, zugesandt.
Das Datum des abschriftlich vorliegenden Schreibens ist der
11. 11. 1976.

Nach diesen Ereignissen und politisch-operativen Maßnahmen unternahm das Ehepaar Oertel gegenüber den staatlichen Organen keine
Aktivitäten. Das Ehepaar Oertel führte am 7. 1. 1977 bis 18. 1. 77
sowie vom 22. 3. bis 10. 4. 77 eine Reise in die UdSSR durch.

Die Abt. Postzollfahndung stellte am 1. 4. 77 eine Sendung an
den Oertel fest, deren Inhalt aus antisozialistischen Drucker-
zeugnissen bestand und unter anderem die "Peking Rundschau",
die Wochenzeitung "Rote Fahne" sowie die "Kommunistische Volks-
zeitung" enthielt. Der Absender lautete:

▮▮▮▮▮▮▮▮▮▮▮▮▮▮

Die Sendung wurde im Original einbehalten.

Der Bundesbeauftragte für die
Unterlagen des Staatssicherheitsdienstes
der ehemaligen
Deutschen Demokratischen Republik

0159

2 Briefsendungen mit Kopien einiger Artikel der Zeitung "Der
Spiegel" vom 22. 8. 77, deren Inhalt antikommunistische Hetze
im Zusammenhang mit den Ereignissen zur Person des ██████ ist.
Diese Sendungen waren ohne jeglichen persönlichen Bezug.
Die Überprüfung im Adressenbuch Westberlins von 1970 ergab,
daß in Westberlin keine Maeßstraße existiert. Es handelt sich
offensichtlich um fingierte Absender.

Am 1. 11. 77 nahm Oertel eine Tätigkeit als Schreibkraft bei der
Firma

auf. Sein monatliches Nettoeinkommen beläuft sich auf ca. 450,- M.

Zusammenfassung und Vorschlag zur Durchführung politisch-operativer
Maßnahmen

Zusammenfassend kann eingeschätzt werden, daß im Gesamtverlauf
der rechtswidrigen Versuche zum Erzwingen einer Übersiedlung
durch das Ehepaar Oertel, der Oertel, Joachim, im wesentlichen
der geistige Urheber und Initiator aller darauf gerichteten
Aktivitäten ist. Die durch das Ehepaar Oertel angegebene Begründung hinsichtlich ihrer Übersiedlungsabsichten wegen einer
jahrelangen Arbeitslosigkeit und einer "Unfähigkeit" des Staates,
ihnen eine ihrer Qualifikation entsprechende Tätigkeit als
Chemiker nachzuweisen ist beweismäßig widerlegt. Diese Begründung
diente lediglich als Vorwand, wurde systematisch aufgebaut und
entwickelt, um die tatsächlichen negativ-feindlichen Motive zu
verschleiern.

Die Familie Oertel lehnte die Unterstützung zur Findung einer
qualifikationsgerechten Tätigkeit, ohne persönliches Erscheinen,
in schriftlicher Form beim Amt für Arbeit und Löhne ab.

Im Ergebnis der durchgeführten Befragung des Ehepaares Oertel
am 20. 10. 76 gaben beide eine Erklärung über die Einhaltung
der Gesetze der DDR ab.
Mit dem Schreiben vom 25. 8. 77 leitete Oertel erneut Maßnahmen
ein, die geeignet sind, rechtswidrig zu versuchen, eine Übersiedlung zu erzwingen und setzte diese Handlungen vom 7.10.77
fort. In diesem Schreiben bringt Oertel seine negativ-feindliche
Einstellung und Motivation seiner Übersiedlungsabsichten offen
zum Ausdruck.

1. Es wird vorgeschlagen, der Abteilung IX der BV Berlin das
   Material zur Prüfung der Einleitung eines EV mit Haft
   gemäß § 214 StGB zu übersenden.

2. Die konspirativ festgestellten Verbindungen des Oertel nach
   Westberlin und die Art und Weise des Vorgehens lassen den
   Schluß eines möglichen operativ-bedeutsamen Zusammenhangs zu.
   Weiterhin sind diese Verbindungen durch fingierte Absender
   konspiriert. Die dem Oertel zugesandten und im Original
   eingezogenen Briefsendungen lassen den Schluß auf eine

Der Bundesbeauftragte für die
Unterlagen des Staatssicherheitsdienstes
der ehemaligen
Deutschen Demokratischen Republik

strafrechtlich relevante Verbindung gemäß § 100 StGB zu.

Beweismittel:

1. Durchschrift des Schreibens vom 3. 11. 76 des Amtes für Arbeit und Löhne an die Familie Oertel

2. Aufstellung der Betriebe der Hauptstadt, welche Arbeitskräfte entsprechend der Qualifikation des Ehepaares Oertel benötigten und angeboten werden sollten.

3. Ablehnungschreiben des Ehepaares Oertel an das Amt für Arbeit und Löhne

4. Erklärung des Oertel, Joachim, über die Einhaltung der Gesetze der DDR

5. Erklärung der ████████████, zur Einhaltung der Gesetze der DDR

6. Schreiben der Familie Oertel vom 25. 8. 77 an den Rat des Stadtbezirkes Lichtenberg, Abt. Innere Angelegenheiten (Original befindet sich bei der Abt. Inneres)

7. Schreiben der Familie Oertel vom 7. 10. 77 an das Ministerium des Innern (Original befindet sich bei der Abt. Inneres)

Strafprozessual nicht verwertbare Beweismittel

1. Feststellungsergebnis der Abt. PZF vom 1. 4. 77 über die Einfuhr antikommunistischer Druckerzeugnisse

2. Kopien zweier Briefsendungen an den Oertel der Abt. M

Leiter der Kreisdienststelle

Gnauck
Oberstleutnant

Nachdem Joachim und ▓▓▓▓ Oe. am 20. 10. 1976 durch
Mitarbeiter der Abteilung IX der Bezirksverwaltung für
Staatssicherheit Berlin wegen des Verdachts der Staats-
verleumdung einer Befragung unterzogen und in Anwesenheit
eines Staatsanwalts über die Einhaltung der gesetzlichen
Bestimmungen der DDR belehrt worden waren, entwickelten
sie bis zum 24. 8. 1977 keine weiteren Aktivitäten im
Zusammenhang mit ihren rechtswidrigen Ersuchen.

Die Tatsache, daß das Ehepaar Oe. mit einem inhaltlich
korrekten Schreiben vom 11. 11. 1976 die Zuweisung ihrer
beruflichen Qualifikation entsprechender Tätigkeiten
ablehnte und stattdessen unqualifizierte Arbeiten ausführt,
ist strafrechtlich nicht relevant. Zur Ausübung einer der
jeweiligen Qualifikation entsprechenden beruflichen
Tätigkeit besteht keine gesetzliche Pflicht.

Am 25. 8. und 10. 12. 1977 reichte das Ehepaar Oe. bei
der Abteilung Innere Angelegenheiten des Rates des
Stadtbezirks Berlin-Lichtenberg erneut rechtswidrige
Ersuchen auf Übersiedlung in die BRD und Entlassung
aus der Staatsbürgerschaft der DDR ein und versandte am
7. 10. 1977 ein diesbezügliches Schreiben an das Ministerium
des Innern der DDR.

In diesen Schreiben fordern beide unter Berufung auf
innerstaatliche und völkerrechtliche Rechtsnormen die
Übersiedlung in die BRD und bringen ihre ablehnende Einstellung zu den gesellschaftspolitischen Verhältnissen
in der DDR zum Ausdruck.
Eine strafrechtliche Relevanz ergibt sich aus diesen Schreiben
nicht, da sie weder die vom § 214 StGB geforderten Drohungen
enthalten noch die weiteren Alternativen dieser Gesetzesnorm
verletzen.

Der Bundesbeauftragte für die
Unterlagen des Staatssicherheitsdienstes
der ehemaligen
Deutschen Demokratischen Republik

In keinem der im operativen Material enthaltenen Schreiben
wurde von dem Ehepaar Oe. versucht, in erpresserischer
Form auf die staatlichen Organe der DDR Druck auszuüben
oder mit der Begehung von Straftaten gedroht.
Da des weiteren eine staatsfeindliche oder ungesetzliche
Verbindungsaufnahme sowie die Begehung anderer strafbarer
Handlungen offiziell nicht nachgewiesen werden können,
sind auf Grundlage des vorliegenden operativen Materials
keine Voraussetzungen für die Einleitung von Ermittlungsverfahren gegen die Personen Joachim und ▬▬▬ Oe.
gegeben.

Es wird vorgeschlagen, in der weiteren operativen Bearbeitung
des Ehepaares Oe. insbesondere Ermittlungen zum Nachweis der
im Material aufgeführten Hinweise einer Straftat von Joachim
Oe. zum Nachteil des sozialistischen Eigentums durchzuführen
und zu prüfen, inwieweit sich offizielle Beweise für eine
staatsfeindliche bzw. ungesetzliche Verbindungsaufnahme
oder weiterer strafbarer Handlungen schaffen lassen.

Weiter ist zu berücksichtigen, daß möglichst genaue Protokolle
von mündlichen Aussprachen mit dem Ehepaar Oe. beim Rat des
Stadtbezirkes Berlin-Lichtenberg für die Einleitung straf-
rechtlicher Sanktionen von Bedeutung sein können.

Oberstleutnant

Oberleutnant

Der Bundesbeauftragte für die
Unterlagen des Staatssicherheitsdienstes
der ehemaligen
Deutschen Demokratischen Republik

0174

Berlin, den 02.05.78

Betr.: Zusammenfassender-Bericht zur verstärkten operativen
Kontrolle in der Zeit vom 28.05.1978 bis 01.05.1978

gegen O e r t e l, Joachim   12.05.1948

Durch die Unterzeichner wurde am 28.05.78 die operative Kontrolle
im Wohngebiet aufgenommen. Es erfolgte eine Kontaktaufnahme mit
den entsprechenden Auskunftspersonen, und eine anschließende
Besichtigung des Wohnbereiches Kubornstr. - Kunze Weg - Normannenstr. - Rudolf-Reuch-Str.- einschließlich Innenhof.
Familie Oe. befand sich in der Wohnung bis gegen 16.30 Uhr.
Zu dieser Zeit verließ Familie Oe. die Wohnung. In ihrer Begleitung
befand sich eine bisher unbekannte männliche Person. Die Aufklärung
dieser Person ergab, daß es sich hier um

handelt. Zur Personenbeschreibung ▄▄▄▄▄▄▄▄▄ muß erwähnt
werden, daß eine Verwechslung mit dem Oe. möglich sein kann.
▄▄ hat ein scheinbares Alter von ca. 30 Jahre, Größe ca. 175 cm,
etwas untersetzt, trägt einen Bart wie der Oe., hat rotbraunes Haar.
Alle Personen, einschließl. Kinder begaben sich zu dem in der
Kubornstr/Ecke Kunze Weg abgestellten Pkw "Moskwitsch", polizeil.
Kennz. NX 17 - 41, Farbe grün, schwarzer Streifen in Türgriffhöhe.
Gepäck wurde nicht mitgeführt.
Die Beobachtung zeigte deutlich, auch in den darauffolgenden Tagen,
daß Familie Oe. ständig und sehr genau darauf achtete, welcher Per-
sonenkreis sich in ihrer Nähe aufhielt.

- 2 -

Der Bundesbeauftragte für die
Unterlagen des Staatssicherheitsdienstes
der ehemaligen
Deutschen Demokratischen Republik

0175

Oe. Joachim, bekleidet mit einer grünen Parkerkutte, "sicherte" die
Straße ab, während die anderen Personen in den Pkw "Moskwitsch"
einstiegen. Erst als der Motor angelassen war, stieg auch er ein.
Das Reiseziel ist nicht bekannt geworden, da den Unterzeichnern
kein Pkw zur Verfügung stand.
Gesamter Personenkreis kehrt in den späten Abendstunden in die
Wohnung zurück.
Während der Abwesendheit der Oe. wurden Ermittlungen im Wohngebiet
geführt. Hier wurde nur festgestellt, daß in der Vergangenheit
eine männliche Person die Oe. besuchte. Dieser kam mit einem Pkw
"Shigulli", Farbe braun bzw. bambusbraun, polizeil. Kennz. ▓▓▓▓▓▓.
Der Halter ist ein ▓▓▓▓▓▓▓▓▓▓▓▓▓▓▓▓▓▓▓▓▓▓▓▓▓▓▓▓▓
▓▓▓▓▓▓▓▓▓▓▓▓▓▓▓▓▓▓▓▓▓▓▓▓▓
seit dem 20.01.1972 dort wohnhaft.
(Lt.KP 16 nicht notiert)
▓▓▓ wurde aber über den bekannten Zeitraum nicht festgestellt.
Desweiteren sollen bei Oe. noch weitere Personen verkehren, die aber
nicht weiter bekannt sind. So stand unter anderem in der Vergangenheit ein Pkw "Opel" Baujahr vor 1945, polizeil. Kennz. ▓▓▓▓▓▓
aus dem Kreis Oranienburg vor der Haustür, Kubornstr. 11-, der Fahrer
dieses Pkw soll die Wohnung Oe. betreten haben.

Am Sonnabend den 29.04.78 wurden gegen 08.oo Uhr die gedeckte Be-
bachtung im Wohngebiet aufgenommen. Es konnte festgestellt werden,
daß Familie Oe. in der Wohnung waren. Um 10.45 Uhr traf der
▓▓▓▓▓▓▓▓ mittels Pkw "Moskwitsch" in der Kubornstr. ein.▓ betrat
die Wohnung. Zu erwähnen ist noch, daß der Pkw vorn kein polizeil.
Kennz. hat. Besonderheiten wurden an diesem Tage nicht festgestellt.
Gegen 22.oo Uhr wurde Observation abgebrochen.

Am Sonntag erfolgte die Aufnahme um o8.oo Uhr. Familie Oe. befand
sich in der Wohnung. Gegen 09.15 Uhr wurden die Fenster des Wohnzimmers zur Straßenseite hin geöffnet. Oe. Joachim schaute aus dem
Fenster (3 Minuten). Pkw"Moskwitsch" parkte in der Kubornstr.(Kunze Weg)
Um 10.30 Uhr verließ Familie Oe. und der ▓▓▓▓▓▓▓ die Wohnung.
▓▓▓▓▓ trug eine schwarze Lederjacke, Oe. eine braune Wildlederjacke.
▓▓▓▓▓▓ hat seit ein paar Wochen eine neue Frisur. Sie trägt
lockiges braunes langes Haar.

- 3 -

Der Bundesbeauftragte für die
Unterlagen des Staatssicherheitsdienstes
der ehemaligen
Deutschen Demokratischen Republik

Oe. trägt einen Fotoapperat in der linken Hand. Es handelt sich vermutlich um eine "Exakter". Sie trägt eine beigefarbene Handtasche
unter dem Arm. Weitere Gegenstände hatten sie nicht bei.
Alle fuhren mit dem Pkw weg. Das Reiseziel ist nicht bekannt geworden.
Um 17.56 Uhr kamen Familie Oe. und der ▮▮▮▮▮ mit dem Pkw wieder
zurück. Sie stellten den Pkw ordnungsgemäß ab, und begaben sich
umgehend in die Wohnung. Um 18.50 Uhr wurden die Vorhänge zugezogen
und das Licht in der Wohnung eingeschaltet. Um 21.30 Uhr erlosch
das Licht im Wohnzimmer, und um 22.04 Uhr in der Küche (Hofseite).
Anschließend Observation ohne Vorkommnisse abgebrochen.

Aufnahme der gedeckten Beobachtung am 01.05.1978, um 06.45 im
Wohngebiet. Die Situation ist etwa gleich den anderen Tagen. Die
Fenster der Wohnung Oe. sind noch zugezogen. Personenbewegung ist
kaum zu verzeichnen. Die rechte Fahrbahnseite ist mit den unterschiedlichsten Typen von Pkw bestellt. Pkw "Moskwitsch" steht immer
noch auf dem alten Platz wie am Vortage.
Um 09.32 Uhr werden die Fenster im Wohnzimmer geöffnet. Oe. schaut
aus dem Fenster. Um 10.05 putzt der Oe. die Fenster im Wohnzimmer.
Um 10.50 Uhr verläßt der ▮▮▮▮▮▮▮ und eine bisher unbekannte
männliche Person das Haus und laufen in Richtung Normannenstr.
Durch Unterzeichner wurde sofort die Kontrolle aufgenommen. Jedoch
mußte Normannenstr. Ecke Kubornstr. festgestellt werden, daß beide
Personen nicht mehr aufgenommen werden konnten. Es erfolgte eine
Absuche der Umgebung. Es bestand die Möglichkeit daß diese beiden
Personen, die Wohnung Oe. sofort wieder betreten haben, und zwar durch
die Hofseite (Kellergang). Während der Absuche der Umgebung, in der
Zeit von 10.50 Uhr bis 11.10 Uhr, verließ Familie Oe. die Wohnung.
Sie liefen die Normannstr. bis zur Jaques-Doclos-Str. entlang, dann
weiter bis zum Bahnhof Frankfurter Allee. Hier trennten sich beide
Eheleute. Er ging durch die Brücke bis zum Westausgang U-Bahn. Sie
verblieb mit den Kindern in dem kleinem Park visavis der Taxihalte-
stelle, Fußgängerweg zum Bahnhof, und setzten sich auf eine Parkbank.
Er betrat eine Telefonzelle am Bahnhof Frankfurter Allee, aber er
telefonierte nicht, sondern nahm nur den Hörer in die Hand.

- 4 -

Der Bundesbeauftragte für die
Unterlagen des Staatssicherheitsdienstes
der ehemaligen
Deutschen Demokratischen Republik

Oe. verließ spontan die Telefonzelle in diesem Augenblick, als
gerade 60 - 80 Personen aus dem U-Bahntunnel Westausgang kamen,
und rannte die Treppen hinunter zum Bahnsteig. Die Umstände der
starken Personenbewegung erlaubten es nicht, die Richtung welche,
Oe. eingeschlagen hat, festzustellen. Das gleiche trifft für die
Ehefrau und die Kinder zu.
Im Anschluß daran wurde die Wohnung observiert, sowie der Bereich
Bahnhof Frankfurter Allee.
Zur Wohnung: Pkw"Moskwitsch" stand auf dem alten Platz. Fenster
des Wohnzimmers war geöffnet.
13.35 Uhr wurde Familie Oe. am S-Bahnhof Frankfurter Allee wieder
aufgenommen. Von hier aus betraten sie wieder Wohnung, gegen 13.43 Uhr.
Mit dem Betreten der Wohnung wurden sofort wieder die Vorhänge vor
den Fenstern gezogen.
Gegen 15.30 Uhr verließ der Junge mit einem Ball unter dem Arm
die Wohnung. Er spielte mit anderen Kindern auf der Straße.
17.25 Uhr verläßt Familie Oe., diesmal ohne den ████████, das Haus.
Sie laufen die Kubornstr. bis zum Kunze Weg, dann die Rudolf-Reuch-
Str. bis zu den Neubauten auf der linken Straßenseite entlang.
Sie laufen ~~diexNxxxkxxxxx~~ zwichen den Häuserblöcken in Richtung
Jaques-Duclos-Str. weiter. Er geht ca. 50 - 100 Meter im voraus.
Oe. Joachim betritt die Telefonzelle an der J.-D.-Str. Seine Frau
wartet ca. in 50 Meter Entfernung. Nachdem er telefoniert hat
läuft er über die Straße und betritt den Stadtpark Lichtenberg von
der Südseite her. Man konnte feststellen, daß er das Gelände einschließlich der Personenbewegung genau beobachtete. Nachdem er sicher
war, daß niemand ihn nachgehe, gab er seiner Frau ein Zeichen, daß sie
nachkommen soll. Frau Oe. betrat den Stadtpark vom Süden her. Die
Kinder waren noch bei ihr. Joachim Oe. überbrückte die Zeit bis
seine Frau kam, mit einem Schnaps für 1,60 Mark, den er sich an
einem Kiosk kaufte. Beide trafen sich wieder an der Tribüne.
Sie verblieben ca. 5 Minuten an der Tribüne und schauten sich das
dargebotene Programm an. Anschließend schlenderten sie durch den
Park.

Der Bundesbeauftragte für die
Unterlagen des Staatssicherheitsdienstes
der ehemaligen
Deutschen Demokratischen Republik

Während ihres Spazierganges drehten sie sich laufend um.
Gegen 18. oo Uhr verließen die den Stadtpark und begaben sich
wieder nach hause. Die Kinder durften noch eine weile im Park
auf dem Kinderspielplatz bleiben. Um 18.10 Uhr betrat er und sie
die Wohnung.
Um 19.oo Uhr wurde auch die Beobachtung aus taktischen Gründen
eingestellt, es mußte damit gerechnet werden, daß im laufe des
1. Mai die Unterzeichner dekonspiriert wurden.

Aus dem Gesamtverhalten der Familie Oe. ist zuschließen, daß ihnen
bewußt ist, in welcher Lage sie sich befinden. Es grundsätzlich zu
erkennen, daß sie auch ihre Kinder für eine sogenannte Gegenbeobach-
tung mit einbeziehen.

KD Lichtenberg   Berlin , den 29.11.78

Abschlußbericht
————————————

Der Bundesbeauftragte für die
Unterlagen des Staatssicherheitsdienstes
der ehemaligen
Deutschen Demokratischen Republik

zur OPK des DDR-Bürgers

Name,Vorname	:	O e r t e l , Joachim
geb.am,in	:	12.o5.1948 in Berlin
wohnhaft	:	113 Berlin , Kubornstraße 11

Am 16.12.1976 wurde die OPK,mit der Zielstellung der vorbeugenden
Verhinderung und rechtzeitigen Unterbindung strafrechtlich relevanter
Handlungen im Zusammenhang mit den rechtswidrigen Versuchen eine
Übersiedlung in die BRD/WB zu erreichen, eingeleitet.
Anläßlich ausgewählter politischer und gesellschaftlicher Höhepunkte
wurde der Oe. zusätzlich unter verstärkte Personenkontrolle gemäß
DA o31/77 der VP gestellt.
Im Ergebnis aller operativen Maßnahmen (bei der VP durch den IMS
"Trabant") ergaben keine strafrechtlich relevanten Handlungen.Die
Zielstellung der OPK wurde erreicht.

Am 25.o7.1978 wurde auf Grund der operativen Erkenntnisse ein Vorschl.
zur Übersiedlung gemäß Befehl 6/77 , Zi. 9 des Gen.Minister dem
Leiter der BV unterbreitet, da Oertel nicht von seinen Übersiedlungs-
absichten abzubringen war.(Siehe Vorschlag zur Übersiedlung)
Nach Entscheidung des Leiters der BV hat Oertel seine ermittelte
Schuldenlast beim Magistrat von Berlin abzuzahlen und einen exakten
Nachweis über die Herkunft des Geldes vorzulegen.Diese Umstände
sind Voraussetzungen für die Prüfung seines Ersuchens.
Oertel legte daraufhin eine Begleubigung des Magistrates vor,wonach
er keinerlei Zahlungsverpflichtungen hat.Der dadurch entstandene
Widerspruch zu den Ermittlungsergebnissen wird zur Zeit noch geklärt.

Es konnte erarbeitet werden,daß Oertel auf Grund seiner Persönlich-
keitsentwicklung vor allem im Hinblick auf seine Einstellung,Haltung
und Verhaltens unter bestimmten Bedingungen zu einer potenziell
feindlichen Person werden kann.Entsprechende operativ bedeutsame
Anhaltspunkte wurde ebenfalls erarbeitet.

Es wird vorgeschlagen die OPK abzuschließen, den OERTEL gemäß
Anlage IV zum Befehl 299 in die Kategorie III 1-7 einzuordnen und
eine KK-Erfassung vorzunehmen.

Leiter der Kreisdienststelle

Gnauck   AIE ausgewertet   Knoch
Oberstleutnant   Leutnant

06.1o.1979

12.oo Uhr   BO wieder aufgenommen.

Nach Angaben der A-Personen, ist die gesamte Fam. Oertel zu Hause .

2o.3o Uhr   Bis zu diesem Zeitpunkt traten Oe. und seine Ehefrau nicht in Erscheinung. Lediglich die Kinder spielten ab und zu vor dem Haus.

Die BO wurde unterbrochen.

Der Bundesbeauftragte für die
Unterlagen des Staatssicherheitsdienstes
der ehemaligen
Deutschen Demokratischen Republik

07.1o.1979

07.3o Uhr   BO wieder aufgenommen.

Die Fenster auf der Hofseite und der Straßenseite sind geschlossen.Nach Angaben der Befragten, hat von der Fam. Oe. bisher noch keiner die Wohnung verlassen.

08.4o Uhr   Auf der Straßenseite ist ein Fenster weit geöffnet und auf der Hofseite ist die Balkontür offen.

11.5o Uhr   Bis zu diesem Zeitpunkt traten der Oe. und seine Ehefrau nicht in Erscheinung.

Die BO wurde abgebrochen.

Bemerkungen :

Aus der Akte über die Fam. Oe. geht hervor, daß der Oe. seit dem o1.11.1977 bei der ███████████████████████████ ██████████ als Schreibkraft beschäftigt ist. Die hierzu durchgeführten Ermittlungen ergaben folgendes :

Nach Auskunft der Hausbuchbeauftragten , hat es in der Niederbarniemstr. 16 bisher noch keine Firma gegeben. Im Quergebäude des Hinterhauses ist der Bürger

████████████████████████████

████████████████████████████

wohnhaft.

Der ████ , so die A-Person, geht nicht arbeiten und ist ihr als Säufer bekannt. Wie sich der ████ gegenüber der A-Person äußerte, betitelt er sich als ein freischaffenden Künstler. -

Im betrunkenem Zustand kam es einmal vor, daß sich der ████. ans offene Fenster stellte, in den Händen eine Biebel und ein Kreutz hielt und laut über den Hof rief, " ich habe Hunger, holt mich doch endlich " .

- 4 -

Der Bundesbeauftragte für die
Unterlagen des Staatssicherheitsdienstes
der ehemaligen
Deutschen Demokratischen Republik
Postfach 1199, O-1086 Berlin

2

6. Ziel der Maßnahme

Entsprechend der Entwicklung des operativen Materials
kann eingeschätzt werden, daß die Familie Oertel nicht
von ihren Übersiedlungsabsichten abgebracht werden
kann. Durch ihre feindlich-negative Einstellung sind
sie nicht gewillt, in der DDR zu bleiben. Da O., Joachim
Invaliedenrentner (halbseitige Lähmung) ist kann davon
ausgegangen werden, daß er keine Demonstrativhandlungen
durchführt. Es ist aber möglich, daß er den Versuch unternimmt, Kontakt zu ausländischen Journalisten aufzunehmen, um seinen Übersiedlungsabsichten mit Interviews
Nachdruck zu verleihen.

Mit dem Vorbeugungsgespräch über die wohlwollende Prüfung des Übersiedlungsersuchens und der Bekanntgabe
der ernsthaften Möglichkeit, daß dem Ersuchen Anfang
des Jahres 1982 stattgegeben werden könnte, wenn er
keine weiteren Aktivitäten unternimmt, die ihm bei der
Erreichung seines Übersiedlungsvorhabens schaden könnten,
erscheint es ausgeschlossen, daß Familie O. aktiv wird.

Das Material und der Vorschlag über die Sonderauflassung
wurde telefonisch mit Gen. Major Fehlhaber abgesprochen
und von ihm bestätigt.

Bestätigt:
Leiter der Kreisdienststelle   Referatsleiter

Gnauck   Hängekorb
Oberstleutnant   Major

Bezirkskoordinierungsgruppe   Berlin, 8. Dezember 1977
gr-mü
tgb.-nr.   /77

Der Bundesbeauftragte für die
Unterlagen des Staatssicherheitsdienstes
der ehemaligen
Deutschen Demokratischen Republik

Abteilung IX
Leiter

Rechtswidrig Übersiedlunglungsersuchender OERTEL, Joachim und Ehefrau

Genannte Personen werden in einer OPK der KD Lichtenberg operativ bearbeitet. Seit August 1977 hat OERTEL erneut Aktivitäten zur Erzwingung seiner Übersiedlung eingeleitet, die beweisen, daß er nicht gewillt ist, die Erklärung, keine Schritte der Verleumdung und Diskriminierung der DDR zu tätigen, einzuhalten.

Er erklärte offiziell, daß es ihm nicht um die Arbeit als Chemiker in der DDR geht, sondern um Aberkennung der Staatsbürgerschaft und Übersiedlung nach Westberlin.

Das Material wird erneut zur strafrechtlichen Einschätzung übergeben.

Gen. Oberst Schwanitz ist mit den im Sachstandsbericht vorgeschlagenen Maßnahmen der KD Lichtenberg einverstanden, die mit der BKG abgestimmt wurden.

Leiter der BKG

Greif
Oberstleutnant

Anlage

KD Lichtenberg

Berlin , den 29.11.78

Abschlußbericht
─────────

Der Bundesbeauftragte für die
Unterlagen des Staatssicherheitsdienstes
der ehemaligen
Deutschen Demokratischen Republik

zur OPK des DDR-Bürgers

Name,Vorname	:	O e r t e l , Joachim
geb.am,in	:	12.o5.1948 in Berlin
wohnhaft	:	113 Berlin , Kubornstraße 11

Am 16.12.1976 wurde die OPK,mit der Zielstellung der vorbeugenden
Verhinderung und rechtzeitigen Unterbindung strafrechtlich relevanter
Handlungen im Zusammenhang mit den rechtswidrigen Versuchen eine
Übersiedlung in die BRD/WB zu erreichen, eingeleitet.
Anläßlich ausgewählter politischer und gesellschaftlicher Höhepunkte
wurde der Oe. zusätzlich unter verstärkte Personenkontrolle gemäß
DA o31/77 der VP gestellt.
Im Ergebnis aller operativen Maßnahmen (bei der VP durch den IMS
"Trabant") ergaben keine strafrechtlich relevanten Handlungen.Die
Zielstellung der OPK wurde erreicht.

Am 25.07.1978 wurde auf Grund der operativen Erkenntnisse ein Vorschl.
zur Übersiedlung gemäß Befehl 6/77 , Zi. 9 des Gen.Minister dem
Leiter der BV unterbreitet, da Oertel nicht von seinen Übersiedlungs-
absichten abzubringen war.(Siehe Vorschlag zur Übersiedlung)
Nach Entscheidung des Leiters der BV hat Oertel seine ermittelte
Schuldenlast beim Magistrat von Berlin abzuzahlen und einen exakten
Nachweis über die Herkunft des Geldes vorzulegen.Diese Umstände
sind Voraussetzungen für die Prüfung seines Ersuchens.
Oertel legte daraufhin eine Begleubigung des Magistrates vor,wonach
er keinerlei Zahlungsverpflichtungen hat.Der dadurch entstandene
Widerspruch zu den Ermittlungsergebnissen wird zur Zeit noch geklärt.

Es konnte erarbeitet werden,daß Oertel auf Grund seiner Persönlich-
keitsentwicklung vor allem im Hinblick auf seine Einstellung,Haltung
und Verhaltens unter bestimmten Bedingungen zu einer potenziell
feindlichen Person werden kann.Entsprechende operativ bedeutsame
Anhaltspunkte wurde ebenfalls erarbeitet.

Es wird vorgeschlagen die OPK abzuschließen, den OERTEL gemäß
Anlage IV zum Befehl 299 in die Kategorie III 1-7 einzuordnen und
eine KK-Erfassung vorzunehmen.

Leiter der Kreisdienststelle

Gnauck   AIE ausgewertet   Knoch
Oberstleutnant   Leutnant

Hauptabteilung I/LSK-LV   Cottbus, den 15. 10. 1979
-Unterabteilung 1. LVD-   I/LSK-LV/1.LVD/6315/79schr

                                         BStU
                                         C00152

Hauptabteilung I
Abt. Äußere Abwehr

B e r l i n

Operative Information zu Sold. H ä c k e r , Mario -
126 Strausberg, PF 55 978 F = 2.PB

H. ist eine Verbindungsperson des NVA-Angehörigen

                    Uffz. ████████████

welcher durch unsere DE wegen einer antimarxistische, maoistisch-
revisionistischen Einstellung zum Sozialismus operativ bearbeitet
wird.
Die durch inoffizielle Maßnahmen sichergestellten Korrospondenzen
des Sold. H. zeigen die gleiche politisch-negative Einstellung
wie bei █ auf (s. Anlage).
█. und H. sind Schulfreunde und treffen sich mit noch anderen Jugendlichen in Berlin zu politischen, ideologischen und philisophischen
Diskussionen. Sie haben alle eine oppositionelle Haltung zu den
gesellschaftlichen Verhältnissen in der DDR.
Durch die HA XX/2 konnte aufgeklärt werden, daß █. und seine
Freunde Verbindungen zur albanischen und chinesischen Botschaft
unterhalten haben und von dort entsprechende Literatur bezogen.
Eine Verbindung zur KPD-M/L wird dabei vermutet.

Wir bitten um Mitteilung des operativen Anfalls des H. bei Ihrer
DE (H. hat bereits eine Arreststrafe abzusitzen -s. Brief) und
gleichzeitiger Angabe des zuständigen Mitarbeiters Ihrer DE zwecks
Festlegung koordinierter Maßnahmen zur weiteren Bearbeitung der
Personen mit unseren Mitarbeiter, Oltn. Schremmer, Tel. MfS Klinke
300, bzw. dem AGL, Hptm. Baumann, BV Cottbus 2754.

Um Kenntnisnahme und Einleitung operativer Maßnahmen wird gebeten.

- Verb.-Aufnahme Obln. Schremmer

                                         Leiter der Unterabteilung

                                         1V

                                         ████ter
                                         Oberstleutnant

Ministerium
für Staatssicherheit
Hauptabteilung II

Berlin, den 29.11. 1979
II/10/1503 /79
ma

BStU
000150

Bezirksverwaltung
für Staatssicherheit
Abteilung XX/2

B e r l i n

Übergabe operativer Materialien

Entsprechen bisher geführter Absprachen zwischen der HA II/10
und der Abt. XX der BV Berlin, werden in der Anlage die
vorhandenen Unterlagen über die DDR-Bürger

Häcker, Mario
geb.am 6.2. 1960

und   ▓▓▓▓▓▓▓▓▓▓▓▓
geb.am ▓▓▓▓▓

beide wohnhaft in der Hauptstadt der DDR, Berlin, zur
operativen Bearbeitung und Kontrolle an die Abt. XX übergeben.

Beide DDR-Bürger unterhalten postalische Verbindungen zur
Botschaft der SVR Albanien in der DDR und Verbindungen zu
einem von der Abt. XX bearbeiteten Personenkreises.

Die o.g. Personen sind im Rahmen der Aktion "Abrechnung"
der HA II durch die Abt. XX der BV Berlin in enger
Koordinierung mit der HA II/10 zu bearbeiten.
Ein regelmäßiger Informationsaustausch ist insbesondere bei
operativen Hinweisen auf weitere Kontakte der DDR-Bürger zu
den diplomatischen Vertretungen der SVR Albanien und der
VR China in der DDR erforderlich.

Die Erfassung der o.g. DDR-Bürger für die HA II/10, wird am
3.12. 1979 in der Abt. XII gelöscht.

Um Kenntnisnahme und Veranlassung wird gebeten.

Leiter der Abteilung 10

Buchholz
Oberst

BV Berlin
Abteilung XX/2

Berlin, 18.1.80

SStU
000153

Vermerk

zur Bearbeitung der Personen ████, ███, Häcker und ████

Am 17.1.80 wurde eine Absprache mit dem Gen. Dehnel HA I Äußere Abwehr
Straußberg betreffs der zeitweiligen Übernahme der operativen Bearbeitung
der Person
           H ä c k e r , Mario
geführt.
Auf der Grundlage der vorliegenden Materialien (Briefe des Häcker) hat
die Leitung der HA I Äußere Abwehr verfügt, daß für die restliche Zeit der
Ableistung des Wehrdienstes bei der NVA die Person Häcker in einer OPK
bearbeitet ist.
Zielstellung der OPK ist, den H. zu überprüfen und kontrollieren, ob er
aktiv als feindlicher Ideologieträger in Erscheinung tritt und versucht,
andere Personen negativ zu beeinflussen.
Innerhalb der Bearbeitung soll eine exakte Personenaufklärung erfolgen,
seine Persönlichkeit und Charaktereigenschaften aufgeklärt werden sowie
weitere Verbindungen festgestellt werden.

Die KK- Erfassung des H. wurde im Ref. A gelöscht und sofort an den Gen.
Dehnel zur erneuten Erfassung übergeben.
Nach Ablauf der Dienstzeit des H. werden alle erarbeiteten Materialien der
BV Berlin, Abteilung XX zur weiteren Bearbeitung wieder übergeben.

Zur Person Häcker informierte der Gen. Dehnel wie folgt:
Gefr. H. dient 3 Jahre, seine Dienstzeit läuft 1980 ab.
Er ist als Drucker in einer mobilen Druckerei eingesetzt und hat dadurch die
Möglichkeit an Materialien heranzukommen. Diese Möglichkeit ist aber nicht
sehr groß, da er jetzt unter Kontrolle ist.
H. ist sehr zurückhaltend, er geht mit der schriftlich dargelegten Meinung
nicht hausieren. In Gesprächen läßt er erkennen, daß er umfangreiche Kennt-
nisse zu China, Jugoslawien und Albanien hat. Es ist bekannt, daß er Radio
Tirana hört.

Innerhalb der operativen Aufklärung soll im Bereich des H. ein IM eingesetzt
und in der Kaserne durch Umbesetzung der Stuben eine Konzentrierung von
Personen mit negativer Grundeinstellung in der Stube des H. vorgenommen werden.

Gen. Dehnel wurde zum Gesamtkomplex des vorliegenden Sachverhaltes informiert
und auf wesentliche Verdachtsmomente gegenüber dem benannten Personekreis
aufmerksam gemacht.
Es wurde ein ständiger Informationsaustausch vereinbart und dem Gen. Dehnel
zugesichert, Überprüfungen des H. sowie seiner Eltern in der Hauptstadt
einzuleiten. Die Ergebnisse werden den Gen. Dehnel übersandt.

                                    Jochmann
                                    Hptm

Hauptabteilung I
Abt. Äußere Abwehr
Unterabteilung 2

Berlin, 20. 1. 1980

BStU

000154

Aktenvermerk

Am 17. 1. 1980 führte ich eine Absprache mit dem Genossen
Jochmann, BV Berlin, Abteilung XX/2, hinsichtlich der weiteren
operativen Bearbeitung von "Gaukler" durch unsere Diensteinheit.

Ich setzte Gen. Jochmann über den bisherigen Stand und
Ergebnisse unserer operativen Maßnahmen zu "Gaukler" in
Kenntnis. Weiterhin informierte ich darüber, daß "Gaukler"
durch uns bis zu seiner Entlassung in der OPK bearbeitet wird.
Dabei nannte ich Zielstellung der OPK sowie einige wesentliche
Maßnahmenkomplexe.
Hierzu bestand zwischen uns volle Übereinkunft.

Durch Gen. Jochmann wurde die sofortige Löschung der
Registrierung für die Abteilung XX/2 eingeleitet, sodaß
"Gaukler" für unsere Diensteinheit erfaßt werden kann.

Hinsichtlich des Anfalls des "Gaukler" an der albanischen
Botschaft kann keine konkrete Auskunft gegeben werden, da
kein weiteres Material darüber von der HA II/10 angelegt wurde.
Gen. Jochmann schloß die Möglichkeit aus, daß die vor-
liegenden bzw. erkannten Netzmaterialien im Bereich der
Druckereien der C. Grup.-Brigade hergestellt wurden.

Es wurde vereinbart, daß wir einen ständigen Kontakt halten
und gegenseitig Informationen über festgestellte Verbindungen
von "Gaukler" austauschen und in diesen Fällen sofort
Vereinbarungen über das weitere Vorgehen treffen.

Dehnel
Hptm.

AG XXII

BStU
090339

Berlin,den 12.04.1984

Abschlußbericht
OPK " Gaukler " XV 776/81

Zur Person: H ä c k e r , Mario
geb.am 06.0 . 19 0 in Berlin
wh.: 1035 erlin, Samariter Str. 29
Facharbeiter für Reproduktionstechnik
Druckkombinat Berlin

H.Mario wurde im September 1978 als Empfänger regelmäßiger Postsendungen und Materialien der albanischen
Botschaft bekannt.
In den Kontakten zur albanischen Botschaft in der DDR
waren auch ehemalige Schulfreunde einbezogen, zu denen
auch heute noch ein enger Kontakt besteht. Dabei handelt
es sich um

~~███████~~
~~geb.am███~~   OPK" Kiesel"

~~███████~~
~~geb.am███~~   Abt. XII

~~███████~~
~~geb.███~~   Abt. XII

Bereits während der Schulzeit wurde durch sie die Auffassung vertreten, daß der Sozialismus in der DDR nicht
mehr den Lehren von Marx/Engels und Lenin entspricht. Nur
der Sozialismus in der VR Albanien, teilweise auch in der
VR China würde als der wahre Weg betrachtet.
Ach während seines Ehrendienstes in der NVA hielt er an
seiner politischen Einstellung zum Sozialismus fest, die
sich insbesondere auch darin dokumentiert, daß er sich
an den Wahlen im Juni 1981 nicht beteiligte und sich im
August 1982 im Zusammenhang mit einer Reise in die
VR Polen mit den Zielen der " Solidarnosc " identifizierte.
H. schloß sich ca. Dez.1981 fester kirchlichen Organisation "ESG" an. In dem Zusammenhang wird eingeschätzt,
daß H. keine Bindungen zur Kirche als Weltanschauung
besitzt und nur die legalen Möglichkeiten der Kirche zur
Propagierung seiner DDR-feindlichen Haltung und Meinung
nutzt. Inoffiziell wurde bekannt, daß sich H. als Mitglied einer Gruppe bezeichnet, die die Absicht hat,
" durch einen " mehr oder weniger harten Untergrundkampf
gegen die DDR aktiv zu werden ", vornehmlich durch das
Verbreiten von Hetzlösungen.

Im Verlaufe der operativen Bearbeitung des H. bestätigten
sich die bestehenden Verdachtsmomente der Zugehörigkeit
zu einer linksextremistischen Gruppierung nicht.

BStU

C00341

-2-

Es konnte jedoch erarbeitet werden, daß H. als Diskussionsgrundlage für seinen Umgangskreis einen Text folgenden Inhalts verfaßte:

" Die Lage unserer Bewegung und ihre Perspektiven

1. Auf Grund dessen, daß wir nicht in der Lage sind uns in theoretischen Fragen zu einigen müssen wir davon absehen, eine Partei zu gründen zu wollen, genauer gesagt, wir sind nicht der Kern der Opposition in der DDR! Selbst dann, wenn wir uns in allen Fragen einig sind, ist es unmöglich anzunehmen daß all zu uns stoßenden Gleichgesinnten mit uns einer Meinung sind. Eine breite Front der Aktiven muß jedoch gesichert sein. Ewige Streitigkeiten üer "Parteiprogrammen" oder "Neue Sozialismusmodelle " usw. führen zur Handlungsunfähigkeit.
   Das beste Beispiel da zu sind wir selber.
   Gehandelt werden muß aber, darum

2. meine Vorschläge
   1. Verbindung knüpfen zur illegalen KPD in der DDR"

Es wurde bekannt, daß H. Kontakt zu Personen unterhält, die eine neonazistische Einstellung besitzen und die Absicht haben die DDR legal oder auch illegal zu verlassen.
Als Hauptpartner dabei wurde der

bekannt, der im Juli 1982 legal nach WB übersiedelte und gegenwärtig in der "Arbeitsgemeinschaft 13. August" mitarbeitet.
H. hat zu 7. einen regelmäßigen Kontakt.

Im Zusammenhang mit der Bearbeitung des 4. durch die KD Lichtenberg wird nach erfolgter Absprache mit Gen. Eiserbeck das Material zu H. zur weiteren Bearbeitung an die KD Lichtenberg übergeben.

Quapis
Oltn.

18.4.84

Arbeitsgruppe XXII   Berlin,den 18.04.1984

BS:U
000336

Aktenvermerk

Charakteristik H ä c k e r , Mario

Ausgehend von verschiedenen Einschätzungen kann H.Mario
wie folgt charakterisiert werden.

H. Mario besitzt ein starkes Interesse für politische
Fragen. Dabei steht im Mittelpunkt die Beschäftigung
mit aktuellen Erscheinungen im gesellschaftlichen
Leben in der DDR und dem Suchen nach Ursachen und
möglichen Alternativen. Als mögliche XXXXX Alternative
wurde die Entwicklung in der VR China, später in der
VR Albanien angesehen, auch wenn ein geschätzt wird,
daß diese nicht widerspruchsfrei ist.
In dem Zusammenhang kann eingeschätzt werden, daß er sich
sehr tiefgründig mit politischen Fragen beschäftigt und
über ein umfangreiches Wissen verfügt, was jedoch nicht
immer erkennbar ist.
Er hat eine ablehnende Haltung zur Entwicklung in der DDR,
dir durch den Kontakt zur Kirche weiter verfestigt wurde
und dazu führte, daß er aktiv gegen die gesellschaftliche
Entwicklung in der DDR wirksam wurde. Seine Hinwendung
zur Kirche wurde maßgeblich durch seinen Freund
████████████,
beeinflußt, der bereits vor H.Mario Kontakt zur Kirche
hatte und später als Wehrdienstverweigerer in Erscheinung
trat.
Gegenwärtig kann eingeschätzt werden, daß H.Mario die
Möglichkeiten der Kirche nutzt, um im Kreise Gleichgesinnter seine Auffassungen darzulegen und zu diskutieren.
Diese legalen Möglichkeiten der Kirche sind auch der Grund
für seine aktive Mitarbeit in der kirchlichen Organisation
" E S G ".
Zu seinem Charakter kann eingeschätzt werden, daß H.Mario
ruhig und zurückhaltend auftritt und meis eine beob-
achtende Haltung einnimmt.
Seine Allgemeinbildung und seine umfangreichen Kenntnisse
nutzt er , um xxxx in Diskussionen seine negativen Auf-
fassungen darzulegen, welche er sehr hartnäckig verteidigt.
Dabei tritt er teilweise auch sehr rechthaberisch auf.
Andere Meinungen werden von ihm zur Kenntnis genommen,
ohne in jedem Fall akzeptiert zu werden.
Insgesamt neigt H. Mario zum Anarchismus.
Weiterhin ist bekannt, daß er in der Auswahl seiner
Freundes-und Bekanntekreis relativ vorsichtig ist und
gegenüber Außenstehenden verschlossen wirkt.

KOPIE DES BSTU

Quapis
Oltn.

3 Erste Feindberührung West

Als ich mit meiner Familie 1982 im Westberliner Notaufnahmelager Marienfelde ankam, herrschte dort eine Atmosphäre, die irgendwie an ein Goldgräbercamp im Wilden Westen erinnerte. Wir saßen am ersten Lagermorgen beim Frühstück, und ich schaute aus dem Fenster. Da flog aus dem oberen Stockwerk ein älterer Mann am Fenster vorbei, klatschte auf den Rasen und blieb dort reglos liegen. Später stellte sich heraus, daß es sich um einen ehemaligen Cottbuser Gefängniswärter handelte, dem die Lagerbürokratie ein Zimmer zugewiesen hatte, das in einer Wohnung lag, die von drei ehemaligen Häftlingen des Zuchthauses Cottbus bewohnt wurde. Diese hatten ihren früheren Peiniger erkannt und kurzerhand aus dem Fenster geworfen.

Im Lager waren die unterschiedlichsten Leute versammelt, da die Stasi nicht nur politische Häftlinge in den Westen verkaufte, sondern auch Gewohnheitsverbrecher, die sich selbstverständlich als Politische verstanden. Mit einem dieser sogenannten Politischen freundete ich mich an, ohne von seiner wirklichen Identität etwas zu ahnen. Als ich von der evangelischen Flüchtlingsfürsorge eine Erholungskur für meine Frau und mich bekam, überließ ich ihm später sogar drei Wochen lang meine Wohnung, die ich inzwischen erhalten hatte.

Wie nicht anders zu erwarten, kannte im Lager fast jeder jeden. Es stellte sich nach kurzer Zeit heraus, daß mein "politischer" Freund nicht nur von Beruf Scheckfälscher war, sondern auch noch für die Staatssicherheit gearbeitet hatte. Er gab auf Befragen auch gleich alles zu und erzählte mir, daß er in der DDR sogar den Auftrag hatte, sich an meinen Freundeskreis unter den Theologiestudenten des Johanneums heranzumachen. Nach seinem zweiten Auftritt ließ er dort allerdings eine Stereoanlage und 300,-DM West mitgehen, so daß er anderweitig eingesetzt werden mußte (was er als Widerstandshandlung interpretierte). Als er aus dem

Einschleusungsfonds der Stasi auch noch 18.000,-Mark klaute und dann versuchte, damit über die grüne Grenze in die Tschechoslowakei und weiter in den Westen zu türmen, war bei der Stasi der Riemen endgültig runter und man verkaufte ihn nach kurzer Haftzeit als "Politischen" in den Westen.

Dort begann er sofort in der Internationalen Gesellschaft für Menschenrechte (IGFM) mitzuarbeiten, die als Unterstützerorganisation für ausreise- oder sogar fluchtwillige DDR-Bürger bei der Stasi als Feindorganisation Nr.1 galt. (Der Chef der für die DDR zuständigen Arbeitsgruppe hat unter anderem auch meinem behandelnden Neurochirurgen aus der DDR zur Flucht verholfen).

Der Scheckfälscher, der den Decknamen "Tabor" führte, erzählte mir gelegentlich, daß sein ehemaliger Führungsoffizier vom MfS ihn bei einem Ostberlinbesuch kontaktiert hatte. Er solle wieder für die "Firma" arbeiten. Am nächsten Tag ging er zu allen, die er bespitzeln sollte, und erzählte von seinem Auftrag. Es sprach sich sofort herum, daß in unserer Gruppe ein "offizieller" Resident der Stasi am Werk ist. Einige vermuteten, daß sein Verhalten bewirken sollte, den oder die einflußreichen und damit gefährlichen Geheimdienstler zu schützen, da sich alle auf den Ganoven konzentrierten und die gegenseitige Beobachtung daraufhin geringer würde. Man hatte uns diesen Agenten quasi vorgeführt, damit der Rest der Grauen in Ruhe weiterwirken konnte. Diese Vermutung stellte sich später als richtig heraus. Gero Hilliger zum Beispiel, Berlins Weltmeister der Schnellzeichner, war ein Topagent des MfS. Er verriet Fluchthelfer und spionierte Politiker aus, die er durch seinen Beruf kennenlernte.

Als nächste Maßnahme heiratete "Tabor" die Tochter des sierra-leonesischen Botschafters in der Sowjetunion. Diese hatte in der BRD erfolglos einen Antrag auf politisches Asyl gestellt und versuchte nun, ein Bleiberecht zu erhalten. Das klappte auch wie geplant.

Ich nahm an den Hochzeitsfeierlichkeiten in einer Kreuzberger Kiezkneipe teil. Dort hatte sich das halbe schwarzafrikanische diplomatische Corps versammelt. Der Bräutigam stellte mich seinem Schwiegerpapi vor und behauptete, daß ich ein äußerst begabter Schriftsteller und Vorstadtmafioso sei. Daraufhin boten mir einige Gäste an, bei ihnen in den Ikonen-, Gold- und Diamantenschmuggel Rußland/BRD einzusteigen. Dazu konnte ich mich nicht entschließen. Diese Entscheidung hätte ich auch spätestens nach zwei Wochen bereut. Die Zeitungen berichteten vom Auffliegen einer sierra-leonesisch-russischen Ikonenschmugglerbande im Diplomatischen Corps.

Anläßlich einer kleinen Geburtstagsparty schenkte ich meinem Stasifreund einmal einen Scherzartikel des Titelhändlers Konsul Weyer - ein Blanko-Abiturformular eines "Bernhardiner-Colleges" aus der Schweiz. Wie man mir später berichtete, waren diese Abiturformulare der Renner unter den afrikanischen Botschaftsangehörigen. Nach kurzer Zeit hatte Tabor über hundert dieser Scherzartikel an das Botschaftspersonal verkauft, deren Echtheit in ihren Heimatländern nicht überprüft werden konnte.

Aber Tabor arbeitete auch an größeren Projekten. So wurde er Immobilienmakler für eine Firma aus Paraguay. Die Quadratmeterpreise für Grundstücke waren mit einer D-Mark sehr kundenfreundlich. Besonders Rentner ließen sich oft überreden, ein Haus im gesunden Klima des paraguayischen Dschungels zu bauen. Allerdings konnte man diese Grundstücke nur durch Absprung aus einem Flugzeug erreichen, da die nächste Straße etliche hundert Kilometer entfernt war. Die Geschäfte liefen ganz gut, wie ich aus dem Kudammbüro des Ex-Agenten ersehen konnte. Der Zusammenbruch kam, als die paraguayanischen Hintermänner dieser Immobiliengruppe anläßlich eines Militärputsches erschossen wurden. Unser Stasifreund hatte recht wild spekuliert und noch riesige Geldforderungen und Regreßansprüche am Hals.

Er verschwand zur französischen Fremdenlegion. Dort kam er vom Regen in die Jauche. Völlig frustriert desertierte er auch von dort und beschloß - wieder in Berlin - etwas Solides zu werden. Das konnte eine Zeitungsfrau verhindern. Der Ex-Fremdenlegionär hatte nämlich vor, den schönen Beruf eines Straßenräubers zu ergreifen. Bei seinem ersten Auftritt schlug ihn die Zeitungsfrau, deren Tageseinnahmen er rauben wollte, auf offener Straße k.o. So landete er wieder im Gefängnis....

1984 erschien mein Buch "Liebesgrüße an Erich M." in einem Westberliner Kleinverlag. In diesem Buch berichtete ich unter anderem auch, wie mir die Stasi einige Zeit vor meiner Ausreise einen ziemlich üblen Streich spielte. Ich war als Gebäudereiniger am Palast der Republik tätig, da ich in meinem Beruf als Chemiker keine Arbeit fand. (Ich vermutete ein Berufsverbot, weil ich mich während des Studiums geweigert hatte, für die Stasi zu arbeiten.) In der Gebäudereinigerbrigade arbeiteten fast nur Akademiker, die ähnliche Probleme mit der Staatsmacht hatten. Obwohl wir gemäß den vertraglichen Regeln mit der Aufbauleitung Steuern und Sozialabgaben für diese Tätigkeit zahlten, erhielt ich eines Tages eine Steuernachforderung von 58.000,-Mark. Die Aufbauleitung wollte diese Summe für uns bezahlen, da sie gemäß Arbeitsrecht der DDR für Schäden aus mangelhaften Arbeitsverträgen haftbar zu machen war.

Der Minister für Bauwesen, Genosse Junker, verhinderte dieses Vorhaben, indem er dem ökonomischen Direktor jede Unterstützung für uns untersagte und ihn im Weigerungsfall ebenfalls mit uns Toiletten reinigen schicken würde. Diese Angelegenheit hatte mir die Stasi eingebrockt. Ich nahm an, daß man ein Druckmittel gegen unsere Familie brauchte, um uns zu bewegen, den Ausreiseantrag zurückzunehmen. Da man mir gleichzeitig den Arbeitsvertrag mit der Aufbauleitung kündigte, hatte ich praktisch keine legale Möglichkeit, dieses Geld aufzutreiben. Ohne Begleichung der

Steuerschuld hätte ich die DDR niemals legal verlassen können.

So wurde ich Schallplattenschmuggler. Westliche Schallplatten wurden unter der Hand für 100 DDR-Mark gehandelt. Sie durften legal aus der BRD oder Westberlin eingeführt werden. Mein Vater, der damals schon Rentner war und einen Interzonenpaß hatte, kaufte die Platten in Westberlin. Vom Gewinn wollte ich die Übersiedlung erkaufen. Als ich dann nach langer Zeit das Geld beisammen hatte, durfte ich endlich mit meiner Familie übersiedeln und konnte mich nun auch hier meinem alten Hobby widmen; dem Extremismus in all seinen Erscheinungsformen nachzuspüren.

MINISTERRAT
DER DEUTSCHEN DEMOKRATISCHEN REPUBLIK
Ministerium für Staatssicherheit

Berlin, den 19. 11. 82

Tgb.-Nr. mü/ 1005 /82

Hauptabteilung VII
Abteilung 3

Bezirksverwaltung
für Staatssicherheit
KD Lichtenberg

B e r l i n

VIS/GH
- 19 -
3 DEZ 1982
Tgb.Nr. 9845
Weiter c...

1. Sch.

Oertel, Joachim, geb. 12. 5. 48
erfaßt für Ihre DE - lt. F-10 Nr. E 584304 vom 15.9.82

Im Rahmen der M-Kontrolle zu einem Feindobjekt unserer Diensteinheit wurde bekannt, daß der Oertel sich im DAZ in Westberlin, Marienfelder Allee, befindet.

Als Anlage übersenden wir Ihnen die bei uns vorliegenden
Kopien der M-Post zur operativen Auswertung und zum Verbleib.

Leiter der Abteilung
i. V.

Dudek
Oberstleutnant

Anlage
3 Kopien

ZDF

Zweites Deutsches Fernsehen
Anstalt des öffentlichen Rechts

Chefredaktion
ZDF-Magazin

Zweites Deutsches Fernsehen · Postfach 40 40 · 6500 Mainz 1

Familie
Joachim   Oertel
Notaufnahmelager
Marienfelder Allee 66 - 80

1000   Berlin   48

Unter den Eichen
6200 Wiesbaden
Telefon 0 61 21 / 531-1 oder
531 plus Nebenstelle
Telex 4 186 593

Ihr Zeichen und Tag	Unser Zeichen	Telefon Nebenstelle	Ort / Datum
24.10.1982	Ju		2. November 1982

Sehr geehrter Herr Oertel,

wir bedanken uns für Ihr Schreiben vom 24. v. M., aus dem hervorgeht, daß Sie es nach jahrelangem Kampf geschafft haben, in den freien Teil unseres Landes überzusiedeln. Wir wünschen Ihnen und Ihrer Familie, daß Sie hier bald festen Fuß fassen und daß vor allem Sie gesundheitlich weitere Fortschritte machen.

Zu Ihrer Frage, wie Ihr Ausreiseantrag in unser Büro gelangen konnte, können wir nur feststellen, daß es sich offensichtlich um eine Namensverwechslung des Staatssicherheitsdienstes - ob gewollt oder ungewollt, wird wohl nicht mehr herauszufinden sein - gehandelt hat. Wir haben nämlich am 21. Januar 1976 im Rahmen unserer Sendereihe "Hilferufe von drüben" im ZDF-Magazin einen Hilferuf einer Frau Ursula Oertel aus Chemnitz publiziert, die - alleinstehend - mit ihren beiden Kindern zu ihrer schwerkranken Mutter in die Bundesrepublik Deutschland übersiedeln wollte.

In der Ausgabe Nr. 2 der Zeitung "Hilferufe von drüben" vom 3. Quartal 1978 wurde der Hilferuf von Gerd und Martina Oertel aus Apolda veröffentlicht. Aber zu diesem Zeitpunkt waren Ihre Frau und Sie ja bereits verhaftet und verurteilt.

Grundsätzlich ist zu unseren veröffentlichten Hilferufen aus der "DDR" zu sagen, daß wir stets nur auf ausdrücklichen Wunsch bzw. in Absprache mit in der Bundesrepublik Deutschland lebenden Angehörigen sowie mit dem schriftlichen Einverständnis der Betroffenen publiziert haben.

Zum Problem Wallenberg erhalten Sie eine gesonderte Antwort.

Daß der Staatssicherheitsdienst Berlin-Biesdorf Ihre Akte nicht auf den letzten Stand gebracht hatte, ist allerdings bemerkenswert.

- 2 -

Alle Zuschriften sind
ausschließlich an das
ZDF / Fachbereich zu
richten – nicht an
Einzelpersonen.

Abteilung XXII/2   Berlin, 19. Januar 1983

Der Bundesbeauftragte für die
Unterlagen des Staatssicherheitsdienstes
der ehemaligen
Deutschen Demokratischen Republik
Postfach 1199, O-1086 Berlin   242

O p e r a t i v i n f o r m a t i o n   32/204/83
zur Ermittlung des Schreibers eines nach Berlin-West adres-
sierten pseudonymen Briefes antisozialistischen und neofaschistischen Inhalts sowie in diesem Zusammenhang bekannt-
gewordener weiterer operativ relevanter Sachverhalte und
Anhalte
_____

Am 14. Januar 1982 wurde der Abteilung XXII durch die Ab-
teilung M ein mit "Kriegssylvester 1981" (Poststempel:
Berlin, 03.01.1982) datierter, in Handschrift verfaßter
Brief mit der Absenderangabe

                    Joachim OSTOJEWSKI

                    1136 Berlin
                    Robert-Unfug-Str. 61

gerichtet an

zur operativen Bearbeitung übergeben.

Neben neofaschistischen Äußerungen und antisozialistischen
Ausfällen enthält dieser Brief die Absichtserklärung, in
die BRD bzw. nach WB zu gelangen und sich in Westberlin mit
dem Adressaten zu treffen. Der Briefschreiber bezeichnet
sich als "Oppositionsführer" und läßt von "Sympathisanten"
grüßen. Der Briefkopf ist gekennzeichnet mit "AFD lasset
uns aufsehen auf Jesus".

Operative Feststellungen zur Person des Briefschreibers
sowie zu weiteren, aus dem pseudonymen Brief zu entnehmen-
den Sachverhalts- und Personenanhalten
_____

Im Ergebnis umfangreicher operativer Überprüfungs- und
Kontrollmaßnahmen konnte als pseudonymer Briefschreiber
der ehemalige DDR-Bürger

Der Bundesbeauftragte für die
Unterlagen des Staatssicherheitsdienstes
der ehemaligen
Deutschen Demokratischen Republik

0051

Arbeitsgruppe XXII

Tgb.Nr.: 4756
Weiter er:

Berlin, den 14.05.1984
Qu./Tel. 41480
XXII/ 336/ 84

KD Lichtenberg

Information zu Oertel, Joachim geb. am 12.05.1948

Aus zuverlässiger inoffizieller Quelle wurde bekannt,
daß der ehemalige DDR-Bürger

Kontakt zu dem O. Joachim aufgenommen hat.
In dem Zusammenhang wurde bekannt, daß der O. Joachim
in der Nähe der Staatsgrenze der DDR wohnt, ca. 200-300m
und gemeinsam mit dem ▮▮▮▮▮▮▮ Aufnahmen von der
Staatsgrenze anfertigte.
O.Joachim ist gegenwärtig damit beschäftigt, ein Buch
zu schreiben, in dem er die gesellschaftlichen Verhältnisse
in der DDR verunglimpft, und herabwürdigt.

Weiterhin wurde bekannt, daß zwischen O.Joachim und
dem

ein enger Kontakt besteht.

Diese Information ist offiziell nicht auswertbar.
Die Quelle ist überprüft.

Leiter der Arbeitsgruppe

Zielske
Oberstleutnant

Kreisdienststelle Lichtenberg Berlin, 11. 10. 1984
Leiter   gö-ca 41 089
                               6579 /84

Abteilung XX

Der Bundesbeauftragte für die
Unterlagen des Staatssicherheitsdienstes
der ehemaligen
Deutschen Demokratischen Republik

O e r t e l , Joachim, geb. 12. 5. 1948 in Berlin,
1 Berlin 48, Waldsassener Str. 54

Der Oe. wurde vermutlich 1980/81 in der Neurochirurgie der Charité
Berlin behandelt.

Aus operativen Gründen macht es sich notwendig, ein umfassen-
des Persönlichkeitsbild des Oe. zu erarbeiten. Die gegenwärtigen staatsfeindlichen Aktivitäten sprechen dafür, daß es bei
dem Oe. krankhafte Veränderungen in seiner Gesamtpersönlichkeit
gibt. Aus diesem Grund wird gebeten, alle vorliegenden Erkenntnisse und Unterlagen zu beschaffen und zu übersenden.

Leiter der Kreisdienststelle

Gnauck
Oberstleutnant

Abteilung XXII   Berlin, 14. September 1984

Der Bundesbeauftragte für die
Unterlagen des Staatssicherheitsdienstes
der ehemaligen
Deutschen Demokratischen Republik

OPERATIV-INFORMATION NR. 231/AG S - 46/84

über feindliche Aktivitäten des ehemaligen Bürgers der DDR
OERTEL, Joachim
_____

Durch eine Quelle unserer Diensteinheit aus dem Operationsgebiet gelangten zurückliegend verschiedene Informationen
zur Person des ehemaligen Bürgers der DDR

        OERTEL, Joachim
        geb. am: 12. 5. 1948 in Berlin
        wohnhaft: 1 Berlin 49, Waldsassener Str. 54

        - in Abt. XII erfaßt für BV Berlin
          KD Lichtenberg

zur Kenntnis, die belegen, daß Genannter eine besonders haß-
erfüllte Einstellung zur DDR besitzt, angeblich umfangreiche
Rückverbindungen zu negativen Personenkreisen in der DDR
unterhält und selbst zunehmend mit feindlichen Aktivitäten
in Erscheinung tritt.

Im einzelnen liegen hierzu folgende Erkenntnisse vor:

- Als Mitglied bzw. Sympathisant der Westberliner Arbeitsgruppe der Feindorganisation

        "Internationale Gesellschaft für Menschenrechte e. V."
        (IGFM)

nahm OERTEL, gemeinsam mit seiner Ehefrau, an dem im April
1984 in Aachen/BRD stattgefundenen sog. "Deutschlandpoli-
tischen Seminar" der "IGFM" teil.

Im Verlauf dieser Veranstaltung fiel der OERTEL mit haß-
erfüllten, z. T. wirren und schizophren wirkenden Äußerungen,
Vorstellungen, Plänen und Absichten auf; die sich ihrem
Inhalt nach gegen alle sozialistischen Länder - speziell
gegen die DDR - richteten.

Aus seiner Bereitschaft heraus, grundsätzlich an allen gegen
den Sozialismus gerichteten Aktionen teilzunehmen, stellte
er sich dem während vorgenannter IGFM-Veranstaltung anläßlich
des zum damaligen Zeitpunkt möglicherweise beabsichtigten Staats-
besuches des Genossen Erich Honecker in der BRD gebildeten
sog. "Vorbereitungskomitee" spontan zur Verfügung.

Er erklärte seine uneingeschränkte Zustimmung zu den
durch dieses "Vorbereitungskomitee" beabsichtigten
kriminell-provokativen Aktionen und teilweise gewalt-
samen Angriffen gegen den Generalsekretär während seines
Aufenthaltes in der BRD.

Mit den führenden Kräften der IGFM/AG WB, dem Ehepaar

verbindet das Ehepaar OERTEL ein freundschaftliches Verhältnis. Durch sein haßterfülltes Auftreten genießt OERTEL
bei einigen Feindkräften der IGFM Ansehen und Sympathien,
so z. B. bei dem Leiter der IGFM/AG Hamburg.

Beide kennen sich durch eine gemeinsame Studienzeit an der
Universität Greifswald.

Im Zusammenhang mit der am 19. 9. 1984 geplanten Jahres-
hauptversammlung der IGFM/AG WB wurde im internen Kreis
der Führungskräfte davon gesprochen, den OERTEL als Vor-
standsmitglied und Sprecher der Arbeitsgruppe zur Wahl
vorzuschlagen. Genannter selbst erklärte sich mit der Übernahme dieser Funktion einverstanden.

- Ausdruck der feindlichen Einstellung und Geisteshaltung
  des OERTEL bildet das Mitte Juni 1984 in einer Auflage
  von angeblich 1 000 Exemplaren im Kleinverlag

  "Edition Vespüne"
  Westberlin 62, Akazienstr. 19
  Tel.: 784,45 83

  erschienene Buch "Liebesgrüße an Erich M." (s. Anlage)
  Der Inhalt dieses Machwerkes deckt sich zum größten Teil
  mit dem ebenfalls in unserer Diensteinheit vorliegenden
  Manuskript.
  Der OERTEL äußerte Zufriedenheit über diese Veröffentlichung;
  hätte bisher jedoch nur eine geringe Stückzahl verkaufen
  können.
  Am 25. 7. 1984 hätte er während des in Westberlin stattge-
  fundenen Festivals "Sommernachtstraum" neben weiteren
  Autoren in der Nähe des Kurfürstendamms Auszüge aus seinem
  Buch verlesen.
  Als eine weitere Veröffentlichung beabsichtigt OERTEL ein
  Material über "die Unterwanderung Westdeutschlands durch
  die Staatssicherheit" zu erstellen.

- Ausgehend von seiner früheren Zugehörigkeit zu feindlich-
  negativen und neonazistischen Gruppierungen in der DDR gibt
  OERTEL vorm nach wie vor umfangreiche Rückverbindungen zu
  diesen Personenkreisen zu besitzen.

Seinen Behauptungen zufolge - die nach bisher vorliegenden
Erkenntnissen stark überzogen sind und in der von ihm dar-
gestellten Form nicht den Tatsachen entsprechen - will er
Kontakte zu sog. "NSDAP-SA"-Gruppierungen in der Hauptstadt
der DDR, Spremberg und Leipzig; "Ku-Klux-Klan"-Gruppierungen
in Potsdam und Cottbus sowie zu der angeblich ehemals von
ihm selbst mit gegründeten Gruppierung "SAFT" ("Schwarze-
Armee-Fraktion-Terroristen") in Greifswald verfügen.

Bisher durchgeführte Überprüfungen zu verschiedenen weiteren Behauptungen und Darstellungen des OERTEL u. a. auch in
bezug auf angebliche Verbindungen und Kontakte zu linksextremistischen und maoistischen Feindpotentialen des Opera-
tionsgebietes ergaben, daß Genannter offensichtlich keine
fundierten Erkenntnisse besitzt, viele Dinge hochstapelt
und in teilweise zusammenhanglose Beziehungen bringt.
Dabei kann jedoch nicht ausgeschlossen werden, daß OERTEL
tatsächlich Rückverbindungen zu in der DDR lebenden Feindkräften unterhält.
Eigenen Angaben zufolge soll hierbei sein häufig zu Besuchs-
aufenthalten in WB weilender ███████ als Kurier fungieren.
Dieser würde in Schallplattenhüllen versteckte Nachrichten
und Kassiber - bisher ohne Feststellung durch die Zollorgane -
in die DDR verbringen. (Die äußere Plasteumhüllung bei Schallplatten aus der BRD-Produktion würde von OERTEL zu diesem
Zweck geöffnet und wieder verschweißt werden.)

In der Vergangenheit hätten wiederholt Treffen von DDR-
Bürgern mit OERTEL in der CSSR stattgefunden. An deren
Organisierung wäre gleichfalls der ehemalige Bürger der
DDR

beteiligt gewesen.

Ein weiteres, für September 1984 geplantes Treffen in
Karlovy Vary/CSSR könne jedoch nicht in der vorgesehenen
Form erfolgen, da angeblich ein "führendes Mitglied" der
Greifswalder Gruppierung von den Sicherheitsorganen der DDR
einer Vernehmung zugeführt worden sei. Ohne den Namen zu
nennen, bezeichnete OERTEL diese Person als Akademiker mit
"internationalem Ruf als Toxikologe und Pharmakologe mit
zweifachem Doktor-Titel".

Die Aussprache mit der IM Greifswald ergab, daß tatsächlich im Rahmen der Bearbeitung einer OPK /Vorbeugungsgespräche mit einer Reihe von Mitgliedern einer negativen Gruppierung mit dem Ziel geführt wurden, eine weitere Teilnahme an Treffen in der ČSSR zu verhindern und die Gruppierung zu zerschlagen. Unter diesen Personen befand sich auch ein als Reisekader bestätigter Doktor der Pharmazie.

Zu vorgenannntem ▓▓▓▓▓ wurde bekannt, daß dieser nach eigenen Angaben Vorsitzender eines sog. "Kooperationsringes" - d. h. eines Zusammenschlusses von ca. 34 schlagenden studentischen Verbindungen - in der BRD und WB wäre. Er unterhält ein enges freundschaftliches Verhältnis zu OERTEL und beabsichtigt mit diesem eine sog.

"Studentenverbindung ehemaliger Greifswalder"

zu bilden.

- Vom 15. - 19. 3. 1984 hielt sich OERTEL bei einem ihm bekannten ehemaligen Bürger der DDR

auf. Der OERTEL bezeichnete diesen als "guten Freund", mit welchem er gemeinsam in einer sog. "NSDAP-AO"-Gruppierung in der DDR zusammengewirkt haben will. Der namentlich nicht bekannte Bruder des ▓▓▓▓ (gleichfalls ehem. Mitglied dieser Gruppierung), soll gegenwärtig ebenfalls mit in dieser Hamburger Wohnung leben.
Seit dem 15. 6. 1984 ist der OERTEL mit einem zweiten Wohnsitz in Hamburg unter vorgenannter Anschrift des ▓▓▓▓ polizeilich gemeldet. Damit sei es ihm möglich gewesen, in den Besitz eines Reisepasses der BRD zu gelangen. Auf dem Antragsschein für diesen Paß gab er statt seines richtigen Geburtsdatums (12. 5. 1949) das Datum 5. 12. 1948 an, was von den Behörden angeblich nicht bemerkt wurde.
Mit diesen falschen Eintragungen im Paß - von denen sich unsere Quelle persönlich überzeugen konnte - beabsichtigt der OERTEL, die Grenzorgane der DDR zu täuschen und die gegen ihn bestehende Einreise-Sperre zu umgehen. Zunächst will er eine Einreise von WB und später auch von der BRD aus versuchen. Entsprechende Hinweise zu diesem Vorgehen hätte er von seiner Ehefrau erhalten, welche zurückliegend in der DDR bei der Deutschen Volkspolizei tätig gewesen sein soll.

Bei Auswertung der Information ist unbedingter Quellenschutz erforderlich.

Verteiler:
1. Ex. Gen. Generalleutnant Neiber   2. Ex. Leiter d. DE
3. Ex. BV Rostock, KD Greifswald, Ltr.   4. Ex. BV Berlin, KD
                                           Lichtenberg
5. Ex. Abt. XXII/AKG   6. Abt. XXII/AGS-AI
7. Ex. IM-Akte

4 Der Klassenkampf verschärft sich

Durch meine Tätigkeit bei der Internationalen Gesellschaft für Menschenrechte und in einigen anderen antistalinistischen Initiativen kam ich viel in der Bundesrepublik herum. Ich wurde zu Lesungen und Vorträgen über die Verhältnisse in der DDR eingeladen.

In Weinheim hielt ich einen Vortrag vor dem Bürgerverein, der sehr gut besucht war. Vor dem Saal rotteten sich derweil sogenannte Antifaschisten zusammen, randalierten und zerstachen Autoreifen von achtzig Tagungsteilnehmern. Ich konnte nicht nachvollziehen, warum die Demonstranten meine Kritik an der SED-Diktatur so wütend bekämpften. Als Diktaturgegner stand ich ja sozusagen auf ihrer Seite.

Nach mehreren Stunden Belagerung konnten wir den Saal unter Polizeischutz wieder verlassen. Ich fragte den Einsatzleiter, warum man denn nicht eingriff, als der Mob begann, Autos zu beschädigen. Die lapidare Antwort: "Wir wollten nicht provozieren!" Selbstverständlich hatte man die Täter bei ihrem Tun auch nicht fotografiert oder gefilmt, um sie später zu identifizieren und strafrechtlich zur Verantwortung zu ziehen. Unter den Demonstranten befand sich eine Abgeordnete der "Grünen", die den Tagungsteilnehmern bekannt war. Der Versammlungsleiter zeigte sie später an. Das Verfahren wurde aber bald wieder eingestellt.

Ich hatte in der DDR mehrere Gruppen rechtsextremistischer Jugendlicher kennengelernt und in Artikeln und Vorträgen über die Stasiunterwanderung/Steuerung solcher Gruppen in Ost und West berichtet.

Die rechtsextremistische Terrorgruppe Odfried Hepp, Udo Albrecht und Kexel zum Beispiel, die über gute Kontakte zur PLO verfügte, bestand zu zwei Dritteln aus Stasiagenten! Odfried Hepp arbeitete für die Abteilung XXII (Terrorabwehr des MfS), geführt durch Major Eberhard Böttcher. Er bekam den Decknamen "Friedrich" und einen

DDR-Personalausweis auf den Namen Siegfried Ludwig. Auch der rechtsextremistische Waffenhändler und Bankräuber Udo Albrecht hatte so gute Kontakte zur Staatssicherheit, daß sie ihm 1981 aus BRD-Haft zur Flucht in die DDR verhalf. Bei einem Ortstermin an der DDR-Grenze gelang es ihm, auf den gerade langsam vorbeifahrenden Interzonenzug aufzuspringen. Kurze Zeit später ließ ihn die DDR nach Damaskus weiterreisen.

In Köln hielt ich einen Vortrag über die Machenschaften der Mielke-Organisation. Dabei beklagte ich auch das Wiederaufleben des Rassismus in der DDR, was der SED damals offensichtlich ins politische Konzept paßte. Bei dieser Veranstaltung war auch ein gewisser Theo Schomers (alias Michael) anwesend, der sich als "antifaschistischer" Spitzel in das Umfeld der Republikaner eingeschlichen hatte und später ein Buch mit dem Titel "Deutschland ganz rechts" schrieb. Darin beschrieb er mich als versoffenen Faschistenfreund, der während seines Vortrages rassistische Negerwitze erzählt. Solchen Witz hatte ich tatsächlich erzählt, allerdings als schlechtes (!) Beispiel für den wachsenden Rassismus der DDR-Jugend, den ich beklagte. Das Vorwort zu Schomers Buch schrieb übrigens Günter Wallraff. Um den Schriftsteller Günter Wallraff gab es lange Zeit Gerüchte, auch er habe für das MfS gearbeitet. Am 10.11.92 entschied die 27. Zivilkammer des Berliner Landgerichts, daß er nicht der IM mit dem Decknamen "Walküre" sei. Der ehemalige Hauptmann der Abteilung X (Aktive Maßnahmen), Gerd Eberlein, hatte seine früheren Aussagen widerrufen. Nun ja.

Schon auf der Fahrt nach Köln hatte ich "Feindberührung". Ich stieg auf dem Westteil des Bahnhofs Friedrichstraße in den Zug und setzte mich ins Behindertenabteil. Ich trug meine gelb-schwarze Blindenbinde am Arm. Zu mir ins Abteil setzten sich einige angetrunkene polnische Mitbürger, die ihr Gepäck ebenfalls im Gepäcknetz verstauten. Sie fuhren nur eine Station, bis zum Westberliner Bahnhof Zoologischer

Garten. Dort wurden sie bereits von einigen Kumpanen erwartet, denen sie das Gepäck aus dem Abteilfenster hinausreichten. Darunter auch meine Reisetasche, die 30 Exemplare meines Buches "Liebesgrüße an Erich M." enthielt. Sie nahmen wohl an, daß ich das nicht mitbekommen würde. Da ich jedoch "nur" auf beiden Augen halbseitig blind bin, sah ich diese Aktion und konnte meine Tasche gerade noch am Gurt ins Abteil zurückzerren. Blitzartig verschwanden die Mitbürger. Hätten diese Polen auch jeden anderen Blinden beraubt, oder hatte es die Gruppe gerade auf die "Liebesgrüße" abgesehen? Daß auch der polnische Geheimdienst auf mich sauer war, war mir klar, da ich in West-Berlin gute Kontakte zum örtlichen Solidarnosc-Büro unterhielt und einige Artikel von mir in polnischer Übersetzung in Untergrundzeitschriften erschienen waren.

Auch nach dem Fall der Mauer blieb der Feindkontakt zur SED/PDS erhalten. Als ich von den Ereignissen um das Asylantenheim in Rostock-Lichtenhagen hörte, beschloß ich, eine Reportage darüber zu schreiben. Ich fuhr nach Rostock und sprach dort mit mehreren Beteiligten an den Ausschreitungen und machte Fotos vom Tatort. Auf dem Rückweg nach Berlin wurde aus meinem Reisegepäck Fotoapparat, Kassettenrecorder, Geld, Papiere, Notizen und mein Personalausweis gestohlen. Die Polizei ermittelte später eine polnische Tätergruppe. Mit meinem Personalausweis wurden etliche Kredit- Warenbezugsbetrügereien verübt. Wird ja wohl Zufall gewesen sein.

Über die Ereignisse um das Rostocker Asylantenheim schrieb ich einen Artikel für die Kölner Zeitschrift "Europa vorn aktuell" mit dem Titel "Gar lustig ist das Zigeunerleben". Darin schilderte ich das reibungslose Zusammenwirken von Autonomen/Antifas, Verbrecherbanden, Fernsehteams und Stasi/PDS. Der innenpolitische Sprecher der CDU/CSU-Bundestagsfraktion Marschewski: "Offenbar hat die Stasi die Krawalle mit angezettelt, um der Demokratie in den Rücken zu fallen. Die traditionell guten Beziehungen zwischen gewaltbereiten Neonazis und der Stasi sind hier zum Tragen gekommen."

Wie stark die Stasi-Connection innerhalb der Neonazi-Scene war, merkte ich bei einem Vortrag über die DDR vor rechten Jugendlichen. Ich hatte die Absicht, den Jugendlichen anhand von Beispielen aus der DDR die Funktionsweise eines totalitären Staates als abschreckendes Beispiel (!) für politische Intoleranz aufzuzeigen. Zu meinem Entsetzen befürworteten alle Jugendlichen bei der anschließenden Diskussion die politische Unterdrückung Andersdenkender in der DDR. Michael Kühnen, der bekannte Neonazi-Chef hatte nämlich in seinem Buch "Glaube und Kampf" geschrieben: "Wie würde dieses korrupte System zu zittern beginnen, wenn sich nur für einen Augenblick die gewaltigen revolutionären Ströme von rechts und links vereinten und die Besatzerknechte in Bonn, diese Handlanger fremder Interessen in den Abgrund gerissen würden!"

Nach Abschluß der Veranstaltung nahm mich ein "Kamerad" beiseite und stellte sich als Frank Z."Gestapo-Chef Berlin-West" vor. Er zitierte Thomas Mann: "Antikommunismus ist die Grundtorheit unserer Epoche." Ich möchte bitte zur Kenntnis nehmen, daß ich bei den Neonazis fortan jedwede antikommunistische Propaganda gegen die DDR zu unterlassen habe, da die SED als einzige Partei im gesamten Deutschland sich gegen "Verjudung/Verniggerung" engagiere und die DDR-Bevölkerung durch deren weise Führung das rassische Potential für die deutsche Wiedergeburt darstelle! Da war ich erstmal platt. So hatte ich die Dinge noch nie gesehen.

Auf derselben Ebene lag auch der durchaus ernstgemeinte Vorschlag eines bekannten Neonazi-Führers, Georg Reisz, genannt Nero. Er meinte, man solle Erich Honecker ein goldenes Denkmal für seine repressive Ausländerpolitik in der DDR setzen.

Die Militarisierung des gesamten öffentlichen Lebens in der DDR wurde von den Rechtsradikalen einhellig begrüßt, da sie die Möglichkeit biete, Deutschland auch militärisch aus dem "Würgegriff des internationalen Zionismus zu befreien". Daß solche DDR-Fantruppe der ideale Ansprechpartner für Stasioffiziere darstellte, liegt auf er Hand. Die aktuelle Welle der mehr oder weniger gut getürkten Neonaziübergriffe trägt deutlich die Handschrift der Stasi, die sich immer noch auf eine große Zahl hilfsbereiter Journalisten, die auf dem Verteilerplan der Abteilung Desinformation der Stasi standen, verlassen kann. Ich werde den Verdacht nicht los, daß diese Desinformationsspezialisten komplett vom Verfassungsschutz übernommen wurden.

Anläßlich eines Vortrags unterhielt ich mich mit einem ehemaligen Stasi-Agenten, der sich zur Zeit als Hausbesetzer betätigt. Dabei erwähnte ich auch die Bekanntschaft mit einigen Neonazi-Führern, die ich durch meine journalistische Tätigkeit kennengelernt hatte. Er sagte mir: "Ach so, dich haben sie also zur Konkurrenz geschickt!"

Mittlerweile bestätigte der Justizminister von Mecklenburg-Vorpommern, Herbert Helmrich (CDU), Ermittlungen gegen Fernsehteams, die beim Filmen der Gewaltaktionen in Rostock- Lichtenhagen Jugendlichen Geld dafür geboten haben sollen, den Hitlergruß zu zeigen. Nach Angaben der Polizei, die sich auf Aussagen der Eltern und anderer Zeugen stützt, sind auch Kinder überredet worden, Prügelstöcke zu schwenken und immer wieder "Ausländer raus" zu rufen. Nachzulesen in der Morgenpost, Ausgabe Mecklenburg-Vorpommern vom 6.9.92.

Kurz nachdem ich meinen Artikel zu den politisch-sozialen Hintergründen der Ausschreitungen veröffentlicht hatte, erhielt ich eine Anzeige von Frau Dr. Dagmar Enkelmann wegen "Beleidigung des Andenkens Verstorbener, Aufstachelung zum Rassenhaß und Volksverhetzung". Frau Dr. Enkelmann ist Diplom-Historikerin, studierte an der Karl-Marx-

Universität Leipzig und lehrte Marxismus-Leninismus. Sie wurde 1977 SED-Mitglied und war bis zum 2.Oktober 1990 Mitglied der DDR-Volkskammer. Seit dem 3.Oktober 1990, dem Tag der Wiedervereinigung, ist sie Mitglied der PDS-Gruppe im Deutschen Bundestag. Einige Monate zuvor wurde die Redaktion der Zeitschrift "Europa vorn aktuell" durch die Staatsanwaltschaft Köln auf Anweisung von Staatsanwalt Bellinghausen durchsucht, da Antifa-Gruppen aus Köln ein gefälschtes Merkblatt mit dem Kopfbogen der Stadt Köln in Umlauf gebracht hatten und man meinen Chefredakteur Manfred Rouhs verdächtigte, daran beteiligt gewesen zu sein. Bei der Gelegenheit wurde eine Computerdatei mit Namen und Adressen der Mitarbeiter und Abonnenten dieser Zeitschrift vom Staatsanwalt beschlagnahmt. Ich protestierte gegen diesen Übergriff bei der Staatsanwaltschaft ohne Erfolg bzw. mit dem Erfolg, daß eben dieser Staatsanwalt kurze Zeit später gegen meinen Chefredakteur und mich Anklage erhob. Das Zusammenspiel zwischen Partei und Justiz hätte in der "DDR" nicht besser klappen können!

Die Hauptverhandlung wurde zum 12. Mai 1993 anberaumt, meinem 45. Geburtstag. Im Gerichtssaal saß eine komplette Schulklasse, die mal richtige "Neonazis" kennenlernen sollte. Der Staatsanwalt, ein alter Intimfeind meines Chefredakteurs und "Mittäters", ließ sich durch eine maulfaule Statistin vertreten, die offensichtlich nicht so recht mitbekam, worum es eigentlich ging. Richter Krömer war diese Anklagevertreterin offensichtlich peinlich, und er vertrat von Anfang an die Meinung der Staatsanwaltschaft. Er verlas die Anklageschrift und kommentierte sie gelegentlich.

Ich stand nie vor einem DDR-Gericht, wußte aber, daß allein die Tatsache, daß man angeklagt wird, dem Richter zumindest in politischen Prozessen ausreichte, um ein Vorab-Schuldig-Urteil zu formulieren. Mein Anwalt riet mir angesichts meiner finanziellen Lage, keine Befangenheits- oder Beweisanträge zu stellen, da sich diese nur strafverschärfend auswirken könnten. Eine Verurteilung stände schon fest! Wie sagte doch Wolf Biermann kurz nach seiner Ausbürgerung: "Ich bin vom Regen in die Jauche gekommen!" Der Richter war von unserer Schuld bereits nach Verlesung der Anklageschrift überzeugt und erging sich in Beschimpfungen primitivster Art. Das hörte sich etwa so an: "Der Oertel hat offensichtlich nur Scheiße im Kopf".

Ich wollte meinen Verteidiger überreden, auf Grund dieser Bemerkung die Befunde meiner Gehirnoperation und die entsprechenden Computertomogrammbilder meines Gehirns als Beweismittel im Prozeß vorzulegen. Er riet mir allerdings strikt ab, mit solchen Scherzen das Gericht noch mehr gegen uns einzunehmen, so daß ich mich gemäß eines alten russischen Sprichworts verhielt: "Was scherts die Eiche, wenn sich ein Schwein dran scheuert?" und dem Schicksal seinen Lauf ließ.

Die sogenannte Staatsanwältin nickte nur ab und zu mit dem Kopf und verzichtete sogar auf ein eigenes Plädoyer. Das übernahm der Richter, der allerdings doch noch merkte, daß die Anklage zu dünn war, so daß er vorschlug, das Verfahren gegen eine Geldbuße einzustellen. Man brummte meinem Mittäter eine Geldbuße von 1000,- und mir eine von 1500,- DM auf, die wir zähneknirschend akzeptierten. So also sah die Nachzensur für Journalisten in der BRD aus!

Dabei konnte ich noch froh sein, so glimpflich davongekommen zu sein. Mein Chefredakteur und "Mittäter" wurde vor seiner Redaktion von vermummten Mitbürgern mit Eisenstangen und Knüppeln krankenhausreif geprügelt! Manfred Rouhs ist Kölner Ratsherr und als kritischer Geist bekannt. Als auf- (und) rechter Demokrat hat er natürlich besonders viele Feinde im multikriminellen Milieu. Da ich noch an einem Rest meines Gehirntumors leide, hätte diese Form der "kämpferischen Demokratie" mir leicht das Leben kosten können. Ich begann, mich nach den idyllischen DDR-SED-

Zeiten zurückzusehnen, wo man nichts veröffentlichen konnte, was den Herrschenden unangenehm gewesen wäre.

Ich hätte mir in meinen schlimmsten Alpträumen niemals vorstellen können, daß nach der Auflösung der DDR die SED immer noch mißliebige Personen, jetzt sogar mit Unterstützung des sogenannten Rechtsstaates, politisch drangsalieren könnte. Ich mußte mich eines Schlechteren belehren lassen.

Berliner Morgenpost, Juli 1988

Wie man in der „DDR" Staatsfeinde produziert

Sehr geehrte Damen und Herren,

der Arbeiter- und Bauernstaat kämpft seit längerem mit einem recht massiven Arbeitslosenproblem. Bekannt für undogmatische Lösungen, hat sich die SED-Führung schon beizeiten ein ganzes Bündel von Paragraphen im Strafgesetzbuch zur Lösung dieses Problems konstruiert.

Ist jemand arbeitslos und redet in der Öffentlichkeit über sein Problem, kann er damit rechnen, daß er nach § 106 (Staatsfeindliche Hetze) verurteilt wird (Strafandrohung bis zu acht Jahren Haft). Redet er nicht darüber, sondern arbeitet einfach nicht und lebt zum Beispiel von seinen Ersparnissen, kommt vielleicht der § 249 (Asoziales Verhalten – bis zu zwei Jahren Haft) zur Anwendung. In der Haft gelingt es meist sehr schnell, dem Betreffenden klarzumachen, daß es an der Zeit ist, den Staat zu wechseln, und er stellt einen dementsprechenden Antrag.

Tut er dies bereits vor der vorgesehenen „Wertsteigerung" durch eine Haftstrafe, hat er noch andere Chancen, zusammen mit Mördern und Schwerstkriminellen, den Erlaubnisbereich des sozialistischen Strafvollzugs kennenzulernen. .

Anträge auf Entlassung aus der Staatsbürgerschaft sind in der „DDR" zwar legal, führen aber meistens erst dann zum Erfolg, wenn sie Behörden der Bundesrepublik zur Kenntnis gelangen, die sich dann um die Antragsteller bemühen.

Die Kontaktaufnahme zu westlichen Behörden fällt unter den Paragraphen 99 (landesverräterische Nachrichtenübermittlung – zwei bis zwölf Jahre Haft) oder § 100 (Landesverräterische Agententätigkeit – ein bis zehn Jahre Haft). Eine Verhaftung ist in diesem Stadium der Ausreisebemühungen jederzeit möglich, muß aber nicht erfolgen. Der Bundesregierung sind 1025 Häftlinge namentlich bekannt. Man rechnet mit insgesamt 2000 Häftlingen. Die Arbeitsgemeinschaft 13. August spricht von 4000 politischen Häftlingen, wozu noch 2000 weitere Gefangene kommen, die sich in kleineren Gefängnissen, Arbeitslagern und Untersuchungs- oder Abschiebehaft befinden.

Die Gefängniskapazität in der „DDR" reicht für die große Zahl der Gefangenen nicht aus. Politische Gefangene berichten immer wieder von total überbelegten Zellen. Deshalb ist ab und zu eine Amnestie erforderlich.

Wer an seinen Ausreisebemühungen festhält oder seine politischen Aktivitäten auch nach der Amnestie fortsetzt, landet sehr schnell wieder im Knast. Erfahrungsgemäß sind nach zwei Jahren die Gefängnisse wieder voll belegt. Man kann also mit Recht sagen, daß die Amnestie den politischen Häftlingen nur schadet. Notwendig wäre eine grundsätzliche Reform des politischen Strafrechts in Mitteldeutschland.

Die Praxis des Gefangenenfreikaufs verleitet die SED-Führung, das Strafrecht zur Devisenbeschaffung zu mißbrauchen. Unsere Politiker sollten dem Mauerboß klarmachen, daß nach Marx der Rückfall in überlebte gesellschaftliche Formationen (Sklavenhalter-Gesellschaft) zum Untergang derselben führen muß (Grundkurs „Dialektischer und historischer Materialismus").

*Mit freundlichen Grüßen
Joachim Oertel, Berlin 48*

Arbeitsgruppe XXII   Berlin, 16. 4. 1982
                                      Bi - 9753 -

BStU
000210

Zusammenfassung zur OPK "Gaukler"

Häcker, Mario
6. 2. 1960 in Berlin
1035 Berlin, Samariterstr. 29
Arbeitsstelle: Druckkombinat Berlin, BT Seydelstr.

- Durch HA II/10 wurde H. als Besucher der Botschaft Albaniens
  1977 bekannt.

- Er empfängt nach eigener Darstellung ständig Sendungen von
  Radio Tirana.

- Gibt vor, sich ein eigenes Bild von der Welt und vom Aufbau
  des Sozialismus zu machen.

- Argumentiert, daß der Sozialismus in der DDR und den Bruderstaaten nicht den Lehren von Marx, Engels und Lenin entspricht.

- Seine negative Einstellung bringt er in Briefen an seine
  Freunde zum Ausdruck.

- Durch die Abt. XXII, Gen. Major Weihrecht, ist bekannt, daß
  die Namen von Häcker und ▬▬▬▬ der Zentrale der "KPD" in
  der BRD bekannt sind.

- Am 16. 8. 1980 fiel H. bei der VP an, da er im HdJT Plakate
  zur Revolution im Iran entfernte.

- Gemeinsam mit ▬▬▬▬ und dessen ehem. Freundin, ▬▬▬▬
  bestand Kontakt zur Botschaft Chinas.

- Er gab sich gegenüber dem IM "Bob", Abt. XX/4, als Angehöriger
  einer 8 Personen umfassenden Gruppe zu erkennen, die sich
  "zum mehr oder weniger harten Untergrundkampf in der DDR ent-
  schlossen haben", sie wollen durch Verbreiten von Hetzlosungen
  aktiv werden.

- Im August 1981 weilte Häcker gemeinsam mit ▬▬▬▬ in der VRP.
  Auf von dort geschriebenen Karten an ihren Freundeskreis ver-
  herrlichten sie die konterrevolutionäre "Solidarnosc".

- Am 31. 8. 81 wurde Häcker mit weiteren Personen durch die Abt. VIII
  auf dem August-Bebel-Platz (FDJ-Singeveranstaltung) festgestellt
  mit "Solidarnosc"-Abzeichen.

Abteilung XXII/3   Berlin, 9. 5. 1983
                                          mü-hü

BStU
CG0234

I n f o r m a t i o n   Nr. 192/321/83

über die weitere Aufklärung des Persönlichkeitsbildes
von H ä c k e r , Mario sowie geplanter Aktivitäten

Ausgehend von den bisherigen Informationen über die
Persönlichkeits- und Verhaltenseigenschaften des Mario HÄCKER
ist generell einzuschätzen, daß er ein überaus vorsichtiger
und mißtrauischer Typ ist. Dieses Verhalten habe sich
eigenen Angaben zufolge noch mehr verfestigt, seit er
durch die VP auf die Keibelstraße vorgeladen worden ist.
Seiner Auffassung nach könne man "keinen mehr über den Weg
trauen" und deshalb suche er sich seine Freunde selbst.

Die mir durch M. HÄCKER zur Kenntnis gelangten Informationen über
seine weiteren Pläne und die Absicht, sich enger in der
sogenannten Friedensbewegung zu etablieren, tragen stets nur
fragenentarischen Charakter und sind mir über einen längeren
Zeitraum zu einem Gesamtbild zusammen zu fassen. Hier
kommen insbesondere die labilen Charakterzüge des M. HÄCKER
zum Ausdruck, die durch Pragmatismus, Faulheit, Inkonsequenz,
Unschlüssigkeit gekennzeichnet sind.
Nach wie vor beabsichtigt er, in unserem Betrieb zu kündigen
und seine Tätigkeit in einer kirchlichen Einrichtung Berlins
aufzunehmen. Konkrete Aktivitäten zur Realisierung seiner
Absicht sind mir nicht bekannt.

Während einer längeren Unterhaltung im Betrieb, die ich
etwa Mitte April 1983 mit HÄCKER führte, wurde bekannt,
daß er an einer Buchlesung in der Wohnung des Schriftstellers
I ... teilgenommen habe. Außer ihm wären ca. 80 weitere
DDR-Bürger, unter ihnen

▬▬▬▬▬▬▬▬▬▬▬▬▬▬▬▬▬▬▬

sowie die ▬▬▬▬ des verstorbenen ▬▬▬▬▬▬▬, ▬▬▬▬▬ anwesend
gewesen. Nach Darstellung des HÄCKER handele es sich bei diesen
Personen um sogenannte Regimekritiker, die in der DDR einen
äußerst schlechten Stand haben und deren Bücher bei uns
nichtverlegt würden. H. bezeichnet diese Zusammenkünfte als
Ergebnis, da sie durch seiner ideologischen Natur entsprechen. H. begrüßt dies, was negativ ist. Durch ein
persönliches Gespräch mit ... will H. in Erfahrung gebracht
haben, daß ... außer Decke seiner Wohnstube ein Mikrofon
ausgebaut habe, wodurch das MfS installiert worden ist.

Abteilung VII   Berlin, o7.12.1988

V o r s c h l a g

zu op. Maßnahmen, die sich auf den DDR-Bürger

        H ä c k e r , Marion
        PKZ: 06.02.60 4o4 326
        Geb.-ort: Berlin
        whft.: 1o35 Berlin, Frankfurter Allee 1o8

beziehen

BStU
000005

Der o.g. HÄCKER steht in Verbindung mit dem ehemaligen DDR-Bürger

        ████████, ██████
        - weitere Angaben bekannt -

welcher in Westberlin lebt, der FO "IGfM", AG Berlin (West) angehörte
und durch sogenannte "literarische Machwerke" die DDR und führende
Persönlichkeiten unseres Staates verunglimpfte.

HÄCKER ist zumindest Sympathisant, wenn nicht sogar Mitglied des politischen Untergrundes der DDR, sucht häufig Veranstaltungen "Friedrichs-
felder Friedenskreises" auf und ist inoffiziell als Teilnehmer kirch-
licher Veranstaltungen bekanntgeworden. Nach Einschätzung vorhandener
Quellen gehört er jedoch nicht zu den Initiatoren feindlicher Aktivitäten.

Durch Informationen der HA III wurde bekannt, daß HÄCKER "Material", an
welchem ██████ Interesse zeigte, beschaffte und zum Teil nach Westberlin verbringen ließ, bzw. das zumindest versuchte. So war es möglich,
ausgehend von einem Hinweis der HA III, Anfang 1988 das Verbringen eine
von HÄCKER beschafften Exemplars der "Umweltblätter" nach Westberlin
zu verhindern. Bei der Grenzpassage wurde das Material bei der Ehefrau
des ██████ festgestellt, konfisziert und in der Befragung bestätigt,
daß HÄCKER im Auftrag des ██████ diese beschafft und versucht hat, ihm
zukommen zu lassen.

HÄCKER ist von Beruf Reprotechniker, arbeitete früher in der PGH Foto-
technische Werkstätten Berlin-Friedrichshain, Warschauer Str. und ist
seit 1987 Werbemittelhersteller bei der Konsumgenossenschaft Berlin.
Er besaß enge Kontakte zu übersiedelungsersuchenden DDR-Bürgern, zu solchen, die bereits übergesiedelt sind und Personen mit feindlich-negativer Einstellung. Bekannt ist auch, daß er in der Vergangenheit den
Druck von Aufklebern organisierte und "Aufträge" dazu auch von Personen aus der Republik annahm.

Zu HÄCKER bestehen folgende Versionen:

   1. Er ist Sympathisant des politischen Untergrundes und engagiert
      sich in einem gewissen Rahmen dabei auch kirchlich.
   2. Der ██████ nutzt seine Kontakte zu HÄCKER zur Inspiration von
      DDR-Bürgern aus, HÄCKER spielt so etwas wie eine Vermittlerrol-
      le und er informiert ██████ über die Situation in der "Szene".
   3. HÄCKER ist dem politischen Untergrund fest zuzuordnen, engagiert
      sich in diesem und unterhält auftragsgemäß zu ████ und anderen
      Personen in Westberlin Kontakte.

Mit dem Ziel der Herausarbeitung der Rolle, die HÄCKER spielt und dem
möglichen Nachweis seiner Verbindungen zu politisch-negativen Personen

BStU
██0005

Da aufgrund fehlender op. Möglichkeiten 1985 die Bearbeitung des ███-
████ durch die KD Lichtenberg eingestellt wurde und die Übergabe der
Erfassung an die ZKG-5 erfolgte, wurde die Entscheidung getroffen,
HÄCKER gesondert weiter zu bearbeiten. Dies erfolgte ab Nov. 1985 in
der OPK "Ableger" erneut durch die KD Lichtenberg. Dabei konnten weitere Informationen zur Verbindung "HÄCKER - ███████" und umgekehrt erarbeitet werden, der Nachweis der direkten Feindtätigkeit war bei HÄCKE
jedoch nicht möglich. Deshalb wurde auch Ende 1986 die Bearbeitung eingestellt und das Material archiviert.

In der Folgezeit konnten durch die Abteilung VII verschiedene Informationen zu ████ erarbeitet werden, die auch abermals seine Kontakte
und Verbindungen zu HÄCKER bewiesen. Gleichzeitig beinhalteten die neu
gewonnenen Erkenntnisse auch Fakten, aus denen zu entnehmen war, daß,
zum einen Material des ████ an HÄCKER übersandt, aber auch Material
des HÄCKER zu ██████ gelangte. Die eingeleiteten op. Überprüfungsmaßnahmen ließen die Vermutung zu, daß teilweise die in der DDR lebenden
Eltern des ████, teilweise aber auch bisher unbekannte Personen als
Kurier für die Überbringung von Material fungierten.
Deshalb erfolgte Ende 1987 durch die Abt. VII die aktive Erfassung des
HÄCKER und damit verbunden eine weitere Aufklärung. Durch eine Reihe
von Maßnahmen seit diesem Zeitpunkt wurden folgende Beweise und op. Erkenntnisse bekannt:

  - Für den postalischen und fernmündlichen Kontakt zwischen ███████
    und HÄCKER liegen eine Reihe von Beweisen vor (M-Post und Infor-
    mationen der APT III). Teilweise nutzte ████ bei Postsendungen
    an HÄCKER fingierte Anschriften.

  - Anfang 1988 versuchte die Ehefrau des ████ ein von HÄCKER be-
    schafftes Exemplar der "Umweltblätter" nach Westberlin zu ver-
    bringen. Das konnte verhindert werden, das Material wurde durch
    eine gezielt eingeleitete Zollkontrolle konfisziert und es wurde
    der Nachweis angetreten, daß HÄCKER Beschaffer war.

  - In der Folgezeit wurden mehrfach Postsendungen festgestellt, die
    westliche Presseausschnitte mit hetzerischem Inhalt, Aufkleber,
    die der IGfM zugeordnet werden könnten und andere Materialien,
    darunter von der "Nationalistischen Front" beinhalteten.

  - HÄCKER selbst arbeitet z.Z. beim Konsumverband Berlin, BT Werbung,
    hat Möglichkeiten, Materialien zu drucken und führt beispielswei-
    se auch den Druck von Visitenkarten durch.

  - Er besitzt Kontakte zu Personen, die in der Vergangenheit und auch
    gegenwärtig noch bearbeitet werden und über die bekannt ist, daß
    sie zum politischen Untergrund der DDR gehörten oder noch gehören.
    Ferner bestehen Kontakte zu Kirchenkreisen und HÄCKER wurde bei
    Veranstaltungen des "Friedrichsfelder Friedenskreises" gesehen.

  - Einige Indizien, die erarbeitet wurden, könnten ihn auch in den Krei
    derjenigen Personen einbeziehen, die im Zusammenhang mit den op.
    Maßnahmen zu "Zelle" (Hetzschmierereien, Flugblattverteilung) als
    verdächtig anzusehen sind.

Aufgrund dessen wird vorgeschlagen, zu HÄCKER erneut eine OPK anzulegen und diese in Richtung der Beweisführung nach §§100 und 106 StGB
zu bearbeiten. Von folgenden Versionen wird dabei bei der Bearbeitung
vorerst ausgegangen:

  1. HÄCKER wird von ████ zu feindlichen Aktivitäten gegen die DDR
     inspiriert, führt solche Handlungen auch durch oder aber spielt
     dabei eine Vermittlerrolle.

  2. HÄCKER engagiert sich von selbst gegen die DDR, besitzt feste
     Bindungen zum politischen Untergrund und hat stabile Kontakte
     zu feindlichen Kräften in Westberlin aufgebaut.

BStU
006007

oder: 3. HÄCKER ist fest im politischen Untergrund verankert und handelt entsprechend klar abgestimmter Aufträge und Vorgehensweisen.

Ziel der Bearbeitung:

Ausgehend vom vorliegenden Material sind Maßnahmen durchzuführen, die zum einen das Umfeld des HÄCKER bekanntmachen, eine Einschätzung des in Frage kommenden Personenkreises zulassen und dazu dienen, seine Handlungen gewissenhaft analysieren zu können. Gleichzeitig sind Beweise zu erarbeiten, die sein aktives Wirksamwerden gegen die DDR belegen. Die Nachweisführung von Verbrechen gemäß den §§ 1oo und 1o6 StGB muß dabei im Vordergrund stehen.

Als **Teilziele** sind anzusehen:

- Erarbeitung der Kontaktpartner und Verbindungspersonen des HÄCKER, Einschätzung ihrer Rolle und Beweisführung zu möglichen feindl. Aktivitäten ihrerseits;
- Feststellung der Anlaufstellen des HÄCKER und Aufklärung derselben;
- Durch eine konspirative Wohnungsdurchsuchung Erarbeitung von Beweisen für eine spätere strafrechtliche Untersuchung;
- Dokumentierung feindlicher Handlungen, die durch HÄCKER oder sein Umfeld unternommen werden, auf frischer Tat;
- Suche und Gewinnung einer Person aus dem Umfeld des HÄCKER zu seiner weiteren Aufklärung und Bearbeitung.

Operativplan zur OPK

Resultierend aus den bereits durchgeführten Maßnahmen, ihren Ergebnisse sowie dabei gewonnenen Erkenntnissen ist folgendes zu realisieren:

1. Fortführung der Beobachtung durch die Abt. VIII zu unterschiedlichen Tageszeiten an der Wohnung des HÄCKER, seiner Arbeitsstelle und am Anlaufpunkt Gubener Str. 44 an ausgewählten Tagen.

   Termin: bis 28.2.89

2. Nochmalige Einsicht in das abgelegte Archivmaterial zu HÄCKER und ▮▮▮▮▮ Erarbeitung von Angaben zum ehemaligen Bekanntenkreis und Vergleich mit den aktuellen Erkenntnissen.

   Termin: 28.02.89

3. Weiterführung der Zielkontrolle bei der HA III zu HÄCKER und ▮▮▮▮, der Kontrollmaßnahme bei der Abt. M und Abstimmung mit der Abt. XX zu den Aktivitäten des ▮▮▮▮▮ und HÄCKER.

   Termin: laufend

4. Aufklärung des Wohnhauses des HÄCKER, Überprüfung der für Kontrollmaßnahmen in Frage kommenden Hausbewohner und Vorbereitung einer konspirativen Durchsuchung der Wohnung.

   Termin: bis Mai

5. Kontrollmaßnahmen durchführen zum Namensvetter des HÄCKER und dessen "Werkstatt" in der Gubener Str. 44 mit dem Ziel der Feststellung des Charakters derselben.

   Termin: 2o.03.89

6. Nutzung von Ansatzpunkten für die Suche / Auswahl von IM-Kandidaten zur Bearbeitung des HÄCKER und der Aufklärung der Verbindung zum ▮▮▮ ▮▮. Dabei Einbeziehung der IMB "Paul" und "Axel" zur Informationsgewinnung aus dem Op.-Gebiet.

BStU
000008

7. Prüfung der Möglichkeiten für eine Maßnahme 26/B in der Wohnung des HÄCKER, die dem Zweck dienen müßte, Erkenntnisse zum Umfeld des H., seinen Plänen und Absichten und zu konkreten Absprachen mit Kontaktpersonen zu erhalten.

8. Bei einer weiteren Verdichtung der Verdachtsmomente wird erwogen, die OPK in einen OV umzuregistrieren. Prüfung dazu bis -

Termin: Mai 1989

9. Fertigung eines Sachstandsberichtes

Termin: o5.o5.89

1o. Sollte eine Nachweisführung in Richtung § 1oo und § 1o6 StGB und damit strafrechtliche Maßnahmen nicht möglich werden, erfolgt eine Prüfung, ob eine inoffizielle Nutzung des H. für die Bearbeitung des ████ möglich ist, bzw. inwieweit dadurch Maßnahmen der Diskreditierung bestehen.

Termin: 12/89

Verantwortlich für alle Maßnahmen: Gen. Kreyß

Laufzeit der Akte: bis Januar 199o

Kreyß
Hauptmann

bestätigt
Leiter der Abteilung

Friedrich
Oberst

Abteilung VII   Berlin, o9.o2.1989

A/I erledigt

BStU
000005

E r ö f f n u n g s b e r i c h t

zum Anlegen einer OPK gemäß RL 1/81

Personalien: H ä c k e r , Mario
                  geb. am o6.o2.6o in Berlin
                  PKZ: o6 o2 6o 4o4 326
                  whft.: 1o35 Berlin, Frankfurter Allee 1o8
                  Beruf: Reprotechniker
                  Tätigkeit: Siebdrucker
                  Arbeitsstelle: Konsumgenossenschaft Berlin, BT Werbung
                                 117o Berlin, Bruno-Bürgel-Weg
                  Familienstand: ledig

Deckname der OPK: _____"

Begründung der Notwendigkeit der Einleitung der OPK

Der o.g. DDR-Bürger steht in ständiger Verbindung zum ehemaligen DDR-
Bürger und jetzigen Westberliner _____
████ geb.
     whft.
     Abt. ████████████████████,

welcher mittels der verschiedensten Mittel und Methoden gegen die DDR
feindlich tätig wird. ████ ist Verfasser eines Machwerkes mit dem
Titel "Liebesgrüße an Erich", in welchem er das MfS und Gen. Erich
Mielke auf übelste Weise verunglimpft. Er war mehrere Jahre aktives
Mitglied der FO "IGfM", nahm an Veranstaltungen dieser FO teil und
produziert auch gegenwärtig noch für die Netzzeitschrift der IGfM,

              "DDR-heute",

die DDR verunglimpfende Artikel. So schrieb er über den sogenannten
"Linksextremismus",ebenso wie über den"Rechtsextremismus"in der DDR
und über faschistische Tendenzen unter der Jugend.
Insbesondere aufgrund seiner teilweise maßlos zugespitzten Darstellungen und seiner extreme Verhaltensweisen wurde ████ aus den Mitglieds
listen der IGfM, AG Berlin (West) gestrichen, seine Ehefrau wird dort
jedoch weiterhin als Mitglied geführt.

HÄCKER besitzt bereits Kontakte zu ████ seit vielen Jahren. Sie waren
früher persönlicher Art und wurden später, nach Übersiedelung des ████
████ im Jahre 1982, fernmündlich und auf postalischem Weg aufrechterhal-
ten. Da bereits ab 1984 Hinweise vorlagen, daß beide Personen eine gegen die DDR gerichtete Feindtätigkeit durchführen, wurde im gleichen
Jahr die op. Bearbeitung durch die KD Lichtenberg in einem OV.. aufgenommen. Erarbeitet werden konnte, daß insbesondere ████ feindlich tätig wird und daß von HÄCKER die Absicht verfolgt werde, einen "mehr
oder weniger harten Untergrundkampf gegen die DDR" zu führen.

BStU

000010

wird folgendes vorgeschlagen:

1. Einleitung von Beobachtungsmaßnahmen durch die Abt. VIII an verschiedenen Tagen, zu unterschiedlichen Zeiten und mit unterschiedlicher Dauer zur Feststellung seiner Bewegungsabläufe, Anlaufpunkte und Kontaktpartner in der Hauptstadt.

2. Prüfen, ob der H. seit seinem Umzug in Besitz eines Telefons ist. Wenn ja, Einleitung eines Auftrages A der Abt. 26.

3. Nach Realisierung der Beobachtungen soll die Möglichkeit einer konspirativen Wohnungsdurchsuchung geprüft werden. Wenn einer solchen stattgegeben wird, sollte nach Beweismaterial gesucht werden, welches die feindlich - negativen Bindungen des H. belegt und unter Umständen auch auch eigene feindliche Aktivitäten nachweist.

4. Die bekanntwerdenden Personen aus dem Umfeld des H. werden aufgeklärt und in Kontrollmaßnahmen einbezogen.

5. Sollte durch die vorgeschlagenen Maßnahmen es nicht möglich sein, gegen H. gezielt vorzugehen, könnte / müßte auch die Prüfung einer Kontaktierung erwogen werden.

Maßnahmen werden bis 10.02.89 eingeleitet. Eine Zwischeneinschätzung zu den Ergebnissen ist Ende Februar 1989 geplant.

Kreyß
Hauptmann

Bezirksverwaltung   Berlin, 28. Juni 1989
für Staatssicherheit Berlin   A/I - leh   /89
Abteilung VII   42 611

BStU
000105

Abteilung XX
Leiter

über Stellvertreter Operativ
Gen. Oberst H e y d e l

Fahndungsinformation vom 12. Juni 1989

Entsprechend der in der o. g. Fahndungsinformation festgelegten Aufgabenstellung wurden in allen Referaten der
Diensteinheit Prüfungsmaßnahmen vorgenommen.

Durch die Sichtung der für unsere Diensteinheit erfaßten
operativ interessanten Personen und operativen Materialien
wird die

             OPK "Mittler" Reg.-Nr. XX/305/89
             (Bearbeitungsrichtung §§ 100, 106 StGB)

zur Person H ä c k e r , Mario
             06.02.60 4 0432 6 in Berlin
             Reprotechniker/Werbemittelhersteller

nach Konsultation mit dem Gen. Major Stranz, Abt. XX,
zielgerichtet überprüft. Die erforderlichen und im Maßnahmeplan zur OPK festgelegten konspirativen Überprüfungsmaßnahmen
durch die Abt. VIII der BVfS Berlin können jedoch erst
frühestens Mitte Juli 1989 realisiert werden.

Im politisch-operativen Zusammenwirken mit der DVP wurden
über das Arbeitsgebiet I der Kriminalpolizei des PdVP Berlin
(einschließlich der Kommissariate I der VP-Inspektionen/K)
Überprüfungsmaßnahmen entsprechend den Festlegungen der
Fahndungsinformation eingeleitet.

Bisher konnten jedoch keine tatbezogenen Hinweise erarbeitet
werden.

Verteiler: Leiter der Abteilung
1 x Abt. XX
1 x Ref. A/I
1 x OPK "Mittler"   Friedrich
                                     Oberst

11181

A/I erledigt

BSTU
000267

Einschätzung zur OPK "Mittler" - XX/305/89

Die Durchsicht der vorliegenden Materialien läßt den Schluß zu,
daß es sich bei der bearbeiteten Person um einen unter dem Einfluß der politisch-ideologischen Diversion stehenden Menschen
handelt.

Die in ihrem Besitz befindlichen Materialien sind geeignet, ihre
negative politische Haltung zu festigen. Die Tatsache des Sammelns
solchen Schriftguts deutet möglicherweise darauf hin, daß sie auf
dessen Grundlage eine Beeinflussung anderer Bürger beabsichtigt.
Hier kämen die Bildung nichtöffentlicher Diskussionskreise oder
die Abfassung herabwürdigender Schriften in Frage. (zu beiden
Varianten konnten bisher keine eindeutigen Aussagen erarbeitet
werden.)

Eine Überprüfung der aus dem Material ersichtlichen Verbindungen
in den Speichern der Abt. XX erbrachte keine Hinweise auf eine
Zugehörigkeit zu in der Hauptstadt existierenden negativ-feindlichen Zusammenschlüssen.

Von Bedeutung erscheint die Verbindung zu dem ehemaligen DDR-
Bürger Oertel. Die bearbeitete Person unterhält stabile Verbindungen zu dieser Person und ein Teil des aufgefundenen Schrift-
gutes dürfte aus dieser Quelle stammen.
Weiterhin muß diese Verbindung unter dem Aspekt gesehen werden,
daß die bearbeitete Person als Zuträger für antisozialistische
Aktivitäten des ▆▆▆▆ in Frage kommt.

Bei den bisher genannten Schriften, die im Auftrag des ▆ zu
beschaffen waren, handelt es sich um solche, die bei der Mitwir-
kung negativ-feindlicher Kräfte an kirchlichen Veranstaltungen
in der Regel für jedermann erlangbar sind. Hieraus wird ebenfalls
deutlich, daß hierzu keine Verbindungen zu negativ-feindlichen
Zusammenschlüssen erforderlich sind.

Der gegenwärtige Aufklärungsstand läßt noch keine eindeutige
Einschätzung der Motivation und eines möglichen gesetzwidrigen
Handelns der bearbeiteten Person zu.

Die Person ist im Schriftenklassifizierungsschrank der Abt. XX
gespeichert und wurde mit negativem Ergebnis in Vergleichsreihen
zu unbekannten Tätern geprüft.

Aktuelle Originalschriften, Handschrift und Schreibmaschine,
werden benötigt.

Arnold
Oberstleutnant

5 Aktenkundig

Am 7. Oktober 1992 erhielt ich die Möglichkeit, meine Stasiakten einzusehen. Allein das Datum, der Gründungstag der DDR, hatte bei mir einen Lachanfall ausgelöst. Als ich aber dann die vier dicken Ordner durchblätterte, die über mein Leben in der DDR angelegt wurden, konnte ich nur Tränen lachen.

Zum Beispiel die Operation "Miriam": An einem grauen Ostzonennachmittag erhielt ich Besuch von meinem Freund Sven. In seinem Schlepptau zwei Mädels, die sofort begannen, meine Bückware, eine große Flasche Nordhäuser Doppelkorn, auszulöffeln. Mich faszinierte die Tatsache, daß ein dreiviertel Liter hochprozentiger Schnaps innerhalb einer Stunde in den beiden unscheinbaren Mädels verschwand. Ich konnte gerade noch eine Verschlußkappe dieses raren Getränks für mich einfüllen.

Mein Freund Sven verabschiedete sich bald mit seiner Intimfreundin Maren, Leiterin des Kulturhauses in Oranienburg. Sie ließ ihre Freundin Elke zurück, die sich mit mir privat unterhalten wollte. Als meine Gattin, die sich für Politgelaber nicht sonderlich interessierte, für uns neues Bier holen ging, riß sich Elke die Oberbekleidung vom Leib, drückte mir ihre rechte Brust in die Hand und meinte: "Mir ist so warm, fühl mal!" In dem Augenblick betrat meine Gattin wieder den Raum und sah diese Szene. Sie sagte nur: "Kannst du Englisch, du Schlampe? Dann verpfeif you!" Was diese auch kommentarlos tat.

In den Stasiakten stand, daß eigentlich Svens Freundin Maren, alias "IM Miriam" mit mir ein Intimverhältnis anbahnen sollte. Offensichtlich war ich wohl nicht ihr Fall, und sie vermietete den Job kurzentschlossen an ihre Freundin Elke weiter. Elke war eine Kunst-/Sportlehrerin. Diese Elke wurde am nächsten Tag von ihrer Freundin abgeschöpft. Sie erzählte, daß sie die ganze Nacht mit mir verbracht und der Job ihr sehr gefallen hätte.

Meinen Freund Udo brachte diese Spezialagentin des MfS später für ein Jahr hinter Gitter. Er lernte sie seinerzeit im Keller des Kulturhauses kennen, als sie gerade versuchte, den ebenfalls sturzbetrunkenen Heizer zu vergewaltigen. Udo, in Verkennung der Tatsachen, kam ihr zu Hilfe und fand in seinen Stasiakten daraufhin den Vermerk: "Der Udo Jeschke nimmt an Gruppensexorgien teil". Lacht kaputt, was euch kaputt macht!

Über eine andere Geschichte konnte ich gar nicht so recht lachen. Mein bester Freund aus gemeinsamer Greifswalder Studienzeit, Horst B. alias IMB Uwe Kellermann (Inoffizieller Mitarbeiter mit Feindberührung - höchste Spitzelkategorie), kam nach dem Studium zu hohen akademischen Ehren. Nach dem Chemiestudium, das er mit dem Dr.chem.habil beendete, studierte er Medizin und erhielt auch dort den Grad Dr.med.habil. Er arbeitete an der Universität als Dozent und erhielt im September 1989 eine Professorenstelle. Da ich Hotte als guten Wissenschaftler kannte, dessen (vermeintlich) kritische Haltung zur SED und zur DDR ich stets teilte, vertraute ich ihm auch als Arzt. Nach meiner Gehirnblutung, die zu einer Halbseitenlähmung und zu einer linksseitigen Erblindung beider Augen führte, gab er mir Hinweise für die Therapie und beriet mich in allen medizinischen Fragen. Ich besuchte ihn öfters in Greifswald und übernachtete auch bei ihm in der Wohnung. Bis weit in die Nacht hinein unterhielten wir uns über unser gemeinsames philosophisches Hobby: die Theorien Leo Trotzkis.

Horst hatte sich schon in der Studienzeit intensiv mit Trotzki beschäftigt. Ich hatte ihm konspirativ aus der Staatsbibliothek Berlin Raubdrucke dieser Werke besorgt.

Horst suchte offensichtlich auch nach sozialistischen Alternativen zum real existierenden (richtig: realvegetierenden) Sozialismus. Während der Studienzeit und auch später sprachen wir oft über die "Zeit danach". Als Ziel dieser Betrachtungen könnte man etwa formulieren: Wie kann man den Stalinismus abschaffen, ohne zugleich DDR und die Ansätze von Sozialismus aufzugeben? Lax formuliert, wir wollten den Bären waschen, ohne ihn naß zu machen.

Als meine Übersiedlung in die "Selbständige Politische Einheit Berlin West" 1982 kurz bevorstand, schickte ich an meinen vermeintlichen Freund Horst eine Liste mit Büchern, die ich in der DDR lassen wollte. Diese Liste landete umgehend beim MfS/Bezirksverwaltung Rostock. Für einen Arzt eine recht bemerkenswerte Leistung: Seinen schwerkranken Freund (und Patienten) wegen einer solchen Lappalie hinter Gitter bringen zu wollen. Allein die Weitergabe des an sich völlig harmlosen Buches "Farm der Tiere" von George Orwell reichte seinerzeit aus, um für zwei Jahre im Stasikerker zu verschwinden. Wenn man solche Freunde hat, braucht man keine anderen Feinde.

Horst, alias IMB Uwe Kellermann, besuchte mich später in der Selbständigen Politischen Einheit. Die Maueröffnung war noch längst nicht in Sicht. Kellermann war auf Dienstreise und fuhr zu einem Chemikerkongreß nach Frankfurt/Main. Bei einem Zwischenstop trafen wir uns im Löwenbräu am Bahnhof Zoo. Da er als Sowjetzonenbürger über keinerlei Devisen verfügte, war er mein Gast, und ich zeigte ihm Westberlin im Schnelldurchlauf. Ich bewirtete ihn aus Freude über diesen unverhofften Besuch recht großzügig. Er nahm wohl an, daß ich als Schriftsteller und Publizist über reichlich Geldmittel verfügte, was keinesfalls zutraf, da meiner Frau das in der DDR abgeschlossene Chemiestudium nicht anerkannt wurde und sie zwei Jahre lang einen neuen Beruf erlernen mußte. Jedenfalls schnorrte mich Hotte kurz vor unserem Abschied rasch noch um 900,-DM für einen programmierbaren Taschenrechner von der Firma Texas Instruments an, die ich ihm allerdings nicht geben konnte. Das war ja nun wirklich ein Herzchen, bringt mich fast in den Knast und will dann noch 900 DM aus mir herausleiern!

Unser Kommilitone Wolfgang war ebenfalls mit Horst "befreundet". Wolfgang hatte auch Chemie studiert und arbeitete danach als Lehrer in Greifswald. Er war in der evangelischen Kirchengemeinde aktiv und organisierte einen Kinderfasching.

Die Schulbehörden sahen darin einen bewußten Angriff auf die Ziele sozialistischer Erziehung, und er erhielt als Lehrer Berufsverbot. Der Begriff Berufsverbot wurde seinerzeit von der DDR als Kampf-Terminus gegen den Extremistenerlaß im öffentlichen Dienst der BRD geprägt und durfte selbstverständlich nicht für Berufsverbote innerhalb der DDR verwendet werden.

Wolfgang wurde also als Lehrer gefeuert und schlug sich mit Hilfstätigkeiten bei der Kirche durch. Er stellte nach diesem Vorfall einen Antrag auf Ausreise aus der DDR, der nach etwa drei Jahren genehmigt wurde. In der BRD arbeitete Wolfgang wieder als Lehrer. Da er aber einer grün-alternativen Weltanschauung huldigte, hatte er auch hier Ärger mit den Schulbehörden. Außerdem kritisierte er das völlige Durcheinander der verschiedenen Schulmodelle und die Unterschiedlichkeit der Lehrpläne in den einzelnen Bundesländern. Wolfgang ist im besten Sinne ein unbequemer Staatsbürger, der nie mit Kritik an Mißständen hinter dem Berg hält, egal ob er sich dadurch Nachteile einhandelt oder nicht.

Mit Kellermann hielt er losen Kontakt. Anläßlich eines Treffens in Ostberlin versuchte ihn sein Stasifreund zu überreden, für ihn eine Schleusung in die BRD zu organisieren. Das war eine geplante Provokation. Die Stasi wollte Wolfgang einige Jahre DDR-Knast überhelfen bzw. ihn zur Mitarbeit erpressen. Die Agenten hatten allerdings nicht mit der festen politischen Überzeugung ihres Opfers gerechnet, der als Sozialist trotz seines persönlichen Ärgers mit den DDR-Behörden dieses System als zukunftsträchtig befürwortete und ihm durch die Schleusung eines so hochrangigen Wissenschaftlers keinen Schaden zufügen wollte. Er lehnte den Vorschlag, sich an einer Fluchthilfeoperation für Horst zu beteiligen, rundweg aus politischer Überzeugung ab.

Nach diesen Einlassungen des überzeugten DDR-Fans verhängte die DDR kurioserweise eine Einreisesperre gegen ihn. Ob die Stasi befürchtete, daß Wolfgang durch seine politischen Überzeugungen der Ausreisebewegung aus der DDR schaden könnte, (die ja eine wichtige Deviseneinnahmequelle für die SED war), oder warum er sonst aus dem Verkehr gezogen werden sollte, ging aus den Akten leider nicht hervor.

Da die Machenschaften des Inoffiziellen Mitarbeiters mit "Feindberührung" Kellermann den Tatbestand versuchter Verschleppung, Freiheitsberaubung, Politische Verdächtigung erfüllen, läuft zur Zeit ein Strafverfahren gegen ihn bei der Staatsanwaltschaft Rostock. Man darf auf den Ausgang gespannt sein.

Ansonsten hat "Kellermann" die Wende recht gut überstanden. Den Job als Professor war er nach der "Gauckung" sofort los. Da er aber seit dem Abitur treue Dienste für die SED leistete, scheint er eine gute Abfindung erhalten zu haben. Der zu DDR-Zeiten immer finanziell stöhnende Horst konnte sich nach der Wende ein Haus an der Ostsee und einen großen Mercedes leisten. Heute ist er Unternehmer und betreibt ein Institut für Umweltanalytik.

An der Universität Greifswald gab es auch eine militärmedizinische Sektion, die, wie nicht anders zu erwarten, stark von MfS-Kadern durchsetzt war. Diese und andere hochrangige Stasi-Wissenschaftler gründeten eine Gesellschaft, die im Volksmund" Stasi-Greif" genannt wird. Es ist anzunehmen, daß Hotte mit dieser Connection das verlorengegangene Professorengehalt bald als "Peanuts" in den Wind schreiben kann. Nibelungentreue zu einer deutschen Staatsform hat sich bisher noch immer ausgezahlt, und Repressalien nach einem Systemwechsel blieben stets auf untere Dienstgrade beschränkt. Offensichtlich kann/will keine deutsche Regierung auf hochqualifizierte Mitarbeiter des vorangegangenen Regierungssystems verzichten.

Da meine Tochter ebenfalls Chemie studieren will, steht zu befürchten, daß sie eines Tages berichtet, daß sie ihre Diplomarbeit bei Professor B. alias Uwe Kellermann, anfertigen muß. Dann schließt sich der deutsche Teufelskreis.

Der Bundesbeauftragte für die
Unterlagen des Staatssicherheitsdienstes
der ehemaligen
Deutschen Demokratischen Republik
Postfach 1199, O-1059 Berlin

KD Oranienburg   Oranienburg, 01. 09. 1981

0.2 6.

Operative Information :   / 81

Unserer DE wurde inoffiziell bekannt, daß der Invalidenrentner

O e r t e l , Joachim
geb. 12. 05. 1948 in Berlin
PKZ: 12 05 48 43 00 74
wh.: 1130 Berlin, Unbornstr. 11
erfaßt für KD Lichtenberg

Verbindungen zu unbekannten Stellen in der BRD/WB unterhält und
von diesen finanzielle Zuwendungen für die Unterstützung Gleichgesinnter, vernehmlich sogenannte "Verfolgte und Arbeitslose in
der DDR" erhält.

Lt. eigenen Angaben des Oertel zu einem IM unserer DE, bereite
diese Unterstützung keine Schwierigkeiten, da es sich bei diesen
Geldern um Spenden aus der BRD/WB handelt.
Er selbst wäre nur eine Person von Vielen in der Hauptstadt Berlin
die sich mit derartigen Tätigkeiten beschäftigen.
Durch unseren IM wurde dem Oertel eine weibliche Person vermittelt,
welche angeblich eine "Verfolgte der Staatssicherheit" wäre.
Bei dieser Person handelt es sich um die Diplomlehrerin

"überwiegende" schutz-
würdige Interessen an
derer Personen (Dritt

STUG §3 Abs. 3

Der Bundesbeauftragte für die
Unterlagen des Staatssicherheitsdienstes
der ehemaligen
Deutschen Demokratischen Republik
Postfach 1199, O-1086 Berlin

Nach der Übermittlung der Anschrift der ⬤. an den Oertel erfolgte
die Kontaktaufnahme von Oertel zur ⬤.,
Die ⬤. weilte besuchsweise bei dem Oertel und übernachtete auch bei
diesem. Wie die konkrete Hilfe und Unterstützung von Oertel erfolgte, wurde nicht bekannt.
Innerhalb eines Gespräches der ⬤. mit unserem IM gab die ⬤. an,
daß ihr bestes Wirkungsfeld angeblich nur in Berlin liege.
In Berlin hält sich die ⬤. überwiegend bei der

auf.
Um Kenntnisnahme und Einleitung geeigneter politisch-operativer
Maßnahmen wird gebeten.

Bartl/Unterleutnant

Verteiler:
BV Potsdam, AKG
BV Berlin, AKG
BV Berlin, Abt. XX
BV Berlin, KD Lichtenberg
BV Potsdam, KD Orbg.
BV Magdeburg, KD Schönebeck

Der Bundesbeauftragte für die
Unterlagen des Staatssicherheitsdienstes
der ehemaligen
Deutschen Demokratischen Republik
Postfach 1123, O-1098 Berlin

032

Geholt hat der ▓▓▓▓ die Platten bei einem gewissen Achim O e r t e l
aus Berlin, Frankfurter Allee, der ist verheiratet, hat zwei Kinder,
hat Tätigkeitsverbot, schwerer Alkoholiker, hat seit Jahren einen
Ausreiseantrag zu laufen. Ich habe diesen Mann einmal gesehen, da
ich mit dem ▓▓▓▓ sehr eng befreundet war. Ich war vor zwei Jahren
mit ▓▓▓▓▓▓▓▓▓ und einigen anderen in Polen und da wurde für
besagten O e r t e l ein Papstbild gekauft von ▓▓▓▓▓▓▓▓▓▓
und als er das bekam, war ich dabei.
Meines Wissens bekommt O e r t e l die Platten direkt aus Westberlin, auf welchem Wege ist mir nicht bekannt.
Der Handel läuft so, daß der Angebotskatalog (ständig der neueste)
von O e r t e l kommt und hier weitergegeben wird. Jeder schreibt
dann dem ▓▓▓▓ auf, welche Platten er bestellt und der kann dann oft
schon sagen, wann die ungefähr kommen, im Schnitt 2 - 3 Monate War-
tezeit. Man kann aber auch das Rocklexikon und verschiedene andere
Bücher, wie Zappa- und Dylan-Biografien bestellen oder anderes.
Inzwischen gehören zum Handeln auch Quarzuhren (Damenuhren 300.-- M).
Platten zu 100.-- M, Doppelalben 250.-- bis 300.-- M, 4-fach-Boxen
300 M bis 500.-- M, je Interpret und Nachfrage.
Der O e r t e l war mal bei einem Schriftsteller in Berlin beschäftigt, welcher das seine soll, ist mir nicht bekannt und was
er konkret dort gemacht hat, auch nicht, ich nehm an, so Mädchen
für alles. Er lebt offensichtlich von diesem Handel.

2 ARP 195/94-3

(Aktenzeichen, bei Antwort bitte angeben)

76133 Karlsruhe, den 24.04.1994
Herrenstraße 45a
Postfachadresse:
Postfach 27 20
76014 Karlsruhe
Telefon (0721) 159-0
Durchwahl 159- 723
Telex: 7825828
Telefax: (0721) 159-606

• Der Generalbundesanwalt • Postfach 27 20 • 76014 Karlsruhe •

Herrn
Joachim Oertel
Waldsassener Straße 54

12279 Berlin

Betrifft: Ihre Strafanzeige vom 14.03.1994

gegen *Unbekannt*, hilfsweise gegen die presserechtlich,
vereinsrechtlich und handelsrechtlich verantwortlichen Personen

a) der Zeitschrift INTERIM i.V. "Wöchentliches Berlin-Info",
b) des Buchladens und Verlages Schwarze Risse, "libertär-auto-
nomes Kollektiv",
c) des Buchladens M99 "Gemischtwarenladen mit revolutionsbedarf, autonomes Zentrum, türkische Anarchisten Gruppe
Asiler Turkiyeli Anarsistler",
d) des Buchladens M99 "Vertreibung",
e) der Buchhandlung oh 21 "libertär-autonomer Buchladen",
f) des Anti-Quariats und Anti-Quariat Reprint Verlages
"anarchistisches Antiquariat, schwarzer Kalender",
g) der ANARES-Förderation "Vertrieb anarchistischer
Literatur"
und andere

wegen politischer Verdächtigung, Anstifung zum Mord und
anderer Straftaten

Sehr geehrter Herr Oertel,

Ihre eingangs bezeichnete Strafanzeige habe ich zuständigkeitshalber an die Staatsanwaltschaft bei dem Landgericht Berlin abgegeben. Der von Ihnen mitgeteilte Sachverhalt enthält keinen Anfangsverdacht für eine in meine Zuständigkeit fallende Straftat.

Mit freundlichen Grüßen

Im Auftrag

(Dietrich)

Staatsanwaltschaft
bei dem Landgericht Berlin

90 Js 883/94

Gesch.-Nr. bitte stets angeben

Staatsanwaltschaft bei dem Landgericht Berlin
10548 Berlin

Herrn
Joachim Oertel
Waldsassener Straße 54

12279 Berlin

Berlin, den   04. August 1994

Tel.: Vermittlung 39 79-1 (intern 9 33-1)
Durchwahl/Apparat 39 79-   3450
Telex 18 17 96 krimg d
Telefax 39 79-33 10

Sitz
Berlin (Moabit), Turmstraße 91

Postanschrift
für Briefsendungen:
10548 Berlin (keine Straßenangabe)
für Paketsendungen:
Turmstraße 91
10559 Berlin

Sprechstunden
Montag bis Freitag 8.30 bis 13.00 Uhr

Sehr geehrte r Herr Oertel,

das auf Ihre an den Generalbundesanwalt und die hiesige Staatsanwaltschaft
gerichtete Strafanzeige vom   14. März 1994
gegen Verantwortliche
der Zeitschrift Interim e.V.,
des Buchladens und Verlages Schwarze Risse,
des Buchladens M 99 "Gemischtwarenladen mit Revolutionsbedarf, autonomes
Zentrum, türkische Anarchisten Gruppe Asiler Turkeyeli Anarsistler",
des Buchladens M 99 "Vertreibung",
der Buchhandlung oh21 "libertär-autonomer Buchladen",
des Anti-Quariats und Anti-Quariat Reprint Verlages "anarchistisches
Antiquariat, schwarzer Kalender",
des Anares-Förderation "Vertrieb anarchistischer Literatur"
und Unbekannt
wegen Bedrohung (§ 241 StGB), politischer Verdächtigung (§ 241 a StGB),
öffentlicher Aufforderung zu Straftaten (§ 111StGB), Volksverhetzung
(§ 130 StGB), Gewaltdarstellung (§ 131 StGB),Anstiftung (§ 26 StGB) zu
Körperverletzung (§ 223 StGB), Mord (§ 211 StGB) und Sachbeschädigung
(§ 303 StGB), Hausfriedensbruchs (§ 123 StGB) sowie Verstoßes gegen
§ 43 Bundesdatenschutzgesetz
eingeleitete Ermittlungsverfahren habe ich nach § 170 II StPO
eingestellt.

- 2 -

Stasi - Deutsch

AG	- Arbeitsgruppe
BKG	- Bezirkskoordinierungsgruppe
BRD	- Bundesrepublik Deutschland
BV	- Bezirksverwaltung des MfS
GÜST	- Grenzübergangsstelle
HA	- Hauptabteilung des MfS
IGFM	- Internationale Gesellschaft für Menschen-
rechte	(für das MfS eine "Feindorganisation" - FO)
IKMR/K	- Inoffizieller Mitarbeiter der Kriminalpolizei -
	Krimineller
IM	- Inoffizieller Mitarbeiter
IMB	- Inoffizieller Mitarbeiter mit Feindberührung
-	höchste Spitzelkategorie
IMS	- Inoffizieller Mitarbeiter Sicherheit
KD	- Kreisdienststelle des MfS
M-Maßnahme (M-Kontrolle) - Postkontrolle	
OPK	- Operative Personenkontrolle
OV	- Operativer Vorgang
PKK	- Personenkerblochkartei
SVR	- Sozialistische Volksrepublik
VPI	- Volkspolizeiinspektion
VR	- Volksrepublik
WB	- Westberlin
ZKG	- Zentrale Koordinierungsgruppe des MfS
ZW	- Zusammenwirken